脆弱的国度

FRAGILE NATION,SHATTERED LAND

叙利亚
500年

The Modern
History
of Syria

[加] 詹姆斯·A. 赖利 / 著

王静 / 译

李福泉 / 审译

浙江人民出版社

图书在版编目（CIP）数据

脆弱的国度：叙利亚500年 /（加）詹姆斯·A.赖利
著；王静译. — 杭州：浙江人民出版社，2023.7
ISBN 978-7-213-10542-5

Ⅰ. ①脆… Ⅱ. ①詹… ②王… Ⅲ. ①叙利亚－历史
Ⅳ. ①K376

中国版本图书馆 CIP 数据核字（2022）第 046913 号

浙 江 省 版 权 局
著作权合同登记章
图字：11-2019-342号

脆弱的国度：叙利亚 500 年

［加］詹姆斯·A.赖利 著 王静 译

出版发行：浙江人民出版社（杭州市体育场路347号 邮编 310006）
　　　　　市场部电话：(0571) 85061682 85176516
责任编辑：魏 力 方 程
营销编辑：陈雯怡 张紫懿 陈芊如
责任校对：杨 帆
责任印务：幸天骄
封面设计：东合社·安宁
电脑制版：北京弘文励志文化传播有限公司
印　　刷：杭州钱江彩色印务有限公司
开　　本：710毫米×1000毫米　1/16　印　张：15.5
字　　数：198千字　　　　　　　　插　页：4
版　　次：2023年7月第1版　　　　印　次：2023年7月第1次印刷
书　　号：ISBN 978-7-213-10542-5
定　　价：88.00元

如发现印装质量问题，影响阅读，请与市场部联系调换。

FOREWORD | 序　言

就在阿拉伯叙利亚王国宣布独立后不久，1920 年 7 月 23 日的夜里，陆军部长优素福·阿兹姆从大马士革出发，向西行军至一处山口，在此与正在行进的法国军队对峙。

阿兹姆的家位于大马士革附近移民区的山坡上，他指挥着一支由几千名男子和少数妇女组成的队伍，从这里出发了。在他的队伍中，既有官方武装力量（这支军队刚得到英国的支持），又有国民大会动员入伍的志愿者。一个多星期前，法国军队的指挥官向叙利亚国王费萨尔（Faisal）发出最后通牒，要求他遣散本国军队，并允许法国在大马士革驻军，从而履行"一战"后英法协定中将叙利亚割让给法国的条款。鉴于自己所面临的艰难处境，费萨尔无奈地同意了。然而，国王的投降并没能使法国人有所收敛，因为他们已决心要对叙利亚诉诸武力。与此同时，国民大会积极发动大马士革民众，敦促他们奋起抵抗不断入侵的殖民势力，保卫城市和国家。

阿兹姆带着人员混杂、匆忙集结的部队从大马士革出发之时，他的目的是保卫叙利亚。但"叙利亚"这个名称意味着什么？叙利亚民族主义者早在 1920 年 3 月就已宣布建国，但企图重新绘制中东政治版图的强权们却不承认叙利亚的主权国家地位。叙利亚民族主义者称为"叙利亚"的大部分地区，当时正处于法国和英国的军事占领之下。在奥斯曼帝国分裂前的55年间，有一个叫作"叙利亚"的地方，它是奥斯曼帝国的一个省份，省会设在大马士革。然而，这个"叙利亚"的覆盖范围不包括如今叙利亚的海岸（当时贝鲁特是首府）及北部地区（当时阿勒颇是首府）。可以肯定的是，叙利亚北部地区对法国殖民者的抵抗既是以叙利亚的名义进行的，又是在伊斯坦布尔奥斯曼帝国哈里发的象征性领导下，以穆斯林团体的名义进行的。叙利亚"建国"这个设想的提出，充其量只是北方叛军复辟奥斯曼帝国计划的马后炮（在此我们应注意，奥斯曼帝国的苏丹在处理英国占领伊斯坦布尔的问题时，并没有将此计划公之于众）。在阿兹姆及其军队离开大马士革向前行军时，该城市的众多老牌权力掮客——他们一度是奥斯曼帝国的忠实拥护者——都退缩了。他们对费萨尔的到来十分警惕，认为他代表了英国军队的利益。这些人不信任费萨尔身旁那些操纵政治的人——他们当中有的来自遥远的汉志省，有的来自更近一些的巴勒斯坦等地。老牌权力掮客认为，那些人是机会主义者、外来者，威胁着他们这些老牌权贵的地位。

阿兹姆的军队因装备低劣，在大马士革西部的一个名为梅色隆（Maysalun）的山口被法国军队击败。法国军队拥有坦克和大炮，实力比阿兹姆的军队强大得多。法国粉碎了阿兹姆的军队，并在进攻中杀死了他。1920年7月25日，法军侵入大马士革。费萨尔及其盟军仓皇逃离，并向其英国盟友和支持者寻求庇护。城内留守的一个名人代表团将大马士革移交给了法国军队，从而正式开启了法国在叙利亚的殖民统治时期。

阿兹姆是为叙利亚独立事业而献身的烈士。多年以后，他被写进歌曲中，刻成雕像，成为街道名称。政府还象征性地为其建造了博物馆（但从未真正开放）。然而，他为之献身的叙利亚并不是后来诞生的那个叙利亚。1920年，法国和英国确定了叙利亚的边界范围。在随后的几年里，法国不断调整这个新生国家的政治边界，有时边界内缩，有时又根据政治因素和殖民扩张需求而边界外扩。1945年后，法国的殖民统治最终结束之时，一个叙利亚国家形态已经形成了，但法国的统治政策阻碍了叙利亚民族国家的形成。在短短的30年间，叙利亚作为一个奥斯曼帝国治下的行省，以一种短暂而混乱的方式登上了主张阿拉伯国家身份的政治舞台（在英国的支持下）。在这一过程中，叙利亚经历了法国的分裂统治，作为一个名义上独立的国家存在着，而这种独立国地位也是富有争议的。

毫无疑问，当今叙利亚政局不稳的根源在于这个现代国家所遭受的殖民经历，这使得叙利亚及其政党在独立后无法驾驭新的中东国家体系。叙利亚的政客们所面对的工作环境是冷酷无情的，他们要应付那些既有外部边界争议，又有激烈内部争端的脆弱的阿拉伯国家，还要见证以色列对邻近的巴勒斯坦地区的阿拉伯人的伤害。以色列接连击败阿拉伯军队，在那里建立了一个以犹太人为主体的民族国家，并对其加以巩固。但是，如果我们不了解叙利亚错综复杂的长期历史，不了解其被殖民前的状况，就不可能完全理解叙利亚当前所经历的内战与破坏。1918年，长达几个世纪的奥斯曼帝国在叙利亚的统治戛然而止，留下了纷繁复杂的社会和体制问题。后来，这些遗留下来的困难和分歧，在各种外国势力和声称捍卫国家主权和合法性的政客操纵下，或者被否认，或者被镇压、被利用。

本书的独特之处在于，它讲述了叙利亚数百年来的历史，从奥斯曼帝国时代娓娓道来，走进殖民统治时代和独立时代，从而通过历史来解读当下，并勾勒了叙利亚的未来蓝图。本书首次向读者呈现出叙利亚在500年间经历的多彩而复杂的历史。同样值得一提的是，本书关注的不仅仅是叙利亚的政治体制史，社会和文化变迁也是本书的侧重点之一。

20世纪前的叙利亚历史主要是几段关系：人口与土地的关系、城市与乡村的关系、当地居民与奥斯曼帝国统治者的关系。当然，称这些生活在19

世纪前的人口为"叙利亚人"，只是逝去历史的一个投影。因为直到 19 世纪中后期，"叙利亚"才在地理意义和身份意义上得到了完整的表述。中世纪的阿拉伯地理学家称这一地区为"沙姆之地"（Bilad al-Sham），最初是指阿拉伯半岛的"北方"地区（Shamal）。后来，"沙姆"（也拼写为 Cham）成了大马士革的同义词，这承认了大马士革作为一座城市的历史及地理中心地位。叙利亚（沙姆之地）各民族从各种不同的角度来看待自己：他们既是一个城市、村庄或地区的居民，又是部族或部落的成员，还可以是宗教社区的成员。直到 19 世纪，"叙利亚"这个名字才成为一个行政单位，该行政单位的中心是大马士革。至此，一些前卫的知识分子在当时提出，"叙利亚人"是该国人民的公民身份。但叙利亚（或沙姆之地）作为一个地理空间，有着深厚的历史渊源，深植于我们的历史想象之中。我们可以将住在那里的人称为叙利亚人，而不必把时代错位的国家和身份观念强加给他们。

在地理意义上使用"叙利亚"这一地名时，我会根据时代的不同在一定程度上进行灵活调整。尽管贯穿本书的叙述重点是 1920 年后被确认为叙利亚领土的城市和地区，但是，1920 年之前的叙述将从更广阔的地理范围展开讨论，包括后来成为巴勒斯坦和黎巴嫩国土的地区，从而展示在划定现代国界之前，叙利亚（或沙姆之地）上发生的大事。1920 年以后，本文所提及的叙利亚，是指国际上公认的以该名称命名的国家，与当今叙利亚的国界基本吻合。

本书将从马穆鲁克时代（Mamluks）奥斯曼帝国征服"叙利亚"的领土开始，向读者展示为什么叙利亚是一个脆弱的国家：叙利亚是个新生国家，人们对它的定义层出不穷；各国对其虎视眈眈，内部分裂和外部干预双重夹击。但与此同时，叙利亚社会又具有自我复原的能力，它有着跨越几个世纪的连续历史。通过阅读此书，读者可对这一论述有所了解。

CONTENTS | 目 录

第一章　奥斯曼帝国统治下的叙利亚：

16 世纪至 17 世纪

达比克平原上的军事冲突

1516 年 8 月，苏丹塞利姆一世（Sultan Selim I）率领奥斯曼军队东进，并声称他的军队将一路前行去对抗波斯的萨非王朝（Safavid dynasty）。这成功骗过了当时统治埃及和叙利亚的马穆鲁克（Mamluk）王朝的苏丹坎苏·奥乌里（Qansuh al-Ghawri）。但是当塞利姆的军队接近奥斯曼帝国与马穆鲁克王朝的边境时，他的真正意图才开始显露。他虐待了苏丹坎苏·奥乌里派来的使者。塞利姆的军队向南推进，并与坎苏·奥乌里从阿勒颇启程南进的军队在途中相遇。坎苏·奥乌里此时并不知道阿勒颇的总督海伊尔·贝伊（Khair Bey）早已与塞利姆暗中联系并准备背叛马穆鲁克王朝。1516 年 8 月 24 日，两军在达比克草原（Marj Dabiq，即"达比克平原"）开战。海伊尔·贝伊的倒戈使坎苏·奥乌里的失败成为定局。据说坎苏·奥乌里战死后，虽然他的首级被献给了塞利姆，但尸身一直无人发现，所以坎苏·奥乌里生前在开罗为自己精心建造的那座陵墓最终也没能安放其遗体。随着塞利姆在达比克战役中的获胜，奥斯曼帝国开启了在叙利亚长达 400 年的统治。

早在奥斯曼帝国征服马穆鲁克王朝并将叙利亚纳入版图之前，它在 1453 年就已经攻破了拜占庭（Byzantine）帝国的首都君士坦丁堡（Constantinople，今伊斯坦布尔），随后征服了拜占庭帝国。奥斯曼帝国（该名源于其王朝创立者奥斯曼一世）的统治阶级由有着不同民族背景的军人和行政人员组成。它的官方语言是土耳其语，国教是伊斯兰教。在占领叙利亚之前，奥斯曼帝国就已经征服了安纳托利亚（Anatolia，小亚细亚，现构成土耳其大部分国土）和巴尔干半岛，以及东南欧的大部分公国和王国。紧接着，奥斯曼帝国进一步扩张统治区域，不仅将黑海变成了奥斯曼帝国的内湖，还占领了从埃及到摩洛哥的大部分北非地区，吞并了红海在阿拉伯半岛和非洲的大部分海岸线。因此，1516—1517 年，叙利亚成为遥远苏丹国的一部分，其政治、行政和经济结构将成为制约叙利亚人进入现代世界的重要因素。现在叙利亚的边境是在 20 世纪划分的，但是在此之前，叙利亚作为独立国家的地位已经存在，即在它被纳入奥斯曼帝国统治范围之后。

奥斯曼帝国对叙利亚的征服，源于 16 世纪早期苏丹统治所面临的各种地区和国际挑战。由苏丹塞利姆一世（1512—1520 年在位）领导的奥斯曼帝国已定都安纳托利亚，这时它面临着东部新崛起的萨非王朝的挑战。萨非王朝是在一场激进的宗教运动中发展起来的王朝，将什叶派伊斯兰教立为国教。该教派将其建立者伊斯玛仪（Ismail，卒于 1524 年）视为宗教权威的源泉，将他视为祖先库尔德（Kurdish）酋长萨非·丁（Safi al-Din，卒于 1334 年）渊博知识的继承人。同时，苏非派（Sufism）作为伊斯兰教的传统神秘主义派别而为人所熟知。这种神秘主义认为，通过对真主神秘的爱、神秘主义的修炼，实现精神上的自我净化，最后达到"寂灭""无我无主""我即真主"的神秘境界。在伊斯玛仪统治下的萨非王朝，将苏非派神秘主义整合为一种注重对萨非王朝忠诚和服从的意识形态，即什叶派教义（Shiism）。说土耳其语的什叶派信徒是伊斯玛仪萨非王朝的忠实拥护者，威胁着奥斯曼帝国苏丹塞利姆对安纳托利亚东部地区的控制。

奥斯曼帝国本身也是诞生于一个充斥着苏非派神秘主义的前卫宗教，但随着其推翻拜占庭帝国并成为其继任者后，奥斯曼帝国的苏丹将国家支持的逊尼派（Sunni）伊斯兰教制度化。逊尼派所认可的宗教权威来源与什叶派不同，并且随着时间的推移，二者间的区别衍生出了对伊斯兰教教法的不同解读。奥斯曼帝国支持哈乃斐（Hanafi）学派的伊斯兰教教法（即哈乃斐学派的"仪式"），并且奥斯曼帝国的学校和神职人员都信奉哈乃斐的逊尼派教义（Sunnism）。

尽管存在逊尼派与什叶派的分歧，但是奥斯曼帝国与萨非王朝的政治纷争的根源并不在于其意识形态的不同，而是源于对土地和人口等资源的争夺。只不过，在它们的竞争中引入了逊尼派与什叶派的意识形态冲突后，两个国家能够在相邻国家中分辨敌友。

在苏丹塞利姆准备攻占叙利亚时，他准确猜到处于开罗的马穆鲁克苏丹（逊尼派）会与萨非·沙（沙是旧时的国王称号）联合起来削弱奥斯曼帝国的力量。塞利姆在达比克战役中的胜利开启了奥斯曼帝国通往埃及的财富之路，埃及是马穆鲁克王朝的权力中心；同时也开启了通往汉志省（Hejaz）之路，穆斯林的圣城麦加（Mecca）和麦地那（Medina）均位于此地。达比克战役胜利两个月之后，塞利姆的军队又征服了大马士革。1517 年 4 月，马穆鲁克王朝的首都开罗沦陷，马穆鲁克苏丹的统治宣告结束。

马穆鲁克王朝的衰落和奥斯曼帝国的到来，是叙利亚中世纪历史与早期现代历史的分界线。此时的叙利亚成为横跨三大洲的奥斯曼帝国的一部分。这个国家的人民讲多种语言，它的统治者为追求国家利益，将战火燃向了印度洋、欧洲大陆、黑海沿岸以及整个北非地区。但是塞利姆对上述地区的征服，只有在后世看来才是跨时代的壮举。叙利亚大马士革的一位著名历史学者穆罕默德·伊本·图伦（Muhammad Ibn Tulun，卒于 1546年）目睹了这些事件，却对此无动于衷。当塞利姆在城墙外召集部队时，伊本·图伦参观了苏丹的营地。从他的叙述中可以看出，大马士革人对新统治者十分好奇，而且并不惧怕所谓的"战败"（失败属于马穆鲁克王朝）。伊本·图伦称塞利姆为"罗姆苏丹国国王"，并对新王权的影响持保留态度。但他对塞利姆的统治感到安心，因为塞利姆不仅尊重伊斯兰教的规范，而且还尽力将自己塑造成一位符合穆斯林传统的"公正统治者"。

这位编年史学家干巴巴地叙述了塞利姆的到来，说他随后启程去了开罗（在那里他最终击败了马穆鲁克王朝），然后返回大马士革。伊本·图伦高度赞扬了这期间苏丹塞利姆的善行。重要的是，伊本·图伦认为罗姆苏丹国的文化、宗教和政治传统与他认可的合理合法的文化、宗教和政治传统并不是完全矛盾的。伊本·图伦的态度预示着，在不断演化的帝国体系中，讲阿拉伯语的叙利亚城市领导人与奥斯曼帝国当局之间将一直保持密切的合作关系。

步入奥斯曼帝国时期

1557 年 12 月，麦加的行政长官派遣使者沿着朝圣之路从汉志地区穿过叙利亚到达安纳托利亚。使团骑着骆驼从南方前往大马士革，一路上，特使库特卜-丁·纳赫拉瓦里（Qutb al-Din al-Nahrawali）和他的使团艰难地克服了寒冷和黑夜，顶着风雨，穿过泥泞不堪的道路。当时大雨倾盆，夜色漆黑，他们一度被迫在路上停了好几个小时才继续赶路。之后，他们来到了一个小要塞，这是一个为一年一度到来的商队提供歇脚之地的驿站，这里的厨师为他们准备了一道简单的甜菜汤。这些疲惫不堪的旅行者因为急于赶到大马士革，于是骑在骆驼上喝完汤便继续赶路了。之后，纳赫拉瓦里写道，"我们在晚祷后进入大马士革，一路上受到神的庇护"。这位来自麦加的旅行者和他的同伴们住在奥斯曼帝国叙利亚总督的客房里。总督为他们提供食物和生活用品，并邀请他们在这座城市过冬后再继续他们的旅程。在接下来的几周里，这位使者在大马士革参加了一些社交活动，会见了这座城市的一些文人和学者，并记录了与他们的会晤情况。正如当时文人之间流行的那样，他们通过互相赠诗来表达对彼此的尊重。在和该市的首席法官（卡迪）谈话时，纳赫拉瓦里将大马士革比作麦加的克尔白（Kaaba，穆斯林祈祷时面向的神殿），称赞这座城市是一个圣所。纳赫拉瓦里在诗里也赞美了这位法官，他在诗里写道：

> 其人不屈不挠，志存高远，古人相匹，远不敌之。叙利亚之有此人，使其成为朝拜之圣地，无论贵贱。

显然，在纳赫拉瓦里心中，大马士革是一个集文明、舒适、学问和制度于一体的地方。

大马士革和阿勒颇是叙利亚重要的内陆中心，是奥斯曼人征服的繁荣叙利亚的核心地区。奥斯曼人把叙利亚分成两个省来治理。塞利姆任命了一个当时倒戈的马穆鲁克官员扬巴迪·加扎利（Janbardi al-Ghazali，卒于 1521 年）来管理大马士革。但在塞利姆去世（1520 年）前的两年间里，扬巴迪都是以苏丹的名义来管理大马士革的。因为对他而言，最重要的是掌握权力，而不是效忠一个新王朝。塞利姆过世后，扬巴迪便起兵反抗继任的苏丹苏莱曼一世（Sultan Suleiman "the Magnificent"），企图恢复马穆鲁克王朝的统治，但此举注定失败。

塞利姆最初任命见风使舵的扬巴迪就表明，奥斯曼帝国倾向于沿袭许多马穆鲁克王朝的做法，甚至愿意任用他们的人员。另一个体现行政管理上延续性的例子，是奥斯曼帝国承认贝都因部落的毛拉（Mawali Bedouin）为草原埃米尔。从原则上讲，这次授权是为了确保叙利亚草原沙漠贸易和交通路线的安全。通过这种方式，奥斯曼帝国（如同之前的马穆鲁克王朝）象征性地将贝都因人纳入他们的统治范围中。

扬巴迪的起义被镇压，他本人也于 1521 年被处决。此后，奥斯曼帝国对叙利亚的统治迅速发展为一种成熟和固定的形式。在苏莱曼一世的长期统治期间，奥斯曼帝国的统治呈现出省、区同步管理的特点。省级由总督

（或者叫区总督）管理，区级则由首席（副）法官进行管理。

总督是高级军事长官，通常有着帕夏（pasha）的头衔或军衔，负责刑事和财政事务。他要向伊斯坦布尔的大维齐尔（Grand Vizier）汇报工作。大维齐尔是权力的中心，政令皆由此出，经常被称为奥斯曼帝国的"高门"（大维齐尔字面意思是苏丹官殿的高门）。

在帝国精锐士兵组成的奥斯曼近卫军和当地雇佣军的支持下，帕夏负责维持地方上的秩序和安全，并替伊斯坦布尔收税。除了总督之外，奥斯曼帝国近卫军的阿迦（Agha，总指挥官）自身也是一位有权有势的军事人物。奥斯曼帝国的高门经常轮换总督，以防止滋生裙带关系，或是与地方权力中心建立过于密切的联系。在叙利亚并入奥斯曼帝国的第一个世纪里，总督往往是来自苏丹王室家庭的亲信，或是伊斯坦布尔帝国学校的毕业生。他们之中最具抱负的人凭借在不同省份的经历获得了在奥斯曼帝国晋升的机会。在 16 世纪 60 年代，波斯尼亚（Bosnian）将军穆斯塔法·帕夏（Mustafa Pasha）就是大马士革的总督，后来他在 1580 年做了 3 个月的大维齐尔。阿尔巴尼亚（Albanian）将军锡南·帕夏（Sinan Pasha）在 1580 年之前就是大维齐尔了，但是之后被贬为大马士革的总督（1589—1593 年）。随后，他的政治命运发生了转变。16 世纪 90 年代，由于各种原因，锡南·帕夏再次成为大维齐尔。波斯尼亚人胡斯罗·帕夏（Khusrow Pasha）起初是阿勒颇的总督，16 世纪初成为大马士革的总督，之后他在伊斯坦布尔又升至高位，但从未担任过大维齐尔。穆斯塔法在大马士革建立了一个瓦克夫（捐赠部），几个世纪后，这个瓦克夫成为他后代贾米勒·马尔丹·贝伊（Jamil Mardam Bey）的收入来源。贾米勒·马尔丹·贝伊后来成为 20 世纪叙利亚杰出的政治人物。锡南·帕夏在大马士革建造了一座标志性的清真寺，至今仍是这座古城的一大特色。胡斯罗·帕夏建造了阿勒颇第一个奥斯曼帝国地标性建筑，一所伊斯兰宗教学校。在 2012 年的叙利亚内战把它摧毁之前，该学校一直都是阿勒颇城堡的重要基地。

大马士革和阿勒颇都是叙利亚颇具声望的地方。阿勒颇因其规模和财富而出名，大马士革因与自身相关的历史，以及其作为穆斯林每年去往麦加的朝圣之旅必经之路的地位而出名。著名的地方官员在这两个城市都设立了帝国瓦克夫，而且会把他们的一些亲戚或其他家庭成员留下来任职，为他们管理捐赠资金。这样一来，他们能够保证当地的地方官员队伍中始终存有其后代。像这样的官员结构（虽然规模较小）经常出现在奥斯曼帝国的地区管理机构中，例如那些级别较低的士兵（通常具有省长级别或阿迦头衔）能够在地方和帝国派出的军事力量的协助下担任地区长官职务。

除了总督之外，奥斯曼帝国省级行政区的第二支柱是首席法官卡迪（Kadi）。与总督类似，卡迪也是在伊斯坦布尔得到任命之后前往大马士革、阿勒颇和其他行省中心去管理事务的。通常，首席法官在伊斯坦布尔的主流学校接受哈乃斐学派的教育和宗教仪式的训练，他们专门研究官方的哈乃斐仪式的伊斯兰教教法。卡迪有一部分是来自知识阶层或者乌理玛（Ulama）。乌理玛广泛任职于地区和行省中心，遍布整个帝国。帝国的首席法官也就是伊斯坦布尔的谢赫伊斯兰。谢赫伊斯兰是级别最高的乌理玛，就如同大维齐尔是级别最高的军事和行政长官一样。与总督一样，首席法官也有任期限制。他们监督伊斯兰教法法院，且在一系列司法和民事事务上拥有广泛的自由裁量权。法院承担公证、审查遗产、裁定财产纠纷和道德纠纷、检查捐款、解决（或登记在案的）民事诉讼等责任。首席法官们还管理那些监督市场、巡视建筑、处理投诉和回答法律疑问的官员。在意识形态层面上，法官逐渐被视为"正义"的象征，统治者借此将奥斯曼苏丹及其代表的统治合法化。

总督和法官反映了奥斯曼帝国对大马士革、阿勒颇及其他省会城市的管控。在纳入奥斯曼帝国的最初数十年，被派往叙利亚的总督和法官通常都是前拜占庭的希腊人（Rumis），他们是帝国首都伊斯坦布尔制度的产物。然而，随着时间的推移，帝国首都与地方之间的界限开始变得模糊起来。

城市和乡镇，地方与中心

奥斯曼帝国时期，叙利亚的行政中心位于大马士革、阿勒颇等主要城市。两座城市都以"世界上最古老且适居"的特点闻名遐迩，并盘踞在主要的贸易和交通路线上。奥斯曼帝国时期的"苏丹之路"不仅连通了这两座城市，还将它们与奥斯曼帝国北部的安纳托利亚（最终延伸至伊斯坦布尔）、南部的巴勒斯坦和穆斯林圣地麦加、麦地那连接起来。叙利亚的每一座城市都筑有堡垒，并驻有帝国军队，象征着奥斯曼帝国的军事权威。

大马士革、阿勒颇、的黎波里等省市中心，以及哈马莫和耶路撒冷等地区中心，留存着大量丰富的关于早期奥斯曼帝国的信息。这些核心地区展现出一种相同的模式，即它们都是奥斯曼帝国的制度象征。奥斯曼帝国官员会通过一些中间团体来管理地方社会。这些中间团体在政府与民众间斡旋，执行帝国命令并满足当地需求。其代表团体包括居民社区和行会的负责人、先知穆罕默德后裔的领导者、非穆斯林团体的精英，以及在地方驻军的军事或部落首脑。这些团体为地方社会注入了活力，团结了当地势力及其成员。

这些团体都被强制要求履行其义务（通常为财政义务）来充实国库。同时，它们还要向国家提供各项服务并满足各种需求。非正式纠纷的解决机制化解了团体或社区的分歧，但当非正式解决机制无法解决问题时，或当有人需要协议、合同或决议等正式文件时，人们则会求助于权威的司法机构（并会留存档案记录）。

奥斯曼帝国的伊斯兰教法法院是叙利亚各城市的重要机构。在阿勒颇和大马士革有许多这样的法院，而像哈马莫和耶路撒冷这样的小城镇则只有一个。在阿勒颇和大马士革，会由副法官来协助首席法官。这些副法官在阿勒颇和其他地区负责不同的法庭。大马士革有多达 7 个法庭，阿勒颇有 5 个。虽然首席法官通常是一个在伊斯坦布尔受过训练的说土耳其语的基督徒，但副法官无一例外都来自当地的学者家庭。一般来说，有行政经验的乌理玛家族更容易获得副法官的职位。这些被奥斯曼帝国认可的家族在担任教职或管理宗教捐赠时，也享有优先权。他们通常拥有高贵出身（穆罕默德的后裔），是"贵族血统"的一部分，这与当地军事家族享有世袭权威的身份形成了鲜明对比。在奥斯曼帝国统治体系中，显赫的乌理玛家族是管理阿拉伯叙利亚的重要伙伴之一。这些家族中有学问的成员不仅协助管理城市，还为奥斯曼帝国在穆斯林占主体的叙利亚城镇的统治合法化过程中发挥了关键作用。

瓦克夫用于向乌理玛和军事领主提供无偿资助，以维持他们血统的至上地位。在奥斯曼帝国统治下，各种各样的瓦克夫无处不在。其中规模最大、范围最广的瓦克夫是由乌理玛，且通常是由有着穆罕默德血统的乌理玛和创立瓦克夫的军事人物或行政人物的后代管理。因为财产可以被捐赠来资助创始人的后代，所以只有在其后代灭绝的情况下，这些收入才会被用于公共或慈善目的。因此，捐赠也是一种将家族财产合并，并置于监管体系之下的行为（否则，根据伊斯兰法律的规定，私有财产将在继承人之间分配）。

奥斯曼帝国官员利用瓦克夫改善了叙利亚的城市景观。苏丹塞利姆征服大马士革后，为了表现王朝对伊斯兰神秘主义的鼓励，他出资修缮了位于大马士革郊区萨利希亚（Salihiyya）的伊斯兰教神秘主义哲学家伊本·阿拉比（Ibn Arabi，卒于 1240 年）的坟墓。塞利姆下令建造了这座城市的第一座奥斯曼帝国纪念碑——伊本·阿拉比的陵墓清真寺，该清真寺至今依旧存在。

修缮的伊本·阿拉比的陵墓清真寺及其附属的马德拉沙（伊斯兰学校），预示着奥斯曼帝国将会给叙利亚的两个主要省份带来若干显而易见的变化。大马士革因得到两位苏丹（塞利姆和苏莱曼）的支持而引以为豪。后者在巴拉达河畔的马穆鲁克宫殿旧址上建造了一座清真寺、一座救济院、一个商旅驿站和马德拉沙。这些建筑群为朝圣者在启程去麦加前提供住宿，被称为苏雷马尼亚（Suleimaniyya）。紧接着，16 世纪大马士革的三位总督——穆拉德（Murad）、达尔维什（Darwish）和锡南·帕夏在大马士革向南延伸的"苏丹之路"沿线和麦加朝圣之旅的起点接连不断地建造清真寺，其中包括马德拉沙和商业配套设施。所有这些新建筑都建于原有的城墙外，凸显了大马士革在奥斯曼帝国时代的发展程度，同时这些新建筑也用来保护其免受外敌入侵。

在阿勒颇，在总督胡斯罗·帕夏的命令下，奥斯曼帝国第一座真正意义上的大型建筑于 1546 年完工。这是一个位于阿勒颇堡垒西南方向的集清真寺、马德拉沙、商旅驿站于一体的大型建筑，为阿勒颇增添了一种与众不同的奥斯曼风格。后来，官方出资修建的其他建筑也纷纷效仿它，最终改变了阿勒颇街道原有的景观风格。以前阿勒颇的街道主要是南北走向的，但到了奥斯曼帝国时代则转换成了东西走向。例如，那条从要塞一直到安条克之门（Antioch Gate）的街道就成为早期现代城市的主要通道和老城区的中心。阿勒颇作为叙利亚的商业重镇，因得益于奥斯曼帝国内部庞大且便利的贸易网，在现代早期取得了卓越的成就。官方资助的基础设施项目（尤其是商旅驿站）逐渐成为阿勒颇老城区的标志，直到这些建筑在近年的战争中被摧毁。

瓦克夫是一个支持新建、重建和维护公共设施并致力于造福公众的合法机构。捐赠者大多数是统治者苏丹、皇室成员，或当地的高级官员。这些人将城市和农村的税收收入用于修建清真寺、马德拉沙，以及其他项目上，如公共喷泉。这类捐赠用于重塑城市空间的一些大型工程。阿勒颇和大马士革的大型商旅驿站就是为了鼓励商业活动而建立的，这些商业活动可以产生收入，进而支持捐赠者的项目。由首席法官组成的团队是监督瓦克夫的管理机构。在某些情况下，捐赠者的家庭成员会作为管理者来管理捐赠。瓦克夫连接着军事精英和当地高级乌理玛的利益。当城市社会充斥着各种各样的捐赠机构时，一些人甚至将捐赠作为一种得到贵族待遇，提升社会地位的方式。最重要的是，创建一所瓦克夫可以支持各种各样的慈善活动，无论是救济穷人还是照顾流浪猫都可以。在奥斯曼帝国时代，基督徒和犹太人的瓦克夫也都用来满足其各自团体机构的需要。

行会或手工业团体是另一个典型的奥斯曼帝国机构，也是城市治理的关键部分。几乎所有具备生产力的人都被安排进入行会。每个行会都有自己的领导层，并与其他行会存在着错综复杂的等级关系。行会汇集了城市里的制造商、手工业者和商人，是奥斯曼帝国当局与地方经济活动之间的连结点。行会裁决内部纠纷，并代表成员的利益与政府税收部门进行不断谈判。作为中间团体的行会，似乎是一个基层自治与自上而下行政监督的混合体。

一些行会对于城市补给品供应和食品安全起着至关重要的作用，例如面包师行会和屠夫行会。还有一些重要的行会，比如与纺织业有关的行会，因为纺织业是雇佣工匠最多的行业，奥斯曼帝国的民事和军事当局会密切关注这些行会的运作，并坚持要求他们提供指定配额的物品并维持一些基本的标准。对其投入和产出的控制，对其产品质量的监督，以及防止行业垄断，都是帝国关注的重中之重。

尽管行会并不主张平等主义，但在一定程度内可以进行自我调节。在每个行会中，工匠都被赋予等级，并且还有一位公认的行会领袖。有一些行会从属于其他行会。行会毕竟是一个公认的利益集团，这些集团可能（视情况而定）会抵制帝国的某些税收或付款要求，或至少自主决定其成员赋税的额度分配。

许多行会虽然全都是穆斯林，并且公认的行会领袖也总是穆斯林，但一些行会的成员中有相当多数量的基督徒或犹太人。不同宗教团体在法律上的差别并没有相应地体现在严格的社会阶级分层中，至少商业领域如此，制造行业也是如此。基督徒经常出现在纺织和建筑行业中，奥斯曼叙利亚城市的首席建筑师就是一名技艺精湛的基督徒。伊斯兰教法院的法官和副法官在法庭听取有关场地和建筑行业的投诉时，或在法庭要对财产状况做出法律裁决时，都要依赖首席建筑师的证词。

贸易商和店主行会以实现经济公平正义的名义，来调节和裁定市场条件。商人自身并没有组织成一个行会，但杰出的商人会被冠以"沙班达尔"（Shahbandar）的称号，并能够见证合同的正式签订。不同的露天集市都有指定的领导者，他们作为中间人在奥斯曼当局的代表与其他露天集市的店主和商人之间斡旋。

由于奥斯曼帝国不再扩张，或者扩张步伐放缓，无法单靠帝国军队来满足其军事上的需求。在叙利亚这样的地方尤其如此，因为它远离欧洲中部主战场，也远离黑海北部海岸、外高加索和伊朗。因此，由扎根于当地的军事领导人所指挥的本地雇佣军，成为奥斯曼帝国在叙利亚城镇和乡村的主要军事力量。

在城镇中，这些地方军事武装力量通常会被授予行会会员资格，成为兼职士兵和兼职工匠（有时是名义上的士兵和全职工匠）。这种武装士兵兼手工业者的出现促进了当地经济的发展，但他们有时也会参与勒索和收取保护费。这些当地新兵偶尔会被打上"摩洛哥人"或"阿尔巴尼亚人"

的标签，透露出其移民的社会身份。其他情况下，他们也会被本地有权有势的人招募。重点是当地的雇佣兵是早期或近期迁移的移民，他们与商业和生产有着密切的关系。

这种多元而交叠的身份关系反映了叙利亚乡镇和城市的社会凝聚力。

思想生活

16 世纪至 17 世纪，叙利亚的许多马德拉沙培养了一批乌理玛。这些人在这里学习伊斯兰科学，如法律知识、古兰经注学、圣训学、阿拉伯语语法。大马士革和阿勒颇都有不少像这样的学院，但确切的数量随时代的不同会有所波动。奥斯曼帝国征服叙利亚后，许多新的马德拉沙也紧跟着建立起来。作为约定俗成的传统，乌理玛、富有的商人，还有显赫的军官都会出资支持。

除了马德拉沙之外，叙利亚的城市和乡镇也出现了苏非派神秘主义的传播，并形成了固定的苏非派聚会地点，这些聚会地点可大致被视作"地方分会"。苏非派作为一种传统的神秘主义派别，补充了乌理玛专攻法学的经院哲学的不足之处。苏非派神秘主义强调人神统一的体验，或者感受神的存在。他们通常组织"教团"并像其创始者一样进行灵修。苏非派强调苏非派教长的个人权威和洞察力，他们会将其权威（有时是他的血统）追溯到该组织的创始人。一些苏非主义者逐渐形成了密行或唯信仰论的行为（指怪异或违法的公共行为），而神秘主义者将之解释为被神"抓住"或"捉住"。

不过，很大程度上，在奥斯曼帝国初期，苏非主义与乌理玛更学术化的诉求相结合，让许多乌理玛通过成为苏非派教团的领袖（通常是世袭领袖）来提升他们的个人威望。在阿勒颇，一位著名的非国教苏非主义者（谢赫·阿布·巴克尔，生于阿比阿瓦法，卒于 1583 年）死后被葬在城墙外的一个墓地里，这里后来成为受人尊敬的朝圣之地。和马德拉沙一样，苏非派地方分会也收到了一系列捐赠，这些捐赠由乌理玛来管理。

在 16 世纪至 17 世纪的叙利亚，大马士革的乌理玛在精神生活中占据主导地位。虽然阿勒颇是一个伟大的行政、商业和宗教中心，但是大马士革在知识产出层面比其更为丰富。也许，因为大马士革在穆斯林眼中是神圣的，所以它吸引着一群支持活跃的文学生活的人和组织。除许多马德拉沙和苏非派地方分会外，先知穆罕默德在一份权威的声明中也曾提到大马士革，并将其比作天堂。同时，大马士革还是每年各地穆斯林信徒前往麦加朝圣的必经之地。

大马士革以前一直是倭马亚王朝哈里发们（661—750 年）的首都，他们战胜对手并建立了第一个"皇家"伊斯兰王朝。这座城市古老的倭马亚大清真寺就是那个时代的主要遗迹。在"十字军东征"期间，大马士革曾一直是穆斯林捍卫者的聚集地，他们设法将十字军阻挡在海岸线一带，并利用大马士革作为夺回耶路撒冷的政治军事基地。当时从掠夺巴勒斯坦的十字军手里逃离的穆斯林难民，在大马士革附近的山坡上建立了一个新区域，这里很快就建满了清真寺、马德拉沙和苏非派地方分会。

在萨拉丁（Saladin，卒于 1193 年）和他的继任者阿尤布王朝（Ayyubids，1174—1250 年间统治）统治时期，马德拉沙的制度被引进大马士革，并且在马穆鲁克的统治下进一步完善。大马士革的倭马亚大清真寺内有一些坟墓，据说里面有施洗约翰（John the Baptist，《古兰经》中的叶海亚）和先知穆罕默德的外孙侯赛因（Hussein，680 年在伊拉克卡尔巴拉遇难）的遗骸。在萨利希亚附近的山坡上有一个洞穴，据说该隐（Cain）就是在那里杀死了亚伯（Abel）。如上所述，当奥斯曼帝国在 1516 年进入大马士革时，苏丹塞利姆在中世纪伊斯兰教学者伊本·阿拉比的坟墓上修建了一座清真寺。这一行为提升了苏非派神秘主义者在大马士革的地位，同时也显示了苏丹对这座城市的宗教和精神建设的高度重视。

16 世纪和 17 世纪的叙利亚作家讨论的问题涵盖许多主题和流派，从伊斯兰法律和法学的传统科学，到神秘主义、诗歌、历史、旅游和朝圣，以及传记。现代学者只仔细研究了其中的个别手稿，这些手稿反映了现代学术关注的重点和兴趣（尤其是针对历史和伊斯兰教法的研究）。相较于前几个世纪的阿拉伯学术著作而言，这个时代的其他著作则遭到冷遇。这反映了现代思想家（不论是否是阿拉伯人）对奥斯曼帝国初期的阿拉伯文化存在偏见。据说，奥斯曼帝国早期的叙利亚作品在知识层面上不太有趣，尤其是与中世纪用阿拉伯语创作的那些充满活力的原创作品相比。

的确，在 13 世纪以后，皇室和帝国对阿拉伯学术的资助减少了，因为马穆鲁克和奥斯曼的统治者不再像他们的祖先那样让阿拉伯学者和诗人聚集在他们周围，而是更钟爱土耳其语和波斯语作品。虽然奥斯曼帝国的大马士革仍然是主要的阿拉伯学术中心，但是与前几个世纪的阿拉伯学术成果相比，此时期学者的成果似乎显得"偏狭"。尽管如此，在奥斯曼帝国早期的叙利亚（16 世纪和 17 世纪），学术生活并未停滞不前，也没有受到影响范围越来越广的穆斯林学术影响。

现代早期阿拉伯人的思想生活，包括在叙利亚创作的作品，都与之前的学术生活有机关联，它对当时正在流行的学术实践、学术传统和学术问题具有启示性。不论是叙利亚学术基础设施（马德拉沙、苏非地方分会）的后备实力和广度，还是大马士革在阿拉伯对世界的理解中扮演的角色，都表明阿拉伯思想在那些年仍然具有生命力，在对同时代人有意义的范式和框架内，应对的是不断变化的环境。

大量的学术研究集中于对早期学者的著作进行验证和详述，这标志着文化和学术传统的延续。辩论和争论都围绕着对这些著作的解读而展开，也就是当时学者所说的"验证"。叙利亚在被奥斯曼帝国征服并经历了奥斯曼－萨非战争后，一些逊尼派学者从波斯文化区进入奥斯曼帝国，他们带来了新的书籍和全新的学术研究风格。因此，大马士革的学者与阿拉伯语文化圈的穆斯林思想家进行交流。与此同时，说土耳其语的学者渴望与说阿拉伯语的同行进行交流。大马士革见证了 16 世纪和 17 世纪叙利亚文艺沙龙的蓬勃发展。当地的和说土耳其语的男性学者都会在这里会面，探讨关于法律、神学和早期文本解读的问题。这些会面催生了新的文学经典，叙利亚人的学识融入奥斯曼帝国的马德拉沙课程体系就是明证。

两位典型的中世纪晚期思想家在大马士革留下的遗产，为学者们的讨论和辩论提供了大量的材料。第一位是神秘主义者和神智学者伊本·阿拉比，人们一直在援引这位思想家的话语。他写过关于"存在的统一"的概念，在这一概念中，感官的物质世界可以理解为神性的表现，而不是理解为与造物主分离的"造物"。这一见解激励了他的信徒们去发现真理的"内在意义"，而这些"内在意义"可能被诸如文字的字面意思和宗教法的形式要求等外在形式掩盖。第二位思想家是《古兰经》教义学家和法学家伊本·泰米叶（Ibn Taymiyya，卒于 1328 年），他代表了一种截然不同的传统，即通过逐字逐句阅读权威文献来寻出真理，从而放弃了神秘主义者通过直接体验神性来寻找"更高层次的真理"的目标。此后，蒙古人入侵伊斯兰世界的中心地带，是伊本·泰米叶生活和创作的背景，在此历史背景下，他对阿拉伯－伊斯兰学术的完整性感到担忧。伊本·泰米叶及其追随者对神学家淡化理解《古兰经》的文字和外在形式的行为持批评态度。

在 16 世纪和 17 世纪，苏非派和苏非派新教团在叙利亚的广泛传播，体现了一种精神和学术上的不安定，也体现了对新事物持开放态度的思想倾向。两大至关重要的苏非派新教团是毛拉维（Mawlawis）和纳克什班迪（Naqshbandis），两者都起源于阿拉伯语区之外。毛拉维是一个由科尼亚（Konya）的神秘主义者贾拉鲁丁·鲁米（Jalal al-Din al-Rumi，卒于1273 年）的信徒创立的奥斯曼帝国的教团。最出名的就是他们融音乐和有节奏地移动为一体的仪式，仪式的目的是形成一种神秘的状态，使信徒体验到那种无限一体的感觉。毛拉维在欧洲旅行者和当地居民中十分流行，他们将之称作"旋转的托钵僧"。阿勒颇成了毛拉维的一个重镇，仅次于科尼亚。

纳克什班迪教团起源于中亚，随着来自波斯和土耳其语地区的朝圣者和旅行者，以及从麦加返回叙利亚的朝圣者一起来到叙利亚。来自印度的朝圣者在麦加建立了该教团。纳克什班迪教团既强调《古兰经》教义的知识，又强调精神实践，同时摒弃了一些苏非派更戏剧化或者更像表演家的特性。因此，人们可以将纳克什班迪视为"清醒的"苏非派。至今，它们仍对叙利亚有着至关重要的影响。

苏非主义的所有形式都依靠它们创始人的典范，这些典范由苏非派大师传承下来，以此来引导实践者走上灵性启蒙的道路。在叙利亚的城市里，苏非派领袖是典型的乌理玛，他们的家族通常带着特定教团的世袭身份，并且具有与之相关的"神圣魅力"。例如，哈马市的凯拉尼斯（Kaylanis）和大马士革与它们的祖先有血缘关系，都是起源于中世纪伊拉克的卡迪里耶亚（Qadiriyya）教团。在农村，鲜有训练有素的乌理玛，也没有城市中常见的马德拉沙之类的机构，巡回的苏非派或当地苏非派圣地，可能是农民表达和体验他们精神生活的主要方式。

17 世纪，叙利亚学术生活的主导人物是大马士革人阿卜杜勒·加尼·纳布卢西（Abd al-Ghani al-Nabulusi），他的作品跨越了 17 世纪和 18 世纪。他生于 17 世纪中叶，而他的家族在逃离巴勒斯坦的十字军统治后，就世代居住在大马士革。阿卜杜勒·加尼出生在一个富裕的知识分子家庭，家庭的财力能够支撑他投身教学和写作。他认同官方的哈乃斐仪式。研究的课题涉及面很广，它们反映了那个时代思想学术的视野。他写过关于苏非主义的文章（他是一个为伊本·泰米叶遭受异端指控而进行辩护的纳克什班迪）。他写了一些关于法律的文章，并与一场正在伊斯坦布尔和大马士革蔓延的直译主义或宗教激进主义运动的追随者展开了辩论。面对保守派的批评，他支持诸如喝咖啡、吸食烟草以及对同性恋的文学描写，认为这些流行做派有其道德性。关于烟草的流行问题，他写道：

> "烟草"现在在伊斯兰各国城市已经十分有名：如圣城、大马士革、开罗、阿勒颇和安纳托利亚等。实际上，烟草已经由北非传到中东，再传到印度河流域。形形色色的人都在吸食它、沉迷它——那些以善良和虔诚闻名的人（比如苏非派）；那些法律博士、穆夫提和教师中的总教长；那些司令官、法官、领袖者、布道者和宣礼员；国家的统治者们；最后是那些集市上和家庭中的普通人，还有士兵和奴隶，有男有女，有老有少。

他反对保守派，与苏非派的观点一致。他认为犹太人和基督徒有一条通往天堂的道路，这条路是基于他们内在的信仰，而这只有上帝才能知道。他写诗，记录他数不胜数的游历：在叙利亚、埃及和汉志的朝圣之旅。在这些旅程中，他记录了著名的景点以及那些他在途中遇到的学者和精神领袖。阿卜杜勒·加尼在大马士革的倭马亚大清真寺以及多所马德拉沙任教，尤其是在伊本·阿拉比坟墓上建造的马德拉沙塞利米亚（Selimiyya）进行教学。他的课程总能吸引公众的注意，而他在大马士革人中似乎真的很受欢迎（但在官员中就不那么受欢迎了）。他在同行中也有许多仰慕者，同时他的声名远播大马士革之外的地区。1693 年，当阿卜杜勒·加尼来到霍姆斯（Homs）时，那一刻就成为这座小镇值得纪念的时刻，多年后当地人仍记忆犹新。但是从他介入公共辩论这一方面来看，阿卜杜勒·加尼也是一位两极分化的人物，他能招致严厉的批评，尤其是遭到乌理玛的批评，这些乌理玛从伊本·泰米叶的直译主义或宗教激进主义的传统中能够得到启发。

按照他那个时代的标准，阿卜杜勒·加尼是一位见多识广的知识分子。他热衷探索苏非主义的多方面以及内在信仰与外在法则之间的关系，并与伊斯兰世界的各地思想家进行思想上的交流。他写道：

> 在我们这个时代，我看到了一个由不同族群组成的共同体，包括阿拉伯人、波斯人、印度人、土耳其人以及其他族群的人们。他们所有人都通过阅读真理之书（比如苏非派的著作）达到了大师的水平，并从（这些书中）达成了他们所希望的目标。如果在这之后，一个人通过额外的实践和虔诚的奋斗来支撑他的学识，那么他就会成为一位完美的人（比如那些获得神秘启示的人们）。

然而与此同时，除了他的伊斯兰普遍主义和世界主义意识，阿卜杜勒·加尼作为一名阿拉伯人，有着强烈的民族和民族文化认同感。在一篇论辩文章中，他反对支持宗教激进主义或直译主义的土耳其学者，这位学者曾指摘阿卜杜勒·加尼不信教。阿卜杜勒·加尼回应说，作为一名阿拉伯人，与他的对手相比，他与伊斯兰有着更深层次的联系："乌理玛确立由阿拉伯人来主导土耳其人和波斯人的宗教事务，而且确认正是阿拉伯人第一次将土耳其带入了伊斯兰世界。"

在奥斯曼帝国早期，叙利亚的思想生活植根于城市之中。学者们在著作中分享了身为这些城市居民和身为阿拉伯人的认同感。叙利亚（尤其是大马士革）的乌理玛与来自奥斯曼帝国和伊斯兰知识领域的同行思想家或对手进行了交流。虽然他们在现代早期的交流（地方主义与普遍主义的结合）日后为阿拉伯和叙利亚民族主义的鼓吹者所唤起，但是他们的观点和世界观与后来所谓的"民族的"相去甚远。早期现代叙利亚的思想生活体现的是一小群具有文化影响力的城市居民的观点和世界观。在那个时代，大多数地方的大多数人都生活在城市之外、文学圈子之外，都是一心扑在应对生存和生计的挑战上。在这样的环境中，奥斯曼帝国国家地位的结构在叙利亚徒有其表，经常缺失或十分脆弱。

农村地区

叙利亚的主要城市是行政、军事和法律机构的中心，这表明了都市生活对于理解奥斯曼帝国统治的定义的中心地位。毗邻城市的农业区也与奥斯曼帝国的城市法律和制度结构紧密相连、融为一体。附近花园或果园的耕种者和村民，构成了城镇市场上人潮涌动和车水马龙的一部分。

法律规定涵盖统治者颁布的苏丹法和源于伊斯兰法律的伊斯兰教教法。这两种法律都试图平衡土地所有者和农民的权利。而这些法律在某种程度上是有意义的，人们呼吁它们或使用它们来解决冲突。但越是深入叙利亚腹地，农村人与城市人的利益就越是对立。

城市居民、农民和牧民之间的需求相互作用，从而形成一种互惠互利的关系。例如，阿勒颇的肥皂制造商依赖农民供应橄榄油、依赖贝都因人供应碱。农民需要市场来销售橄榄油，而农民和贝都因人也都需要城市制造的产品。

但是，权力关系改变了这一切，而更强大的政党（通常是城市的代表）可以从较弱的政党那里（通过征税、强制没收、高利贷等）攫取他们需要的东西。城镇对乡村的剥削关系，在 16 世纪大马士革的乌理玛扎恩丁·穆夫利赫·迪马什奇（Zayn al-Din Muflih al-Dimashqi）的一段评论中有所体现：

> 真主安拉几乎把全部的知识和所有的暴政都放在城市里，把全部的收入和愚昧几乎都放在农村里。真主安拉把村庄的收入大部分给了乌理玛，作为交换，他把城市的暴政给了那些无知的村民。就这样，知识给乌理玛带来了收入，也给土耳其军队和城市的其他居民带来了收入。

在农村地区，奥斯曼人适应了自然环境，他们考虑到了以灌溉区、雨水灌溉区、丘陵地区和干旱牧场（大草原）为代表的大范围的土地。在叙利亚北部和中部（阿勒颇、霍姆斯和哈马地区），奥斯曼帝国引进了一种将收入用于服务的制度。一群称为"西帕希弓骑兵"（Sipahis）的军人从各个村庄中得到收入，而作为回报，他们派出骑兵参加战争，以履行军事义务。产出较高的土地称为"扎米特"（Ziamets），其持有者称为"扎伊姆"（Zaims）。在丘陵和山区，奥斯曼人通常会指定一个强大的宗族或家族负责维持秩序，还包括收税，并将这些税款上缴国库。

宗族首领可以向农民收税，也就是说，帝国授予他们收税权，以换取他们向奥斯曼帝国支付财政或进贡，并且可能会通过授予他们正式的官衔来宣布他们的地位。这些中间人有的是已经建立部落的首领，有的是当局带到一个地区的部落团体首领。在其他地方，地形和水资源类型多样的地区，成为捐客租赁或拥有的农庄，他们从耕种者那里收取租金和收入，并将利润上缴地方财政部门。

在较远的地区，行使这些权利的捐客往往是军事单位的领导人（如将军或州长）。真正的大草原则掌握在牧区游牧酋长和部落手中。在那里，畜牧业占主导地位，一年四季的定居农业是不切实际的。而他们也要缴纳一系列的税，包括在人口较稠密地区附近的季节性营地的"过冬费"。事实上，奥斯曼帝国财政部雇用了最有实力的牧民为他们提供安全和运输服务，不管他们是护送商队，还是通过遏制暴发户或任性妄为的竞争对手来维持和平。

整体的农村图景是军官或军事精英（包括当地部族）在苏丹权威的保护下，在自己的地区行使权利。农村的宗族或家庭经常会相互争斗，以牺牲竞争对手的利益来扩大他们的权力。这个地区越偏远——无论是因为它地形险峻，还是因为它远离行政中心——竞争就越有可能表现为原始的斗争。这些安排具有很强的地方主义色彩。奥斯曼人对当地环境的因地制宜地适应，要胜过任何在这样多元的地区实行行政或财政统一的（不切实际的）努力。

这些多样化的农村行政安排有一个共同之处，即它们的军事性质。西帕希人、扎伊姆人、农场主、山地中间人以及部落的民族都全副武装。他们或多或少与奥斯曼帝国的军事管理机构联系在一起。乡村的军事化使奥斯曼人得以将权力延伸到叙利亚广袤的土地上。商队和朝圣的队伍经常要横跨叙利亚，穿过大草原进入美索不达米亚，这表明了这些安排对保护重要商路和利益是有助益的。与拥有警察部队和庞大官僚机构的现代国家不同，奥斯曼帝国的统治并不代表一种统一的权威。虽然根深蒂固的制度和地位等级统治着奥斯曼帝国的城镇，但离城市行政中心越远的地方，奥斯曼帝国的权威就变得越脆弱，仅具有象征意味。虽然主要的贸易路线两旁设有要塞和卫戍部队，但奥斯曼帝国的统治者承认农村自治的现实。这一认可给了奥斯曼官员相当的表达余地和行使帝国的权力，为不断的谈判和基于权力平衡的再谈判打开了大门。在危急时刻，当情况有利时，假冒当局的武装可能会在农村出现，或是当拥有强大本土人脉的奥斯曼委任者担心自己可能会地位不保，或是其为了自我扩张（包括强化他与盟友和扈从的关系）而反叛的时候，武装也会在乡村出现。

个别农村地区的实际情况尤其严峻。沿海山脉从北部的安条克（Antioch）延伸到南部的加利利（Galilee），然后继续穿过纳布卢斯（Nablus）、耶路撒冷和希布伦（Hebron，如今巴勒斯坦西海岸），奥斯曼帝国对这些地区难以进行直接管辖。当局认为，直接管辖山区往往需要不断地军事远征，这些努力和花费不值得投入。在这些山区，奥斯曼人指定了当地家族和部落酋长，让他们行使奥斯曼帝国当局的权威，向一省总督进贡或纳税。

这种实践有一个有据可查的黎巴嫩山案例。由于奥斯曼帝国需要密切关注黎巴嫩的沿海山脉，于是北部的的黎波里和南部的西顿（Sidon）分别在 1579 年和 1660 年被指定为奥斯曼帝国的省会（其余两个叙利亚省会分别是阿勒颇和大马士革）。在的黎波里省，奥斯曼人承认赛法（Sayfa）的土库曼（Turcoman）军事家族为伊斯坦布尔的代表（赛法家族于 16 世纪20 年代从安纳托利亚来到该地区，并代表新政权在当地活动）。从 1579年到 1625 年，赛法随后统治了的黎波里、黎巴嫩山北部和叙利亚北部沿海的安萨里耶山脉的部分地区。在这几十年里，他们的命运与他们山区的竞争对手相比起起伏伏。这种动荡是奥斯曼帝国远离主要城市的地方政治的典型特征。在黎巴嫩山的中部地区，奥斯曼人最初与什叶派的哈弗斯（Harfushes）和哈马达（Hamadas）的军事部族合作，同时也与马安部族（Maans）合作。后者在当地具有极大影响力，它是在当地扎根的德鲁兹（Druze）家族，其最著名的人物是埃米尔法赫鲁丁二世（Fakhr al-Din，卒于 1635 年）。然而，除了少数例外，伊斯坦布尔不允许黎巴嫩山的税款包收人担任西顿总督。西顿总督由中央政府直接任命，而这些总督的部分工作是监督山区权力的平衡，利用马安人与其他渴望权力的人之间的竞争，来维持奥斯曼帝国在当地的统治地位。

在不断地压力之下，农村地区脱离了政府的控制，往往落入不服从政府领导的军事精英之手。1605 年，扬布拉德·阿里·帕夏（Janbulad Ali Pasha）的叛乱就是一个例子。他的叛乱席卷了叙利亚北部。扬布拉德家族原本是阿勒颇北部地区的库尔德人（Kurdish），扬布拉德的叔叔侯赛因是阿勒颇第一位非帝国出身（即本地扎根）的奥斯曼统治者。但当奥斯曼人以玩忽职守的罪名处决侯赛因时，他的侄子扬布拉德就发动了一场起义，这场起义得到了库尔德同胞的支持。在这场起义中，叙利亚北部的大片农村地区脱离了土耳其宫廷（Porte）的控制。扬布拉德向阿勒颇的威尼斯领事吹嘘自己将成为叙利亚地区的苏丹，因此他请求威尼斯的援助。在 1605 年的叛乱中，扬布拉德扣下了奥斯曼人在阿勒颇重要腹地的宝贵税收，占领了奥斯曼的领地，阻断了贸易路线。为了争取时间集中资源来击败扬布拉德，奥斯曼帝国政府欲擒故纵，暂时承认他是阿勒颇的统治者。最终，一支帝国军队击败了扬布拉德，并于 1610 年将其处决。

类似的命运也等待着奥斯曼帝国的德鲁兹封臣法赫鲁末二世。1625 年，法赫鲁末二世结束了赛法在的黎波里的统治，并将黎巴嫩山的北部地区纳入他的征税范围。奥斯曼帝国的官员担心他过于强大，最终在 1633 年，从大马士革派来了帝国军队，将其击败。1635 年，法赫鲁末二世被处决。

正如扬布拉德和法赫鲁末二世的戏剧性故事所表明的那样，叙利亚在奥斯曼帝国统治的头两个世纪里，其农村的统治经历过几次动荡。大多数时候，在大多数地方，无论是通过直接驻军还是通过军事盟友作为中间人，土耳其宫廷的命令都得到了执行。这些安排与其说是官僚主义的安排，不如说是以家庭和宗族为基础的安排。由于各方都在寻求最大限度地利用其优势，因此必须不断进行谈判（和不间断的战斗）。

奥斯曼人适时从叙利亚招募了越来越多的军人。因此，"军人"和"平民"的身份界限也变得模糊起来。地方城市民兵与派系之间的竞争可能会引起动荡，但他们在社会上影响力和势力的扩大表明，奥斯曼帝国的权力正在地方化。他们还建立了一些选区，对这些选区来说，"奥斯曼帝国的合法性"就是一种地位和利益的宣示。

在农村，农民的基本生产单位是家庭。人们在村庄获得土地和资源的机会，通常取决于他们的庞大家庭成员之间是否团结。这种土地的使用是公有的，因为个人的财富与他们家族或宗族的财富是联系在一起的。居住在城市或城市"绿化带"附近的耕种者，还有那些被纳入城市法律和制度结构的人，往往（像城镇居民自己一样）拥有个人的耕种权、使用权和所有权，他们可能与合伙人或共有人共享这些权利。这些果园和蔬菜农场的耕种者，往往较少依赖以宗族为基础的普通法或习惯法等制度来分配和重新分配股份，而更多地依赖在城市伊斯兰法法院裁决的习惯法和伊斯兰教法。

这些农村模式的历史意义在于，突出展现了叙利亚农村地区的多样性，以及那里的各种权力和影响力模式。城市地区是奥斯曼帝国在叙利亚进行统治的行政中心，但农村地区并非被动服从于以城市为基础的权威。一系列中间人和地方势力争夺农村的影响力和控制权，最重要的是争夺农村的资源：农作物、税收和贸易路线的控制权。如果城市是帝国（以及后来的民族）想象的中心，那么农村的大多数人就会小心翼翼地保护自己的地方利益和地方特色，以抵御城市的需求和压迫，这些需求和压迫通常被视为贪婪和剥削。城乡之间的紧张和争夺，将是叙利亚现代历史上的一个持久的特征。

在奥斯曼帝国早期，叙利亚村民之间的认同感和团结感围绕着不同的轴心而形成。村庄、血缘关系，以及在山区特别强烈的派系忠诚占主导地位。最好将派系忠诚理解为一种联盟，这种联盟允许山民和他们的首领在他们的周边地区之外形成一个政治纽带。在拉塔基亚（Latakia）以东的安萨里耶沿海山区，在那崎岖而偏远的地区，以阿拉维派（Alawite）人口为主的部落关系，既是村与村之间团结的源泉，也是竞争的源泉。在平原上的其他村庄和河谷，更广泛的联系以血缘关系或部落习语而展现出来，特别是在贝都因人季节性活跃的地区，有关共同的亲属关系或部落关系的神话，被用来表达联盟和庇护关系。除了说阿拉伯语的贝都因人之外，其他的乡村部落民族还有库尔德人和土库曼人，奥斯曼人也将他们的首领当成一个准军事同盟，并讨好他们。在 17 世纪，奥斯曼人将土库曼人安置在哈马腹地，目的是（帝国当局希望）在这个遭受贝都因人袭击的区域提供可靠的准军事边防部队。

在奥斯曼帝国现代早期，叙利亚形成的社会层面的团结——包括城市和农村——将持续下去，并在随后经历考验。在 18 世纪，新的权力关系重新配置了奥斯曼帝国在叙利亚的统治，而叙利亚人从不同族群如何看待叙利亚人、叙利亚人的利益以及他们的选择等多种角度，回应了这些大变化，他们自身也是促成这些变化的原因之一。即便进入 20 世纪，这些身份的各个方面，以及它们所代表的关系、所产生的世界观，将继续影响叙利亚人对自己、对过去、对现在和未来可能性的认识。

第二章 "漫长"的 18 世纪：政治危机和地方统治者

1717 年的某一天，人群聚集在霍姆斯，迎接并庆祝该市的区长从远征队返回，这支远征队的目标是附近的贝都因人。其中一名编年史学者后来写道："穷人弱者、男女老少都打开大门，出去见他。有些人哭了，有些人祝福了他，他们以壮阔的游行向他表示敬意。"这位学者是伊斯兰教法庭的书记员，名叫穆罕默德·马基（Muhammad al-Makki）。他还高兴地写道："一位大马士革的帕夏杀了另一群贝都因人，并把幸存者当作索要赎金的俘虏。"马基所写的故事中有位英雄，名叫易卜拉欣·阿迦·苏韦丹（Ibrahim Agha Suwaydan），是当地的军事强人，他刺死了顽固的山民，在这位编年史家的心目中，这是他们罪有应得。几十年后，在大马士革，一位名叫伊本·布达尔（Ibn Budayr）的理发师兼编年史家嘲笑了这座城市的道德败坏（娼妓、贪欲），并严厉批评了当时有权势的总督阿萨德·帕夏·阿兹姆（Asaad Pasha al-Azm）在他的新宫殿挥金如土，并且没有保护弱者免受狂妄自大的士兵的侵害。

《卡尔洛维茨和约》（*Treaty of Karlowitz*，1699 年）和埃及入侵叙利亚（1831 年）共同构成了"漫长"的 18 世纪，这并不是一个欢乐宁静的时代。城乡关系紧张、军事家族的政治野心是这一时期的特征。重要的是，这个时期也为后来持久的地方领导势力奠定了基础，这些地方领导人在叙利亚的城市和腹地的统治一直持续到 20 世纪中叶。这些发展增强了地方势力，这些势力依附于奥斯曼帝国的权威，或由后者赋予他们政权合法性，但无论是从权力的前景还是权力的覆盖范围来看，都不能称为是"国家层面的"变化。

叙利亚的权力掮客：阿兹姆家族的崛起

奥斯曼帝国的荣光在 18 世纪逐渐暗淡。欧洲的航海国家在经济、组织和技术领域，以及印度洋贸易等方面，逐渐超越这个庞大而松散的帝国。

因为欧洲商人和政府从包括黑奴贸易和美洲的殖民剥削在内的跨大西洋经济中获得了新的财富和商品。

早期，奥斯曼帝国依靠征服和领土扩张获取新资源。但是，当奥斯曼帝国与以奥地利为首的同盟签署《卡尔洛维茨和约》时，无论是从思想上还是从意识形态上，奥斯曼帝国的扩张主义时代都已走向终结。在和约中，奥斯曼帝国失去了相当多的欧洲领土，并同意与他们的基督徒对手建立固定的边界。此后，帝国的财政不得不越来越多地依靠帝国内部资源，而不是通过掠夺。更复杂的是，国际远途奢侈品贸易从奥斯曼帝国控制的陆路转向了欧洲控制的海路。

对于叙利亚而言，这些事态发展意味着伊斯坦布尔更愿意（更需要）依赖地方中间人，并同意这些中间人获得土地、财富和资源，以此作为放权政策的一部分。事实上，与《卡尔洛维茨和约》一样，终身契约代理人课税政策的发展（被称为 malikane，最早于 1695 年引入）以及代理人赋予土地所有者的权力是开启了一个新时代的重要标志。更重要的是，它们为新崛起的行省里的权力掮客提供了正式的、制度化和合法化的理由向城市和农村征税，前提是他们须向帝国财政部支付必要的资金。

课税政策变化带来的最明显的政治影响，是大马士革以及叙利亚中北部的一个叫作阿兹姆的军事家族的崛起。大体而言，阿兹姆家族被证明是有能力的行政官和指挥官。在阿兹姆家族统治卓有成效的时期里，他们可以调配农村的粮食资源来供应大马士革，并利用他们非凡的军事才能和庞大的政治网络来保障车队和朝圣之路安全。阿兹姆家族凭借财富能够在伊斯坦布尔玩一些政治游戏，在那里，他们的家族代理人用黄金和礼物帮助家族收买奥斯曼的政治庇护人。阿兹姆家族成员在担任大马士革总督期间，在该市省会也是他们早期的政治基地哈马留下了令人瞩目的石制建筑，包括宫殿、商业和教育等建筑。阿兹姆家族在 18 世纪的显著地位也凸显了大马士革作为叙利亚的新商业中心地位，阿勒颇在其面前也黯然失色。

即便如此，伊斯坦布尔仍然不愿意将行政权全权委托给阿兹姆家族。土耳其的宫廷大臣与该家族在叙利亚的派系对手保持联系，以压制阿兹姆家族的野心。正如理发师伊本·布达尔所抱怨的那样，阿兹姆政权的崛起以及财富的扩张，在当地遭到了受排挤者或处境不利者的强烈抵制。大马士革发展出一套依靠家族联合、邻里认同和经济利益的派系政治模式，阿兹姆及其盟友并没有始终保持其在大马士革的统治地位。

尽管如此，阿兹姆家族在大马士革的持续统治，在性质上是一个全新现象，代表了叙利亚在 18 世纪所经历的一些变化，以及变化产生的持久影响力。在这个时期，阿兹姆和许多这一时期崛起的其他权贵家族经历了奥斯曼帝国的盛衰更迭、殖民统治和早期的独立并坚持了下来。的确，直到 1963 年，叙利亚政治上最后一位显赫的阿兹姆家族成员才退出政治舞台。

阿兹姆成员的崛起是广为人知的奥斯曼帝国和叙利亚现象的一部分，其标志是城市贵族（亦称 A'yan）的崛起。这些新兴的权力掮客可以分为两类，分别对应与奥斯曼帝国有联系的不同精英阶层。第一类出身军事家族（例如阿兹姆家族或苏威丹家族），其领袖通常带有"阿迦"或"省长、总督"的头衔，代表着一种有时可以世袭的军衔或职位。他们中最有野心的人渴望获得奥斯曼帝国在该地区最高的帕夏职位。如第一章所述，奥斯曼帝国在叙利亚统治初期就开始招募当地人组建军队。到 18 世纪，伊斯坦布尔已经准备任命其中一些当地士兵担任本地区的政治领袖。

例如，阿兹姆家族最先引起奥斯曼帝国的注意，是因为家族财富的创始人——一个名叫易卜拉欣·贝伊的士兵，他是迈阿赖努阿曼（Ma'arrat al-Nu'man）地区的卓越指挥官，这个地区是位于阿勒颇与哈马之间苏丹大道上的一个村庄商队驿站。易卜拉欣的儿子伊斯梅尔（Ismail）在被任命为哈马、霍姆斯和迈阿赖努阿曼的总督后，被提升为帕夏。土耳其宫廷首先任命伊斯梅尔·帕夏担任的黎波里副总督，辖区是霍姆斯和哈马。随后，在1725年，伊斯梅尔·帕夏升任大马士革总督，开启了阿兹姆家族在大马士革的统治。在1725年之前的几年里，伊斯坦布尔就决定由大马士革总督担任每年去麦加朝觐队伍的领导者。由此，一个地方权势家族升任该地区总督，就更具有重要意义了。

第二类权力掮客来自著名的乌理玛家族，有时与苏非派的领导成员有关。当然，乌理玛在城市生活中一直发挥主导作用，其中杰出的宗族成为一种"贵族血统"，他们一代又一代地传承了家族的声誉、学问和在法律—行政—宗教中的地位。这些名流掌管着瓦克夫的主要收入，因此他们成为团结当地精英的重要群体。瓦克夫的捐赠还包括大量的城市和农村能够创造经济价值的资产，包括作坊、商业仓库以及农场和村庄。通常情况下，乌理玛贵族被尊称为"老爷"，如果他们是先知的后裔，他们也将被称呼为"赛义德"，以承认这种地位。

军事精英和有赛义德血统或有苏非背景的贵族，决定了18世纪叙利亚城市的面貌。作为叙利亚城市中心的主导力量，精英和贵族在内部形成了联盟和敌对派系。这些精英和贵族在城镇腹地拥有村庄，有的直接将其作为私有财产，更常见的做法是以终身收税农场、捐赠租赁和私人所有制的形式结合在一起。虽然个别名门望族的重要地位可能会起起落落，但作为一个群体，他们在奥斯曼帝国统治时期乃至更久的时间里都保持着影响力。虽然这些人中最有名望、最有权势者都是穆斯林，但是杰出的基督徒和（小范围的）犹太人也会作为穆斯林赞助人或捐助者的代理或者伙伴。在黎巴嫩山地，一些基督教家族和德鲁兹家族甚至获得了封建性质的行政权，允许他们完全根据自身所属派系和内部争论，凭借自身实力，去成为当地的权力掮客。

18世纪有关军事贵族和乌理玛家族的记载，生动地展示了叙利亚—奥斯曼的社会层面情况。当易卜拉欣·贝·阿兹姆的儿子伊斯梅尔·贝成为霍姆斯的区长时，穆罕默德·马基（伊斯兰教法法庭的书记员，听闻部落遭到屠杀的消息后感到喜悦）赞扬了伊斯梅尔的慷慨："他为霍姆斯的人民做了一件善事，给穷人和不幸的人送去了小麦和大麦。"随后，伊斯梅尔被提升为帕夏，并于 1725 年被任命为大马士革总督，一直任职到 1730 年。大马士革第二位出身阿兹姆家族的总督是苏莱曼·帕夏，他在 1734 年第一次担任这个职位，然后下台，随后又再次任职，1743 年在任上去世。他的侄子阿萨德·帕夏随即接替了他的职位，阿萨德·帕夏在位长达 14 年之久，时不时地惹怒理发师兼编年史家伊本·布达尔。此后，还有两个阿兹姆家族成员，以及他们的一些盟友，断断续续地担任大马士革总督，直到1807 年。

由于叙利亚的派系政治，以及伊斯坦布尔想要维持当地的权力平衡，阿兹姆家族总是周期性地失宠，但又能快速恢复权力。在权力的巅峰时期，阿兹姆统治者用捐赠、农场税收、村庄和贸易收入，来支撑家族的政治野心——尤其是在阿萨德·帕夏的统治下，垄断和投机性质的经济活动（如囤积小麦）一度引发了当地的舆论争议。

阿兹姆家族的统治在这座城市留下了自己的印记：阿萨德在大马士革中心建造了富丽堂皇的住所（阿兹姆宫），1920 年在其后人把它卖给法国殖民政府之前，它一直都是该家族的私有财产（如今已成为民俗博物馆）。他还在宫殿附近建造了一座著名的商旅客栈，接待往来巴格达的商队，如今这座建筑成了叙利亚国家文化遗产。这些情况表明，直到 18 世纪中期，大马士革的商业地位日益显著。

在大马士革和哈马，阿兹姆家族的男性与苏非派背景的赛义德女性通婚，尤其是领导卡迪里耶苏非派教团的凯拉尼（Kaylani）家族的女性。通过联姻，阿兹姆家族（和其他雄心勃勃的政治家族一样）拓展了他们在叙利亚地区的社会关系，提升了影响力。彼此关联的利益将军事出身的精英、远途贸易商和杰出的乌理玛密切联系在一起。

与大马士革的阿兹姆家族最相似的乌理玛是穆拉迪家族（Muradis）。他们的奠基人是穆罕默德·穆拉德·布哈里（Muhammad Murad al-Bukhari），他是一位来自撒马尔罕（Samarkand）的旅行学者，1670 年在大马士革定居。他在当时算得上是一位具有国际视野的学者，研究过中亚、印度和奥斯曼帝国的伊斯兰国家，以及伊朗什叶派。他能够使用三种语言（土耳其语、波斯语和阿拉伯语）进行研究，主要负责将纳克什班迪苏非派教团引入叙利亚。穆罕默德·穆拉德收购了大马士革地区的一些村庄，作为终身税收农场。这个家族还从瓦克夫捐赠上获利颇丰。穆罕默德·穆拉德自己建立了两所伊斯兰学校，都被称为"穆拉迪亚"。在这个时代，学生们从遥远的也门来到大马士革，在穆拉迪亚学校学习。穆罕默德·穆拉德的后代（称为穆拉迪家族）在政治上经常与阿兹姆家族结盟。

在较小的叙利亚中心也出现了地方势力的巩固。例如，在哈马市（阿兹姆家族的大本营和预备试验场），军事精英（包括阿兹姆家族）和乌理玛精英（包括凯拉尼家族）在地方行政和司法职位中占主导地位。在他们中间，阿兹姆家族、凯拉尼家族和其他有权势的家族通过收税农场、捐赠管理和占用捐赠资产，以及土地持有等一系列混合手段控制着哈马的乡村。同样，在霍姆斯，出身军事家族苏威丹的阿迦（其家庭大本营在该镇以南的一个村庄）经常担任一些行政职位。与此同时，像西白（Sibais）和阿塔西（Atassis）这样的霍姆斯乌理玛家族占满了法官、穆夫提（mufti，伊斯兰教教法说明官）的职位（后来，阿塔西家族和西白家族的后代在 20 世纪的叙利亚发挥了重要作用，包括产生了两位叙利亚总统和一位叙利亚穆斯林兄弟会的创始人）。

阿勒颇没有出现一个可与阿兹姆家族相提并论的强有力的地方势力。

这座城市比大马士革更靠近伊斯坦布尔，它的行政区域包括奥斯曼帝国的安纳托利亚中心地带的大片区域（位于今天的土耳其境内）。尽管如此，阿勒颇还是经历了权力向地方的下移，尤其是在1775年后。当时，伊斯坦布尔的注意力放在了常年的对外战争和应对北部边境的威胁上。尽管帝国政府从未将阿勒颇拱手让给地方武装势力，但后者有实力在帝国衰落时强行占领阿勒颇。在地方武装势力中，先知的后裔和当地的土耳其苏丹近卫军都有组织，且人数众多，足以在城市中占有一席之地。与大马士革相比，阿勒颇新兴的地方精英阶层中有更多的商人家庭，且阿勒颇的乌理玛根基也不像大马士革那样自成体系（就联姻和家族联盟而言）。尽管如此，18世纪的阿勒颇在一定程度上（而非本质上）也出现了贵族现象的变体。

阿勒颇一个重要的乌理玛家族是贾布里家族（Jabiris），家族名称源于一位曾在奥斯曼帝国担任卡迪的祖先。贾布里家族从18世纪后半叶起就构成了阿勒颇的主要乌理玛，他们拥有部族领袖的地位。早在"漫长的"18世纪，贾布里家族就拥有相当多的城市资产，他们提供了捐赠金（包括捐赠了一所伊斯兰学校），并多次担任很有声望的要职。作为部族领袖，当穆罕默德的后裔成为一支政治派别（1770—1805年）时，贾布里家庭在阿勒颇的政治中发挥着作用。像其他城镇的许多家族一样，阿勒颇的贾布里家族的权势维持了很久［阿勒颇的萨阿杜拉·贾比里（Saadallah al-Jabiri），在第二次世界大战期间担任过叙利亚总理］。

显贵的崛起彰显了在叙利亚—奥斯曼的城市精英形成过程中，权势家族和家庭的重要性。许多权势家族——阿兹姆、贾布里、凯拉尼和其他家族——在法国殖民统治期间和叙利亚独立的初期，借助奥斯曼帝国的残余力量，仍然在叙利亚政治和社会中占据主导地位。这些显赫的家族通过婚姻来拓展其社会关系（通过出嫁），或整合家庭资源（通过迎娶），或吸纳新的财富来维系艰难时期没落的旧世系。如果我们理解的"贵族家庭"

不仅是现代意义的"家庭"，还包括政治和经济利益集团，那么 18 世纪叙利亚的贵族政治就不是简单的指"派系主义"。在政府和国家官僚化程度尚且不高时，精英家庭集行政管理和财富于一体，他们之间的相互争斗是常规政治秩序的一部分。从某种意义上说，在行省层面，这样的结构复制了统治伊斯坦布尔的奥斯曼皇室采用的世袭制政府。在 18 世纪，因为奥斯曼帝国中心力量的衰弱，必然出现行省内部家族势力崛起，以及依赖这些家族关系网进行治理的现象。

尽管奥斯曼帝国的苏丹仍然是权威的象征，但这些家庭的崛起决定了 19 世纪和 20 世纪叙利亚现代国家形成的方式。最终，在 20 世纪下半叶，农村军官发动政变，摒弃了旧的政治家族，但新的中间人和权力掮客迅速取而代之。叙利亚人口和农村的异质性，以及帝国、殖民者和民族政府在管理差异较大的领土和人口时所遇到的困难，都意味着地方权力中心的出现是叙利亚现代史上一个反复出现的特征。

思想生活和文化素养

18 世纪，大马士革继续主导着叙利亚的智识生活。当地的家族（包括阿兹姆家族和穆拉迪家族）在 18 世纪新建了不少于 7 所马德拉沙。大马士革在 18 世纪产生的文学作品既延续了过去，也表现了新的社会潮流。乌理玛对经文传统和神秘主义见解进行辩论，并撰写了诗歌、编年史和传记词典。如同在政治领域，新兴的阿兹姆家族在文学领域声名鹊起，他们开辟了新空间，树立了新的里程碑。在文学领域，来自其他阶层的新文学声音，也加入了旧日文化生产者（乌理玛精英）的行列。文学对话在社会层面的拓展，体现着那个时代社会变迁和社会阶层的流动。

大马士革乌理玛的文化生产建立在这样一个基础上：他们自信地把自

己看作广大穆斯林自我意识、学术知识的守护者和担保人。例如，保守的法学家伊斯梅尔·阿杰鲁尼（Ismail al-Ajluni，卒于1749年）担任该市最重要的讲授教义的职位，他捍卫代代相传的经文传统，反对那些被经验学习和神秘主义吸引的人（如第一章中引用的阿卜杜勒·加尼·纳布卢西）。为了捍卫经文传统，阿杰鲁尼写道：

> 我知道从过去到现在，列出参考的权威资料，指出自己与伊玛目和谢赫的联系，一直以来都是圣训（穆罕默德生平的经典记载）学者的研究传统，这种联结用于说明他们的学术研究派别传承自伊玛目和谢赫：圣训研究者聆听他们传道授业，并获得他们的支持。

换句话说，阿杰鲁尼把自己定位为一个以文本权威声音来说话的人，这可以从他的权威链的可靠性得到证明。纳布卢西的生活联结着17世纪和18世纪的叙利亚历史，他涉猎的题材很广泛，他批评那些在他看来采用的方法和得出的结论过于僵化的人。他捍卫流行的习俗和消遣，还批评了他在乌理玛群体中看到的追逐名利和高人一等的做派。

穆罕默德·伊本·卡纳安（Muhammad Ibn Kannan，卒于1740年或1741年）是哈乃斐祭祀典礼的纳克什班迪苏非派，他是一位老师兼作家，广泛涉猎大马士革的伊斯兰知识。他教学十分投入，将大把时间花在了讲课、拜访学者、诵经和作诗上。最重要的是，伊本·卡纳安之所以被铭记，是因为他记录了自己在大马士革的生活和那个时代，他延续了编年史创作实践，自中世纪以来，这一直是乌理玛的一个传统。伊本·卡纳安继承了这种悠久的传统，这种传统通过他的自传而提高了乌理玛的威望并团结了他们。在这些文章中，他承认乌理玛的城市领导者地位，并描述了他们之间的学术联系和学术训练、他们的个人品质以及他们与苏非派的关系。

精英阶层的乌理玛在经济上很富足，有些甚至非常富有。少数的例外（乌理玛从一个普通的家庭成长为公认的学者）也证明了这一规律。透过伊本·卡纳安的编年史，读者可以拼出一个世界，就像一名大马士革乌理玛成员所看到和经历的世界一样。他展开了巡回讲座和课程，其中包括围绕"斋用"这个话题的一系列特别讲座，这就是他一年的工作节奏。他喜欢在城市翠绿的花园里与同行进行学术交流。在1721年9月的一个周六，他写道：

> 我和一大群人在扎因丁（Zayn al-Din）的花园里。我们阅读了阿卜杜勒·加尼·纳布卢西等人的著作汇编。周一，我和一群好朋友在花园（俯瞰大马士革）……周三，我们研究阿里·哈拉比的《先知传》。一个同伴大声朗读，其他人在听。我们在马扎①过夜。

周围那些设备齐全的马德拉沙也同样吸引着伊本·卡纳安这样的人。他称一所马德拉沙为"阿吉玛雅"（Ajamiyya）：

> 一座美丽的建筑，正面用五颜六色的花砖和碑文装饰，里面有一个涌水的喷泉。学校的地板上装饰着白色和彩色相间的大理石瓷砖，窗户是钢做的窗框。

---

① 当时马扎（Mazza）是大马士革郊外的一个村庄，今天是大马士革的一个街区。——译者注

作为杰出的乌理玛成员，伊本·卡纳安在其职业生涯中有机会去沉浸于精神生活，并且有机会在建筑美景和自然美景中工作。理发师伊本·布达尔（卒于约 1763 年）出身卑微，前途渺茫。他出生在大马士革郊区，即沿着"苏丹大道"一路向南途经浩兰省（Houran）以及更远一些的圣城麦加和麦地那的那片区域。伊本·布达尔没有像他父亲那样，在一年一度的朝圣之旅中充当搬运工。相反，他搬到了靠近大马士革城墙的街区。他在倭马亚大清真寺附近的城墙中心做一名理发师的学徒。这个中心地区是政治、经济、知识精英生活和活动的地方。后来，伊本·布达尔有了一间自己的理发店，这也有可能是老板退休后他在其工作场所继续经营。他为乌理玛剪头发，由此结识了乌理玛的头面人物。与这群人的频繁接触，似乎给他注入了自信，于是他尝试着撰写一部编年史。在此之前，编年史是近乎被乌理玛垄断的文体。伊本·布达尔的编年史以平民视角看待大马士革的生活而闻名。他毫不留情地批评阿萨德·帕夏·阿兹姆，指责他贪婪地以牺牲大众利益为代价牟取暴利。除了卑微的出身，伊本·布达尔对阿萨德·帕夏的敌意还可能源于他的出生地，以及他后来居住在阿兹姆家族的竞争对手控制的街区里——这些竞争者是在大马士革南部腹地从事浩兰谷物贸易的地方主义派系。

东正教神父米哈伊尔·布雷克（Mikhail Burayk，1782 年为人所熟知）是大马士革第一个撰写编年史的基督徒。尽管叙述的是自己所在的社区，但布雷克意识到还存在一个更广泛的、由穆斯林主导的社会。经过深刻的观察和思考，他嗅到了社会风气发生的变化，及时制订了编年史的撰写计划。

一方面，阿萨德·帕夏·阿兹姆对基督徒的友好态度鼓舞了神父。阿萨德·帕夏放宽了对基督徒着装和教堂规格的限制；之前的那些限制，标志着他们是受奥斯曼帝国保护的傀儡。但布雷克担心，那些受到鼓舞的基督教"保护民"会大肆宣扬他们新获得的自由，从而引发穆斯林的强烈反对。他尤其担忧女性基督徒的公共行为，批评她们在公共场合穿色彩缤纷的服装，以及她们在城市周围的花园中悠闲地抽烟、喝酒的行为。

在阿萨德·帕夏·阿兹姆统治时期，伊本·布达尔和基督教神父对这位统治者的评价截然不同。伊本·布达尔在他的编年史中谴责了阿萨德的贪婪：

> 大马士革总督阿萨德·帕夏购置了许多资产：房屋、果园和磨坊。他抬高了小麦和大麦的价格。人们苦苦哀求救济和保护，但没有人帮助或指导人民。

伊本·布达尔对军队的评价很低，而阿萨德·帕夏就是问题的一部分：

> 在大马士革，任性无度的士兵们无法无天，对宗教的诅咒越来越多，平民受到压迫并且没有人体恤他们。大马士革的统治者阿萨德·帕夏阁下从来没有过问这些事情，公共秩序已经荡然无存。他什么也不愿意改变，装作什么也不知道，自欺欺人。

对比一下布雷克的正面观点：

> 自从穆斯林接管大马士革以来，我阅读了所有关于大马士革的历史著作，还没有见过一篇文章写到过去的10年。在阿萨德·帕夏·阿兹姆统治下，大马士革获得了财富、力量、名声、权力和基督徒的关注。阿萨德（也就是幸运儿）的脸上有好运（Al-saad，此处为双关语）。

除了对女性基督徒在公共场合的行为感到震惊外，布雷克还对东正教徒皈依天主教而感到不安。这种东正教徒改信希腊天主教徒的行为，是 18 世纪广泛影响叙利亚转型的一部分，这些转型与法国日益增长的影响力、叙利亚与埃及和基督教地中海沿岸贸易的壮大有关。希腊天主教徒充当叙利亚与埃及之间贸易的关键中介，他们通过与在的黎波里、西顿和阿卡的法国商人联系，从投降协议（苏丹与法国政府签订的一项和解书，规定了法国侨民在奥斯曼帝国领土内享有的特权）规定的对法国的"保护"中受益。

奥斯曼旧世界的瓦解可能有助于布雷克形成一种敏锐的历史嗅觉。布雷克可能是第一个表达这种历史变化的叙利亚阿拉伯编年史作家，他对变化的感知不同于对历史事件的"单纯"叙述。他的编年史预示着一个新时代的开始，无论这个时代在当时的观察者看来是多么不成熟、不成形或不确定。布雷克在作品里客观地记录了这一切迹象，写作时毫无后世之人的偏见。

这些作家的社会背景和知识背景呈现出了惊人的不同。穆斯林学者、伊本·布达尔和基督教神父来自不同的阶层，然而他们在 18 世纪大马士革生活的经历促使他们将自己的想法记录在纸上。他们在一个过渡时代进行创作。新的时代即将开启，到那时，由于印刷机和现代报纸的诞生，乌理玛失去了对本土文学的垄断地位。旧式的乌理玛编年史濒临绝迹，伊本·卡纳安是旧式风格的最后一名作者。穆斯林大马士革根深蒂固的思想传统将沉寂一段时间，因为 19 世纪的新世界接替了它，动摇了代代相承的思想。最终，新型知识分子（通常被称为现代主义者或世俗主义者）找到了表达的工具，并创造出解读历史的新视角，从而在 20 世纪早期促进了"传统主义"有意识的反弹。

休闲娱乐

18 世纪大马士革写作的盛行，让现代读者得以一瞥当时的一些日常生活。由于时代背景和文化语境的差异（前工业时代与工业时代的差异），我们了解到的是一种共同的生活和共同的人性，否则这些人的面目可能很抽象、毫无个性可言。至关重要的是，那些著作不仅讲述了当时叙利亚的制度、领导人和政府的故事，还讲述了叙利亚人民通过文化和知识追求所传达的人性。制度和政治的历史告诉我们当时人们的经历，而有关他们的文化和文学兴趣的描述，为我们了解他们的思想观念打开了一扇窗。

对于叙利亚城市的富裕阶层来说，18世纪有很多休闲娱乐方式。对于类似伊本·卡纳安这样的乌理玛来说，在大马士革郊外绿树葱郁的地方野餐是司空见惯的事，他们借此机会开展学术辩论、诗歌朗诵和文学讨论，以这种博学的风格开展男性社交。大马士革美丽的自然风光让伊本·卡纳安钟情于诗歌：

> 星期三，我在花园里……鲜花像一簇簇光环，从绯红的脸颊
> 上散发出阵阵芳香。我被自己的遐想所感动，朗诵了一首爱情诗。

舒适的物质生活也让这样的休闲成为可能。在这个时代，富丽堂皇的住宅的出现，充分彰显了外省人手中积累的财富。阿兹姆家族的两座宫殿（分别在大马士革和哈马）是其中最壮观的，但它们并不是唯一的。据估计，18世纪大马士革中心城区一共修建了17座新宅邸，远远超过了奥斯曼帝国占领早期修建的数量。伊本·卡纳安描述了他在1717年家里新建的一个接待室：

> 我们家的接待厅已经建好了。它非常美丽和优雅。这是用最
> 好的颜料画出来的，里面有装饰华丽的书柜，大量的书法作品，
> 最雅致的家具，色彩缤纷的装饰石膏，一个八角形的泳池和一个
> 注满水的美丽喷泉。

其他社会阶层也享有公开展示的机会。此前备受争议的咖啡馆，现在却无处不在。尽管咖啡馆被精英阶层视为下等场所而遭到唾弃，但它们是供平民男性消遣的热门场所，在那里，人们疯狂地消费咖啡和烟草。男人们在各种棋牌游戏中消磨时间，谈论当天的新闻，听公开的诗歌朗诵和史诗朗诵。在大马士革，咖啡馆不仅出现在城市的建筑群中，还出现在巴拉达河沿岸的户外空地上。英国旅行家亨利·蒙德瑞尔（Henry Maundrell，17 世纪末）描述了河边的一处场所：

> 那是一间能容纳四五百人的咖啡馆，屋顶上有树遮阴，没有树枝的地方就用垫子遮着。它有两处待客区，一处适合夏天用，另一处是冬天用的。夏天的待客区在一个小岛上，小岛四周被一条湍急的大河冲刷着，客人的上方有草席和树木遮阴。我们在这里发现了一群土耳其人坐在长沙发上，在这个景色宜人的地方尽情享乐。

咖啡和咖啡馆离不开烟草。吸烟是男男女女流行的消遣方式。18 世纪，叙利亚的烟草产于拉塔基亚的腹地，也从伊朗进口。尽管最初吸烟和喝咖啡都引起过争议（见阿卜杜勒·加尼·纳布卢西的早期作品），但到了 18 世纪，这些娱乐产品已经成为日常生活的一部分。据估计，早在 17 世纪 70 年代，阿勒颇就有 100 多家咖啡馆，其中包括用 1654 年奥斯曼帝国官员伊普希尔·帕夏（Ipshir Pasha）的捐赠金建造的一个大型建筑群。

尽管吸烟很普遍，但这种行为仍然困扰着 18 世纪的道德保守主义者，比如理发师伊本·布达尔和神父布雷克，尤其是在女性参与的情况下。1749 年，伊本·卡纳安抱怨道："吸烟已经成为大马士革最大的灾祸之一。男人、女人甚至女孩都开始抽烟了。"第二年，他沮丧地观察到，在户外野餐时，"坐在巴拉达河岸上的女性比男性多"。"她们喝酒、喝咖啡、抽烟，就像男人那样"。几年后，布雷克表达了他对女性"在家里、浴室和花园吸烟，甚至在人来人往的河畔吸烟"这一现象的不满。但烟草和咖啡在私人和公共领域消费的蔓延，是奥斯曼帝国城市公民社交广泛发展的一部分，这种现象并非叙利亚独有，在伊斯坦布尔也很明显。将这些新商品纳入日常生活，标志着叙利亚与早期现代世界产生了更广泛的联系，并深入地参与其中。

城乡关系

在 18 世纪，叙利亚的内陆地区也发生了意义深远的变化，而这将对 18 世纪及其以后的叙利亚局势产生深刻影响。其中一个影响是军事精英牢固掌控了土地资源和农村资源。军事官员在奥斯曼帝国的土地安排中一直发挥着重要作用（通过军事占领和对农场征税的方式），但有关 18 世纪阿勒颇、哈马和大马士革腹地土地占有情况的研究一致表明：作为地主、行政管理者、债权人和税款包收人，在地方根基深厚的军事人员对农民的征税仍发挥着主导作用。原则上，苏丹和伊斯兰教教法对耕种者的保护仍然存在，但在 18 世纪后半叶，农民逃离耕地这一现象变得极为普遍。城市土地所有者和税款包收人乐于保障农民年复一年的生产，并且苏丹和伊斯兰教教法的保护措施可以减轻对农民的压迫和剥削。如前面所述（第一章），农民种植的农产品的主要销售市场是城市，尤其是靠近城市且在各自"绿化带"内的菜园里种植的农产品。然而，城市精英对于偏远乡村的统治异常残酷。在更遥远的地区，那些城市权力中心的人（及相关军事人员）可能看起来比狂暴残酷的压迫者稍微好一点。霍姆斯指出，城市居民蔑视"野蛮"腹地的鲜明例证，就是穆罕默德·马基疯狂地在乡村地区进行屠戮。

的黎波里是省会所在地，其范围包括霍姆斯峡谷以北的安萨里耶沿海山脉。这里是一个平原，为的黎波里海岸和霍姆斯内陆提供了便利的通道。北部沿海山区的主要人口是以部落为组织的阿拉维派教徒。该地区其他山民包括东正教基督徒和伊斯玛仪派穆斯林小团体。1799 年后，一个名叫巴尔巴·阿迦（Barbar Agha）的当地卫兵断断续续地统治了的黎波里。当叙利亚内陆（大马士革）与沿海地区（阿卡—的黎波里）反复发生政治和军事对抗时，巴尔巴通常与驻阿卡（沿海巴勒斯坦）的政府结盟，以对抗大马士革的利益群体。在统治的黎波里期间，巴尔巴不仅是一名税款包收人，也是区长，他经常带领军队突袭山区。巴尔巴对努萨里耶的酋长开战，并以税收的名义没收了村民的粮食和商品，他和手下背着装满叛乱分子和逃税贩子头颅的麻袋返回的黎波里。受侵害的村民并没有留下任何书面记录，但人们可以想象，对村民来说，以巴尔巴及其士兵为组织的团体不过是残酷军事掠夺的手段和借口罢了。

什叶派农民为我们提供了难得的第一手资料——一份不同寻常的书面记录，使我们了解这个时代农村对奥斯曼帝国统治的态度。作者是今天黎巴嫩南部阿米勒山地区的一对父子。父亲海达尔·里达·鲁卡尼（Haydar Rida al-Rukayni，卒于 1783 年）生前开始撰写编年史，其子（全名不详）完成了父亲未完成的这部编年史。在那些日子里，阿米勒山地区受西顿省管辖（实际管理权已移至阿卡省）。鲁卡尼的编年史很不寻常，因为普通农民并没有预先留下他们生活的时代的书面记录。也许是因为阿米勒山地区什叶派马德拉沙的影响，加之社会阶层之间的流动增加，理发师伊本·布达尔和神父布雷克开始在大马士革创作编年史，农民们的文学创作热情也随之点燃。在鲁卡尼的有生之年，阿米勒山什叶派的主要领导人与一个名叫扎希尔·乌马尔（Zahir al-Umar，卒于 1775 年）的人结盟，此人是加利利商人、军阀和税款包收人。扎希尔是当地阿拉伯部落的强人，他将阿卡省转变为他政治和经济的大本营（对此下文有更多详细描述）。扎希尔和盟友阿米勒山的联军在 1771 年击败了奥斯曼帝国对他们发动的远征，当时的扎希尔正反抗试图解散他的奥斯曼帝国。回顾战斗，鲁卡尼写道：

> 他们（什叶派和扎希尔人）让这些帕夏人大败，挫败了政府，他们（大马士革的奥斯曼统治者和两个分区）在这个时代从未受过这样的屈辱。他们把自己和马匹以及随身携带的东西扔进了呼拉湖。就像法老和他的军队一样："我们把他们淹死在海里"……"他们无法自卫"。他们被什叶派战斗的呐喊声弄得筋疲力尽，在充满绝望和堕落的地方畏缩不前。胜利者从他们那里拿走了各种赃物。他们饱受痛苦和磨难，终于倒下了。

在鲁卡尼的编年史中，没有矫揉造作，也没有特别仪式，它将奥斯曼帝国的苏丹国简称为"王朝或政府"。两位作者为它的失败而欢欣鼓舞。他们丝毫不认同这个国家，并把奥斯曼帝国的帕夏比作《古兰经》中的邪恶法老。可以肯定的是，这个"乡村"视角下的奥斯曼帝国，还受到宗派仇恨的影响："土耳其将替受到敌人压迫的穆罕默德家族复仇。"但更站得住脚的观点仍然是：大多数历史记录都来自城镇，反映了城市的观点。所以在这个时代的大多数编年史著作中，农村人民，特别是偏远地区的农村人民，没有理由将城市国家权力机构的代表看作敌对或谋杀的对象。

在城市中的逊尼派穆斯林当局和支持他们的乌理玛看来，阿拉维派和什叶派是异教徒群体，其信仰和习俗不在正统伊斯兰教的范围之内。但是，城乡之间的这些"意识形态"差异并不是政治冲突的直接原因。在日常行政管理的基础上，奥斯曼帝国当局并未对这些农村社区的非正统信仰提出质疑。然而，当政治紧张局势导致针对他们的军事行动出现时，对"异端"的意识形态谴责被重新拾起，并用来为惩罚顽抗人群的行为做辩护。但是，正式的奥斯曼帝国权力机构与什叶派和阿拉维派的税款包收人之间的关系表明，奥斯曼帝国实际上并不关心这些社区人们的想法或信仰，只要他们完成了当局对他们的要求（忠诚度、合规性、税收减免等）就行。城乡之间的紧张关系是真实存在的，根源在于它们之间的物质利益（农村生产者与城市使用者）相互冲突。在这种情况下，教派差异为论战和宣传提供了现成的素材。

什叶派和努萨里耶人处于 18 世纪和 19 世纪奥斯曼帝国历史叙述的边缘。但是，这两个派别都将成为 20 世纪黎巴嫩和叙利亚独立政治发展的中心。在奥斯曼帝国时代，阿米勒山地区的什叶派教徒通常被称为穆塔维拉（Mutawila），这是信徒在当地的称法（在 20 世纪，穆塔维拉被视为带有贬义的词语，它不再被当作礼貌用语）。他们是一个以农村为基础的社群，有着浓厚的什叶派宗教学术传统，乌理玛家族保持着学术传统和高贵的血统（如赛义德人或先知的后代），是建立在氏族和宗族之上的半封建的政治结构。乌理玛家族与强大的军事领导人（像叙利亚山区的其他领导人）交替争夺奥斯曼帝国派系斗争中的权力，去竞争有丰厚税收利润的农场。尽管较早时期伊朗的萨非德·沙赫（Safavid Shahs）就招募阿米勒山地区的乌理玛在伊朗宣讲什叶派教义，但这种与波斯的血缘关系在 18 世纪就已失去政治作用（萨非王朝崩溃，阿米勒山地区远离伊朗）。阿米勒山地区的学者家庭背景与奥斯曼帝国的伊拉克渊源很深，因为那里有什叶派的圣城纳杰夫（Najaf，阿里墓的位置，阿里是逊尼派的第四哈里发和什叶派的第一位神灵启发的伊玛目）和卡尔巴拉（Karbala，什叶派第三位伊玛目、阿里的儿子和先知的外孙侯赛因殉难的地方）。

拉塔基亚和杰卜莱港口以东的安萨里耶沿海山区的阿拉维派有着与阿米勒山地区的什叶派相似的社会经济特征。他们是以部族为组织，并以氏族为基础的山民。在拉塔基亚地区，十七八世纪烟草种植的扩大，为阿拉维派封建政治掮客家族的出现提供了基础。与其他山地的居民一样，他们也寻求政治优势和利润丰厚的税收农场。到 18 世纪，阿拉维派氏族和部落的身份已被明确承认是一种政治力量，这可能是烟草种植及其收入的增长而带来的结果。随着时间的流逝，"努萨里耶"称呼被视为贬义词，取而代之的是"阿拉维"一词，强调了宗教传统上对穆罕默德的女婿阿里的尊敬（以前的术语"穆塔维拉"和"努萨里耶"在今天仅在宗派辩论中作为蔑称使用）。

尽管城市对于农村地区的主导带有剥削的性质，但农民放弃脆弱的村庄可能与地主和税款包收人的过度剥削关系并不大，更多与社会的动荡不安、盗匪横行和村民无法拥有安全感有关。整个 18 世纪，在叙利亚的大部分地区，阿纳扎（Anaza）部落的移民在耕种地区常常受到贝都因人的袭击，这为农民的生活播下了不确定的种子。旧时建立的理解和协调方式至少确保了"沙漠与播种者"之间关系具备可预测性，而阿纳扎移民的涌入则导致了这种平衡的崩溃。尽管在阿勒颇北部地区，阿纳扎人的迁徙并不是一个重要因素，但在 18 世纪后期，奥斯曼帝国的无能也为库尔德人和土库曼人部落的自我扩张开辟了道路，而这是以牺牲更多的定居者为代价的。到 18 世纪后期，城市当局常常无法为野外或风险高的村庄提供安全保障。而奥斯曼当局再次面临来自俄罗斯的军事挑战，苏丹将资源和重心转移到北方，导致了帝国管理叙利亚的效率降低。中央集权的日渐衰弱，也意味着在某些地方，纪律不严的雇佣骑兵团可以为自己的利益而非他们名义上的奥斯曼帝国主人服务，而这则给耕种者、商人和旅行者带来了新的不确定性。

沿海繁华：阿卡省的崛起

地方自治仍然是 18 世纪叙利亚政治生活中的一个主要特点。在当时，巨大的政治挑战是大马士革周边的内陆武装力量与沿海武装力量的公开竞争。沿海地区财富转移的部分原因是，沿海地区的利益集团获得新收入，他们从与法国的贸易中直接受益，这一发展推动了阿克省新兴地区权力的崛起。

在 18 世纪中叶，前文提到的扎希尔·乌马尔是一位有着部落关系和武装追随者的阿拉伯商人，他在加利利地区凭借税款包收人的身份站稳了脚跟。首先是在太巴列，随后是在阿卡。他与其他乡村首领们结成盟友，成为山区派系斗争中的地方强人。扎希尔迅速利用了法国商人对加利利棉花的需求获取了专营权，因此获得了一笔可观的收入来源，补充了征收税款的收入。他开始重建阿卡省，这里以前是"十字军"的一个港口，如今已与一个村庄无异（尽管这里曾接待过法国商人）。扎希尔的统治给这里的人们带来了安全感，鼓励了当地的农民和种植者扩大棉花的生产。后来，人们普遍认为扎希尔·乌马尔是一个公正的统治者，他通过保障农民的安全来换取对方的忠诚合作，这样的要求和期望是非常合理的。

在他掌权的巅峰时期（正值 1774 年奥斯曼帝国在大马士革的统治脆弱之时），扎希尔在这里的统治将要受到正式认可，成为省会位于西顿的奥斯曼帝国邻近沿海省份的总督。但是，由于扎希尔的商业背景，并且与大马士革的反阿兹姆"地方主义者"产生了政治联系（他的第一任妻子是先知后裔，该政治联系通过婚姻得到加强），扎希尔被该市亲阿兹姆武装视为威胁。这些反对者支持加利利以南巴勒斯坦山丘上纳布卢斯区域扎希尔的敌对势力（扎希尔曾一再试图征服纳布卢斯，但没有成功）。

扎希尔的支持率在其统治生涯末期下降得非常快。1768—1774 年俄土战争期间，他与一个雄心勃勃的埃及马穆鲁克结盟，这个人名叫阿里贝伊（Ali Bey al-Kabir，卒于 1773 年）。阿里贝伊希望在叙利亚建立势力范围，以实现他对埃及的统治，这一目标的代价是牺牲大马士革与奥斯曼帝国的利益。当奥斯曼帝国与俄罗斯的战争结束后，俄罗斯舰队从地中海东部撤出，伊斯坦布尔决心对付扎希尔的投机主义政治行为。土耳其宫廷利用当地的派系资源和扎希尔与儿子之间的分歧，策划了老扎希尔的垮台，这一垮台导致他最终死亡。尽管结局并不光彩，但扎希尔仍享受了在阿卡省长约 50 年的漫长统治生涯。从 17 世纪 40 年代开始，他在阿卡省打下地区权力之基的条件，并没有随着他的去世而消失。一个叫艾哈迈德·贾扎尔（Ahmad al-Jazzar）的波斯尼亚马穆鲁克（卒于 1804 年）接替了他的位置。贾扎尔是奥斯曼帝国的忠实拥护者，曾在埃及接受培训，并在游击战的军事生涯中表现出色，是一位无所不能的机智士兵。崇拜他的人给他起了"屠夫"的绰号，这并非贬义词，而是对他的敬佩之词。

贾扎尔受命出任西顿的总督，但实际办事机构在阿卡省，而且他一直任职到去世。在此期间，贾扎尔还不时兼任大马士革总督，虽然他一般不在大马士革居住，而是委托一名代表来管理大马士革。17 世纪 70 年代后的几十年里，阿卡省以其自身的优势继续崛起为地区权力中心，曾一度让大马士革黯然失色。就在几十年前，阿卡省还是个微不足道的小村庄。新的国际贸易模式已在叙利亚生根发芽，并促成其政治命运改变，使迄今为止的边缘沿海地区仍在受益，叙利亚这片土地上的经济和政治关系正在发生着重大变化。

阿卡省的迅速发展依赖于扎希尔创立、贾扎尔继承的垄断制度。港口首先从棉花贸易中获利，之后又从谷物贸易中获利（包括通过阿卡省出口的大马士革南部地区的谷物）。扎希尔和贾扎尔利用希腊天主教徒、犹太商人和书记员的才能，帮助组织政府、监督政府事务。扎希尔任用了来自黎巴嫩海岸商业家族的希腊天主教徒易卜拉欣·萨巴格（Ibrahim Sabbagh），贾扎尔则提拔了哈伊姆·法尔希（Haim Farhi）——大马士革犹太银行家族的后裔。由于两位领导人的照拂，这两位非穆斯林叙利亚人都成为当地有影响力的人物。法国驻阿卡省的领事在1772年写道：

> 今天，阿卡省的商人不过是易卜拉欣·萨巴格的雇员，他们
> 将名字借给了他。易卜拉欣攫取了所有可利用的贸易分支，只给
> 阿卡的商人们留下了可悲的满足感，让他们走过场。表面上，阿
> 卡的商人们达成了许多交易，而实际上，他们只是为他一个人工
> 作而已。

萨巴格与他的赞助人扎希尔都在1775年去世了。与此同时，在贾扎尔统治时期，另一位非穆斯林哈伊姆·法尔希上升到与他齐肩的地位。法尔希是金融家，来自大马士革著名的犹太家族，在18世纪90年代初期，贾扎尔在第二次担任大马士革总督期间将他带到阿卡。法尔希在贾扎尔政府中迅速崛起。在贾扎尔的继任者苏莱曼·帕夏（Suleiman Pasha，1804—1819年任西顿和阿卡总督）统治期间，法尔希的地位进一步提升。一位法国领事写道："这里有一个犹太人，他以苏莱曼·帕夏的名义，成为这里唯一的所有者、卖家和买家，他对投降毫不在意。"另一个法国领事在公报中认为，法尔希是苏莱曼·帕夏统治地区真正的实权人物，文件中奇怪地引用了一个威尼斯人的类比来描述阿卡省的政治结构：

> 从拉塔基亚到加沙的叙利亚是一个共和国，其参议院由获得
> 自由的人（即马穆鲁克）组成，他们占据了所有职位。参议院受
> 犹太人哈伊姆·法尔希的控制，他任命一个自由人苏莱曼·帕夏，
> 以威尼斯和热那亚总督的名义统治议会，专横跋扈。

萨巴格与法尔希的先后崛起，预示了非穆斯林与奥斯曼帝国叙利亚穆

斯林之间的关系即将发生变化。这两个人都是他们强大的穆斯林赞助人的庇护对象，但是欧洲大国对叙利亚的政治和经济生活的影响日益增强，这意味着一到两代人之内，基督教和犹太教的权力掮客将可以选择完全摆脱穆斯林的赞助，转而选择欧洲领事馆提供的赞助。这一变化使得长久以来形成的，且广为大众接受的穆斯林与顺民之间资助与被资助的关系变得不再稳固，同时意味着对社区内部的团结也会产生重大的影响。

在这一时期，阿卡省的建筑得到了翻新和巩固。随着移民人口的增长，基督徒（主要是希腊天主教徒）在 18 世纪后期占到了阿卡省人口的大多数。新建的教堂标志着这一基督教浪潮的兴起。随着哈伊姆·法尔希的崛起，阿卡省还出现了大马士革犹太人的移民。如今，贾扎尔统治时期最醒目的遗址，是阿卡省的坚固城墙（1799 年，抵御了拿破仑·波拿巴的围攻），以及贾扎尔为在奥斯曼帝国维护其政治和文化合法性而建造的奥斯曼风格的清真寺。

贾扎尔征服了扎希尔的主要盟友，即阿米勒山地区的阿拉维什叶派教徒，但他从未在阿米勒山地区以北、西顿和贝鲁特（Beirut）以东的德鲁兹山区建立起无可争议的统治。相反，贾扎尔在那里进行派系政治活动，试图通过支持谢哈布（Shihab）家族的某个派系，间接地发挥影响力，这些派系继马安人之后成为该山区德鲁兹酋长国的世袭统治者（在奥斯曼帝国的眼中，德鲁兹酋长国只是一个徒有其表的税收农场。然而，随后黎巴嫩民族主义者将其解释为一个独特的黎巴嫩国家的基石）。贾扎尔和他的两位继任者从未将贝鲁特这个小港口城市置于他们稳固的霸权统治之下，这使得贝鲁特对商人充满吸引力。贝鲁特作为一个口碑极好的商业友好港口城市，其声誉促成了它商业中心地位的崛起，而阿卡的闪亮地位在 19 世纪20 年代开始衰落。

贾扎尔统治时期，阿卡省的财富和政治权力的增长，昭示着大马士革地区的地位面临压力。大马士革面临压力的另一个原因，是沙特领导的瓦哈比派运动（Wahhabi movement）的兴起，伴随着阿纳扎部落移民进入叙利亚，这一运动是对奥斯曼国家的意识形态挑战。瓦哈比人声称奥斯曼的伊斯兰教是腐败的，他们特别批评苏非派、朝圣和崇敬圣徒的行为。由于大马士革有许多这样的圣地，而且这里是一年一度的朝圣大篷车的起点，因此瓦哈比人及其对苏丹在穆斯林圣城的威望造成的威胁，在大马士革这座城市中尤为突出（事实上，瓦哈比人在 1803 年占领了麦加和麦地那，直到 10 年后以苏丹的名义进行的埃及远征才将他们赶走）。基督教和犹太教精英们在随后的几年里失去了阵地，穆斯林也因瓦哈比人挑战的不断升级而产生焦虑情绪。1798 年，拿破仑入侵埃及，次年又围攻阿卡，人们越来越对苏丹统治的领土整体上的孱弱而忧心。

1790 年，在部分马穆鲁克背叛他之后，贾扎尔变得偏执而多疑。他清理并处决了那些他认为拥有了太多权力的下属，包括他庇护的一些非穆斯林、他的盟友和官员。此后，在基督教编年史家笔下，贾扎尔被冠以"屠夫"的称呼。他介入黎巴嫩山的派系争夺，试图将这座山的酋长、埃米尔贝希尔·谢哈布二世（Bashir Ⅱ al-Shihab）变为他的政治附庸。但是他从来没能够在德鲁兹山脉、贝鲁特或的黎波里获得明确或不受限制的霸权。尽管如此，他仍与大马士革争夺在北部沿海省份的黎波里的影响力（前面提到的巴巴尔·阿迦——的黎波里禁卫军，喜欢收集装满不驯服的阿拉维派头颅的袋子，他们是贾扎尔的盟友）。

在 1798 年法国入侵埃及之前，贾扎尔专横地对待当地的法国商人，于是法国商人们不再把阿卡省作为主要的商业基地。在战争期间，由于英国对法国主导的欧洲大陆的封锁，法国在黎凡特的商人数量进一步减少。甚至在此之前，随着北美地区棉花供应的兴起，法国人对加利利棉花的需求量正在下降。但是在拿破仑战争期间，在贾扎尔及其继任者领导下的通过在地中海向英国或悬挂英国国旗的船只贩卖小麦，阿卡的经济勉强支撑了下来。随着战争的结束，法国商人又回到了黎凡特，但贾扎尔的继任者决意维持垄断体系，不在意地中海商人被损的利益，在这种不利条件下，买卖双方都在寻找一个环境不那么苛刻、更加开放的港口。贝鲁特很吸引人，位于西顿总督与德鲁兹山（黎巴嫩山）的军事封建主之间的控制边界。即使阿卡省在名义上统治着该地区，但贾扎尔的继任者们也无法将垄断强加给贝鲁特，而德鲁兹的军事封建主也渴望看到贝鲁特港口（及其带来的收入）得到发展和壮大。贝鲁特还开始成为美国和英国新教的传教基地，传教士们在 19 世纪 20 年代第一次在贝鲁特及其山区腹地开设了商店。阿卡省衰落了，1831 年，埃及的入侵结束了其短暂的鼎盛时期。

从此以后，叙利亚的沿海和内陆竞争将在一种新的模式中展开，即现代国家模式，以及一个与欧洲主导的世界经济深度融合的模式。

"漫长的" 18 世纪

"漫长的" 18 世纪连接着叙利亚早期的奥斯曼帝国时期，当时的土地和人民在苏丹统治的领土和基于土地帝国的新框架下适应了那里的生活。到了 "短暂的" 19 世纪，叙利亚和奥斯曼帝国进入了不可阻挡的欧洲工业化的轨道。"漫长的" 18 世纪所建立起的地方对抗模式和城乡紧张关系的格局，在后来塑造了叙利亚人在奥斯曼帝国最后几十年的感受和经历。

18 世纪，地方主义表现为不同权力中心之间，为维护自身利益或维护地方霸权而展开竞争。例如，阿勒颇与大马士革在财富上的悬殊，以及大马士革与沿海地区在政治和经济地位上的竞争。尽管阿勒颇仍然是叙利亚一个重要的中心城市，但它失去了以往在国际转口贸易中的优势。大马士革曾一度崛起，其统治者成为朝圣车队（也是一个重要的商业活动）的指挥官，这座城市吸引了来自巴格达的贸易。同时，内陆与沿海之间爆发了一场新的竞争，最显著的标志是扎希尔·乌马尔和艾哈迈德·贾扎尔领导的阿卡地区的崛起，欧洲和地中海初级产品的海运贸易的影响和重要性不断增加，促成了这一系列的发展。

城市人口与农村人口的利益和前景也存在着明显的分野。巴巴尔·阿迦在的黎波里阿拉维派腹地设立的名目繁多的人头税政策就是一个例证；什叶派鲁卡尼人蔑视苏丹军队，侮辱性地将其比作法老的军队，则是另一个例证。

城乡之间的这种紧张关系因文化和宗教信仰的差异而加深。城市地区是文学生活和宗教文化机构的堡垒，而农村地区则是乡村人民的家园，他们信奉的宗教形式深深植根于自然世界，与圣典或乌理玛的权威联系不大。这在本已存在的城乡物质差异的基础上，又增加了一层潜在的文化敌意，而当乡村人口甚至在名义上都不认同逊尼派正统时，这一敌意就进一步增强了。势力强大但派系林立的德鲁兹和势力较小但同样派系林立的阿拉维派就是例证。

潜在的城乡分化和紧张关系的另一个根源，是许多农村的部落组织以及强大的部落民族对城市商业和农业利益所构成的潜在挑战。部落组织的库尔德人和土库曼人能够骚扰或破坏阿勒颇地区的贸易，阿纳扎部落和贝都因部落能够威胁穿越沙漠的贸易和朝圣路线的安全，这些都佐证了这种紧张关系的存在。

在瞬息万变的时代，穆斯林和非穆斯林（基督徒和犹太人）之间原本稳定的关系变得不稳定。希腊天主教徒在扎希尔·乌马尔统治的阿卡省迅速崛起，基督徒和犹太人在成为贾扎尔及其继任者的盟友和伙伴后，又迅速失去了地位，这些就是信号。正在发挥作用的新兴经济和社会力量——欧洲贸易的兴起、与欧洲市场的金融联系日益重要——为非穆斯林城市社群创造了新的机会。形式上，他们仍然是受保护的顺民，是居于从属地位的非穆斯林人口，但随着旧的规范逐渐消失，新的规范尚未确立或具体化，这些更广泛的变革有可能带来新的危险。

1831 年，一支埃及军队入侵叙利亚，不经意间将现代国家的思想引入了叙利亚。在伊斯坦布尔重新控制局势后，埃及在叙利亚的统治随后由奥斯曼帝国取代。新形式的国家权力的突然降临，在某些情况下甚至是令人痛苦的转变，它将叠加在叙利亚固有的"城乡二元对立"和紧张局势之上。现代国家在取得政治、军事和文化胜利之前，这些紧张关系将白热化。

第三章　夹在欧洲与奥斯曼帝国间的叙利亚：

19 世纪 20 年代至 20 世纪初

大马士革流血事件

1860 年 7 月 19 日的夏天，大马士革一如既往的炎热，出生在叙利亚的美国副领事米哈伊尔·米沙卡（Mikhail Mishaqa）正在家中午睡。他是一名自学成才的医生，不久前皈依基督新教，他的家族一直都在为黎巴嫩山的埃米尔做抄写员。这天中午，他突然被哭喊声从睡梦中惊醒，有人喊道：“城里的穆斯林都在奋起反抗基督徒！”

在叙利亚，宗教间的紧张局势愈演愈烈。马龙派（Maronite）基督徒与黎巴嫩山附近的德鲁兹之间的血战持续不断，大马士革人也一直在关注那里的局势。基督徒难民涌入城市，带来了很多令人悲伤的小道消息。有流言说，德鲁兹正在向大马士革挺进。人们内心惴惴不安。虽然大马士革有着悠久的宗教历史，但该地区的政治环境正在迅速恶化。欧洲基督教势力不断增长，引起了穆斯林的普遍不满。穆斯林精英们希望能找到一个有效且直接的方式表达他们的反对立场，希望能扭转伊斯坦布尔最近的改革趋势。在米沙卡的叙述中，大马士革的奥斯曼帝国总督间接地支持了反基督教的起义。当暴徒入侵米沙卡在基督教区的房子时，他说服了他们，因为他是美国的副领事，被允许给当地的军事指挥官带口信。他死里逃生，但他的家人则从他身边被带走了。他后来写道：

> 我开始想到我的家人，他们各自都发生了什么——我甚至不知道他们住的房子是否被烧毁——我不知道他们会遇到什么事，尤其是我受伤的女儿，她甚至还不知道如何包扎自己的伤口，这些想法使我忘记了自己伤口的痛苦。

尽管米沙卡一家很幸运地活了下来，但整个基督教区变成了一片废墟。这场暴力活动导致数千人死亡（确切数字不详），该地区几乎所有的房屋都被烧毁。像米沙卡一样，幸存者们都认为，幸亏一些穆斯林名流介入（其中有些名人自己还有武装追随者），自己才能够活下来，他们为基督徒提供了安全的避难所和保护，而政府当局和军队却对他们的遭遇视而不见。19 世纪奥斯曼帝国统治下的叙利亚的动荡局势造成了很多心理和精神上的创伤，而 1860 年 7 月事件则是创伤的顶点。旧的制度被推翻，民间社会和政府权威之间的关系有了新解读。叙利亚人将在这种新权威下生活几十年，直到 1914 年第一次世界大战爆发。

希腊起义和奥斯曼帝国危机

在 1821 年希腊起义中，古老的奥斯曼帝国的弱点无可避免地充分暴露了出来。短期原因是，在奥斯曼帝国的统治下，伯罗奔尼撒农民遭受繁重的苛捐杂税，这笔钱用以镇压北部叛变附属国阿尔巴尼亚。长期的原因有很多，包括一些希腊人对奥斯曼帝国的不满，以及希腊知识分子、政治人物和商人所拥抱的民族身份认同新潮流等。1821 年 3 月，希腊非正规军集结在奥斯曼帝国驻守的卡拉马塔镇（Kalamata）外。一位希腊指挥官后来回忆道：

> 一路上，希腊人表现得很狂热。他们佩戴着圣像走出家门，到处和我们打招呼。有一次，我被人们的热情感染了，也忍不住哭了起来。我们继续前进，一大群人跟在后面。我们来到卡拉马塔桥后互相告别，然后我就大步前进了。

卡拉马塔的土耳其守军寡不敌众，希腊叛军在他们投降的时候展开了肆无忌惮的屠杀。一场血腥而残酷的起义由此开始，最终以希腊的独立而宣告结束。这次起义持久地动摇了奥斯曼帝国的统治。

希腊起义动摇了旧秩序的基础，而民族主义新思想为其提供了正当理由。作为一个统治着多民族、多宗教人口的王朝，自 15 世纪以来，奥斯曼帝国一直都将王权与希腊东正教会的联盟作为其统治模式的一部分。18 世纪，奥斯曼帝国的统治阶层也包括希腊血统的贵族家族（被称为"法纳尔人"）。法纳尔人在日后成为罗马尼亚土地上的封臣，他们从事抄写员、翻译和使者的工作，效忠于伊斯坦布尔的苏丹。在奥斯曼帝国与欧洲基督教国家方方面面的交涉中，法纳尔人曾是他们的"外交部部长"。希腊起义由希腊裔商人利益集团、野心勃勃的政客和不满奥斯曼帝国统治的基督徒农民参与，是一场挑战旧式帝国核心制度的斗争。

为了反抗他们的穆斯林领主，希腊农民在崎岖的山区发动起义。令苏丹意外的是，包括近卫军在内的奥斯曼帝国未能镇压叛军。苏丹马哈茂德二世（Mahmud Ⅱ，1808—1839 年在位）平息了一场近卫军叛乱，并在 1826 年废除了失控的近卫军，但他无法立即起用一支有效的军队取代他们。埃及总督穆罕默德·阿里·帕夏宣告自治，但公开表示忠诚，因此，苏丹呼吁这位帕夏带领他那支效仿法国军队而建的埃及新军，速来援助希腊。埃及人在希腊取得了一些成果，但在 1827 年，欧洲列强摧毁了纳瓦里诺的埃及 – 奥斯曼联合舰队。穆罕默德·阿里谴责是奥斯曼帝国的无能导致了这次挫败，并向苏丹索要叙利亚总督职位。苏丹拒绝了他的要求。

埃及引进现代国家制度

1831 年 11 月，大约 3 万名埃及士兵进入奥斯曼帝国的巴勒斯坦。第二年夏天，他们征服了整个叙利亚。这次入侵是奉埃及总督穆罕默德·阿里·帕夏之命，由他的儿子易卜拉欣·帕夏（Ibrahim Pasha）指挥的。入侵的原因是，在希腊起义（1827 年）中，埃及军队援助奥斯曼帝国的军队平叛，但穆罕默德·阿里·帕夏认为苏丹没有回报他。此外，为了躲避阿里的严酷政策和经济垄断，成千上万的埃及人逃离家园，而阿卡总督阿卜杜拉·帕夏（Abdallah Pasha）收留了这些埃及人，所以穆罕默德·阿里非常憎恨阿卜杜拉。

埃及人迅速进入巴勒斯坦，绕过阿卡城的坚固城墙，沿海岸向拉塔基亚进军，然后停下来巩固他们的统治。1831 年 11 月到 1832 年 5 月的阿卡围城战，是沿海战役中最艰难的一场战役。1832 年夏天，易卜拉欣·帕夏的军队击败了奥斯曼军队。奥斯曼军队在霍姆斯附近的内陆地区集结，希望能阻止易卜拉欣·帕夏，但功亏一篑。埃及总督成功开启了在叙利亚长达 9 年的统治，摆在叙利亚居民面前的，是一个突然降临的现代国家。

从表面看，1831 年的入侵是 60 年前历史的重演。60 年前的 1771 年，马穆鲁克阿里贝伊向大马士革开拔，并与扎希尔·乌马尔结盟。但穆罕默德·阿里组建的政府和军队不同于他的前任马穆鲁克，而且最重要的是，他的政府在奥斯曼帝国地区首次呈现了一个现代国家的面貌。他建立起了中央集权的官僚制度，目的是维护武力垄断，而不是与地方准军事部队和中间派抢夺军权。穆罕默德·阿里政府要求人民做独立个人，而不仅仅是集体中的一员。

1805 年，奥斯曼帝国与英国结盟，占领埃及的法国军队被迫投降，穆罕默德·阿里利用这种动荡局势，成为埃及的统治者。穆罕默德·阿里击退了马穆鲁克，粉碎了马穆鲁克夺回昔日霸主地位的企图（并在 1812 年开罗城堡举行的一场臭名昭著的"宴会"上屠杀了他们），将权力集中在开罗，同时标榜自己是始终效忠于奥斯曼帝国苏丹宗主国的封臣。事实上，正是穆罕默德·阿里的埃及军队将麦加和麦地那从瓦哈比人的控制下解放出来（1813 年），恢复了奥斯曼帝国在伊斯兰教圣地的权威的象征。在埃及，穆罕默德·阿里废除了税收农场，向税款包收人发放养老金，并向他的政府官员保证，他们将从税收中直接获利。穆罕默德·阿里政府以前所未有的规模征召埃及农民，让他们在埃及偏远地区建设公共工程，无数的生命在此逝去。

最后，在 19 世纪 20 年代，穆罕默德·阿里实施了征兵制度，强迫农村男子按规定的名额服兵役。政府发给埃及男子身份证，以更好地控制他们的行动，并阻止试图逃避兵役的人。与此同时，为了增加收入，穆罕默德·阿里双管齐下，不仅提高了税收效率（即废除了税款包收人这一类人，从而减少了税收流失），而且还鼓励种植新作物，也就是工业革命时期销往英国市场的埃及马科棉（Jumel cotton）。他还派学生代表团去了法国（波旁王朝复辟后，法国与埃及交好）学习现代欧洲的艺术和科学，把学到的知识应用到埃及军队和医疗服务中，以提高官僚机构的效率。

与之前军纪不严的守备军和马穆鲁克不同，穆罕默德·阿里的军队接受了现代战术训练的军队。在阿卡城被包围期间，易卜拉欣·帕夏告诫他指挥的步兵要记住并使用他们学习过的战术：

　　我提醒并警告你们，手里要紧紧握住来复枪，一听到攻击的命令，就向目标猛烈开火……不要惧怕仇敌，因为你们的刺刀比他们的刀长，要是他们有毛瑟枪，也不用害怕，过去的 11 个星期里，你们训练了连续齐射，你们现在可以以一敌十。

埃及军队征服叙利亚时，它代表的是一种非常现代的、新型的国家权威。与奥斯曼帝国模式相反，穆罕默德·阿里的政府是一个独裁的、官僚化的权威机构，还拥有受过现代训练的雇佣军听从他的指挥。在安纳托利亚战争中，这支军队几乎击败了奥斯曼苏丹，直到 1833 年被国际外交干预才停止。尤其是英国和俄国，他们不希望看到更高效、更亲法（法国）的穆罕默德·阿里政权取代奥斯曼帝国的苏丹。

1840 年之前，埃及人一直都留在叙利亚，在这几年里，因为穆罕默德·阿里没有宣布完全独立，所以，叙利亚的土地名义上仍然属于奥斯曼帝国。苏丹是埃及的宗主国，为想要统治奥斯曼帝国境内的穆斯林地区的势力提供了政治合法性的框架，这些势力中就包括穆罕默德·阿里，但他的所作所为却完全独立于伊斯坦布尔。他声称自己拥有"埃及总督"的头衔，奥斯曼苏丹当时并没有承认他的这一头衔。对伊斯坦布尔而言，穆罕默德·阿里是省长，他趁着苏丹国的衰弱和混乱局势，从一个忠诚的人变成了一个棘手的叛乱者。穆罕默德·阿里的儿子易卜拉欣·帕夏（卒于1848 年）很能干，他是叙利亚的日常统治者。

为了增加政府收入，穆罕默德·阿里和易卜拉欣·帕夏鼓励欧洲的领事、商人和传教士在叙利亚定居，并扩展他们的活动。英国人尤其渴望新市场，希望以此推动本国工业的发展。当时法国在叙利亚已有大量的政治和外交活动，英国人就同法国人一起抓住这个机会来强化他们的代表地位。外国商人、领事以及新教传教士，把贝鲁特作为活动中心，促进了这个东地中海港口的快速发展。易卜拉欣·帕夏实施新的治理模式，创建地方行政委员会，并承诺基督徒、犹太人和穆斯林在公民权和法律上一律平等。易卜拉欣·帕夏的目标是，让政府管理居住在叙利亚的所有居民，而不是在制度上偏袒占据人口多数的穆斯林。他向穆斯林人口征收一项新的人头税，许多穆斯林对此很不满，因为这种人头税类似于基督徒和犹太人历来支付的人头税，象征了他们的顺民身份。

尽管埃及政府摆出了公民平等的姿态，但并没有公民权落实到纸面上。尽管在军事化独裁政体中这种理念毫无意义，但该政权确实以新的方式对它的人民施加影响。国家不再满足于崇尚一个遥远的权威，不再通过半自治的中间人进行间接统治，与自己的主体人民相分离。国家越来越像一名干涉主义者，介入人民的生活，直接对人民提出要求。1834 年，由于不满易卜拉欣的税收、征兵和裁军政策，巴勒斯坦人发动起义，但起义被埃及军队强力镇压了。尽管政府强制解除了地方武装，但为了赢得埃米尔谢哈布二世的支持，易卜拉欣允许黎巴嫩山区的基督徒埃米尔及其武装追随者（绝大多数也是基督徒）保留武装。

　　人们通常认定，埃及总督统治时期为叙利亚乡村带来了秩序，允许在废弃村庄繁衍人口和扩大耕种。易卜拉欣政府认为建立现代行政管理，主要就是解决游牧民族问题。后来的现代行政主义者，包括奥斯曼人、法国殖民主义者和 20 世纪的叙利亚民族主义者，也对游牧民族的定居持同样的态度。

　　易卜拉欣的措施并非全都见效，有一些更强大的、从事饲养骆驼和保护商队安全工作的游牧部落抵触农业定居。一份同时代的资料显示，在1834 年易卜拉欣·帕夏同活跃在外约旦卡拉克城附近的贝都因酋长谈论道：

> 　　如果他们是他的信徒，他们就应该响应他的号召，停止到处搭帐篷，定居下来，像其他阿拉伯人一样建造房屋、种植葡萄和橄榄，成为文明的人。但是他们笑着回答说，如果在一个地方待上两个月，他们肯定会活不下去的。

　　在水源充足的阿勒颇北部和东部腹地，易卜拉欣的主张取得了成效，那里的自然条件更适合定居耕作。他要求这个城市的富商和名流为填海造地提供资金，与农产品耕种者共享成果，还要求穆斯林和基督教的商人、名人以及埃及军队的军官开垦土地，以换取减免税收的优惠。税收减免和分成制鼓励半游牧或放牧的贝都因人在新开垦的土地耕种。在农民不同意定居的地方，易卜拉欣·帕夏的官员强迫当地农民从原来的村庄迁移到新的土地。易卜拉欣主要目的是为了确保埃及大军有充足的补给。19 世纪 30 年代在叙利亚的埃及军队有 4 万到 8 万人。征兵造成了一些地区劳动力短缺，但因为要优先开垦阿勒颇地区，所以当地人可以免于征兵。

埃及统治叙利亚期间，欧洲和非穆斯林商人联盟不断扩大，叙利亚的对外贸易也随之增长。那时阿勒颇的基督徒主要是天主教徒，他们显得格外自信。长期以来，叙利亚穆斯林统治者与非穆斯林臣民间的关系，使基督徒在公共场合都表现得很羞怯，现在，基督徒开始摆脱这种状态。在叙利亚，天主教徒从法国在叙利亚的前沿教育使团中受益良多，作为一个团体，凭借叙利亚—欧洲和叙利亚—埃及的商业贸易活动，他们变得交游广阔，非常富有。19 世纪 30 年代，叙利亚天主教徒之所以这样信心满满，部分源于一个令人欣慰的事实：他们的海外赞助人法国政府与穆罕默德·阿里政府保持着友好的关系。

但埃及政权并不受欢迎，所以奥斯曼帝国与其盟友英国趁机煽动动乱。在征兵和强制解除武装的同时，易卜拉欣·帕夏推行的全民人头税在穆斯林中也引起了民众极大的不满。毕竟穆斯林在叙利亚多宗教社会的地位一直无可超越，而人头税却象征性地削弱了这种地位。虽然埃及在叙利亚的统治对英国开展贸易有利，但英国仍然担心埃及当局会在叙利亚实施垄断制度，限制英国和与英国有联系的商人的活动。此外，穆罕默德·阿里与法国的良好关系也使英国心生疑虑。所以当 1839—1840 年奥斯曼与埃及的战争爆发时，英国站在了伊斯坦布尔一方。虽然奥斯曼帝国的军队不敌埃及，但英国和奥地利的直接军事干预，加上叙利亚对埃及统治的反抗，迫使穆罕默德·阿里妥协并签约。埃及军队撤出了叙利亚，此后的 118

年里也再没有卷土重来。

埃及统治叙利亚的时间虽然短暂，却颠覆了奥斯曼帝国在叙利亚早期统治下形成的权力平衡。它为叙利亚引入了现代国家观念，挑战了关于基督徒和犹太人相对于穆斯林的从属地位的固有假设，并为欧洲政治和经济进入叙利亚打开了大门。当奥斯曼人重返叙利亚尝试建设他们自己的现代国家时，这些发展和变化，就都成为点燃宗教内部冲突的导火索。

奥斯曼人回归，"坦志麦特"改革

在英国和奥地利的帮助下，奥斯曼将穆罕默德·阿里赶出了叙利亚。从 1840 年开始，奥斯曼重新确立了他们在叙利亚的权威。奥斯曼帝国正处于中央集权改革计划的早期阶段，与其说这是一项成就，不如说是一种抱负。在奥斯曼帝国重新征服叙利亚的前夕，一位新的苏丹阿卜杜勒·麦吉德一世（Abdul Mejid I，1839—1861 年在位）颁布了改革法令。改革法令被称作"坦志麦特"（Tanzimat，1839 年），为奥斯曼帝国的统治提出了一个新的愿景。这个法令代表了改革派的胜利，同时也意味着一种国际消费（尤其是购买英国的消费品），因为此时正是奥斯曼迫切需要英国帮助的时候。奥斯曼帝国改革派官员希望奥斯曼呈现出一个 19 世纪现代君主制国家的形象，希望在后拿破仑时代，奥斯曼帝国能够成为世界强国之一。《坦志麦特》法令承诺根除腐败和滥用权力，按照伊斯兰教法的戒律治理国家，公正无私，保障财产安全，平等对待奥斯曼帝国所有的宗教信徒。因此，苏丹国放弃了理论上的绝对权力，转而支持建立一种约束国家权力的制度，即国家权力受到明确的法律规范和司法平等的约束。

作为奥斯曼帝国与英国结盟条件的一部分，伊斯坦布尔同意与英国签订自由贸易条约（1838 年）。英国率先完成了工业革命，所以英国政府希望能消除国际贸易壁垒，扩大工业制成品的国际市场（并降低进口原材料的价格）。1838 年的《英土商业条约》降低了进口商品的关税，没多久，奥斯曼帝国又与主要贸易伙伴缔结了类似条约。进口的外国商品无需支付国内税（通常，货物进入新城镇时收取），而且奥斯曼政府同意取消所有垄断（如此，外国商人有更多渠道获得更物美价廉的原材料）。

奥斯曼的伊斯兰教法庭无处不在，但欧洲商人不信任这些法庭。他们认为自己作为外国人，（通常）是基督徒，如果与穆斯林发生商业纠纷，外国人不会得到公正的听证，所以欧洲列强要求建立专门的商业法庭，来审理涉及他们利益和国民的案件。建立专门商业法庭，加上欧洲领事在奥斯曼帝国的影响力日益增长，意味着欧洲商人在当地的合作伙伴（通常是奥斯曼帝国的基督徒，有时是奥斯曼帝国的犹太人），将会从之前签订的条约中获得利益和治外法权等特权。

1840 年，当奥斯曼帝国重新统治叙利亚时，叙利亚人就进入了一个新的不确定的世界。许多反对埃及统治的人希望恢复统治之前的状态，例如，黎巴嫩山德鲁兹的领主被埃及的前盟友埃米尔谢哈布二世流放。1826年之前，地方准军事部队和他们的指挥官一直享有土耳其近卫军的地位，但中央集权可能会排挤并剥夺他们的特权，所以他们对建立中央集权很警惕。穆斯林的显贵试图利用《坦志麦特》新法规，巩固自己在政府中的地位，从而保护自己的地方利益。埃及的统治为叙利亚象征性地引入了公民平等的概念，奥斯曼帝国的"坦志麦特"法令也含蓄地承诺公民平等，所以，与欧洲有贸易往来，以及和领使馆来往密切的新兴的基督教精英，希望在此基础上进一步发展自己，扩展活动。

奥斯曼帝国重新配置了地方行政安排，最显著的是在不同城镇设立正式的咨询委员会。按照城镇统计的人口比例，咨询委员会里也有基督徒和犹太人的代表。由于奥斯曼帝国同欧洲国家的自由贸易条款适用于叙利亚，外国货物以及外国人（商人、传教士和领事）随处可见，外国商品的输入给当地的手工业带来了压力。而一些地主或商人却从中看到了商机，这些人利用国际市场对叙利亚原材料需求的不断增长从中获益。同样，基督教和犹太教的精英们，现在是欧洲利益集团商业合作的伙伴。他们积累了大量财富，政治影响力也随之增加。基督教精英与欧洲领事建立了一种特殊的庇护关系。以前，基督徒依赖有权势的穆斯林庇护人，但现在这种关系已经被取代了。随着时间的推移，通过新式奥斯曼军队的军事行动，中央政府（包括城市）将农村地区纳入更加系统的控制之下。准军事部队（现称"巴什巴祖克"）的支持，填补了"旧式近卫军—雇佣军"军事体系瓦解后的空白。

各方间的紧张局势和暴力冲突

这些变化导致的早期结果，就是 19 世纪中期叙利亚各方势力之间的关系变得更加紧张。这些紧张局势表明旧制度令人不安，而这些制度无论好坏，都是衡量人们生活稳定性或连续性的标准。黎巴嫩山是这种紧张局势的一个焦点，就连阿勒颇和大马士革等行政中心也感受到了这种紧张。

早在埃米尔谢哈布二世统治黎巴嫩山的时期，以封建关系和家族血缘为依据划分的政治派系就已存在。强大的山区领主组织盟友和贸易伙伴联盟，与派系对手争夺权力和资源（收税农场）。这些派系联盟是跨教派的，他们不把自己定义为宗教派系。但在埃及统治时期，情况发生了变化，埃米尔谢哈布二世与入侵的埃及人结盟，帮助镇压了德鲁兹酋长领导的反埃及起义，流放了德鲁兹酋长，并没收了其所有的土地和财产。就谢哈布二世而言，他越来越依赖黎巴嫩山基督教农民和马龙派基督教会的支持，并且甚至从信仰逊尼派转而信仰了马龙派基督教。因此，谢哈布二世派系成员的主体逐渐变为基督徒。为了增强实力，动员支持者，他唤醒了该地基督徒的身份认同。虽然埃及政府解除了大部分叙利亚基督徒的武装，但他们没有干涉谢哈布二世手下的基督徒武装力量。因此黎巴嫩山的基督徒按照一种全新的方式发展，成为一个有武装的政治派别。奥斯曼人回归后，埃米尔谢哈布二世受到来自英国的压力，被迫退位，被他流放的德鲁兹酋长要求归还被没收的财产和土地。这导致了德鲁兹领导人的支持者与谢哈布二世支持的基督徒双方之间的紧张和冲突。

欧洲商人是欧洲列强的代表，在其干预下，宗教信仰的分歧进一步加深。自 17 世纪以来，法国官员和传教士与叙利亚的政治和宗教上联系不断加强，在此基础上，法国政府认为天主教马龙派教徒是他们在东地中海地区最重要的委托人。为了抵消法国势力在叙利亚渗透对英国造成的不利影响，英国与德鲁兹酋长交好，并给予德鲁兹支持。这种情况下所谓的"支持"就是，代表他们的委托人进行政治、武器运输和金钱流通上的干预。英国和法国各自支持敌对的双方，这使得在土地和权力问题上，德鲁兹与基督徒间的自相残杀进一步加剧。1840 年以后，黎巴嫩山区发展的缩影就是马龙派和德鲁兹派分别得到了欧洲相互竞争的资助者的支持，两派相互斗争。

1840 年后，奥斯曼在黎巴嫩山首次尝试统一的领土行政管理，但遭到了地方派系及其欧洲盟友的反对，因为他们担心奥斯曼的计划会损害他们的利益。其结果是，在英法的监督下，黎巴嫩山区进行了一系列复杂的行政重组，领土和治理安排以德鲁兹和马龙派的宗教身份认同作为基础。后来，正是受这个先例的影响，黎巴嫩被视为是一个政治生活以宗教身份和社区身份认同为基础的国家。但从短期来看，黎巴嫩山事件只是欧洲干预叙利亚政治这一现象的其中一部分，这种干预加剧了叙利亚宗派或宗教的紧张局势。

欧洲的干预也对叙利亚的工业革命和自由贸易政策产生了不利影响。按照自由贸易条款，大量外国生产的（尤其是英国的）纺织品流入，削弱了奥斯曼帝国贸易保护主义行会制度的地位，而长期以来该系统一直管理、规范着城市手工业的发展。行会制度限制了每一行业的从业人数，并保证在不同的生产阶段，生产者和制造商不仅能获得工资，而且还能保证生活质量，这样就保护了市场。然而，廉价进口商品的洪流来势汹汹，这种保护制度也无法抵挡，因此行会制度开始崩溃。

纺织行业的织工和辅助生产者首当其冲。总的来说，这些人是叙利亚所有主要城镇中最大的制造商群体。在主要的纺织中心大马士革，织工的工资被压低，人们的生计面临新的不确定性。虽然这种不确定性不断蔓延，但那些地位优越的基督教精英（即商人和受外国领事庇护的人）却异常活跃。这些基督教精英与外国官员有来往，在原有的穆斯林－顺民庇护制度之外，他们还能接触到新形式的政治权力。奥斯曼帝国的《坦志麦特》法令承诺公民平等，鼓励基督徒在公共场合表现得更加大胆，比如公共游行、教堂敲钟，以及无须在意非穆斯林在公共场合可以穿什么衣服、不可以穿什么衣服的禁令。

生计的不确定性和工匠们的贫困，加之公开出现的基督教的发展和繁盛，使阶层间的关系更加紧张，而这种紧张关系很容易被利用起来。一些奥斯曼帝国的行政官员和地方军事人物对《坦志麦特》法令的行政管理创新心存疑虑，担心新的机构（省级议会，一支配备受过现代训练的人员的军队）可能会剥夺他们权力掮客的地位。乌理玛也提出了抗议。乌理玛除了表达对穆斯林整体的社会地位的关注以外，还对伊斯坦布尔试图创建一个管理捐赠基金的中央机制来削弱他们在财富管理中的作用也表示不满。

在阿勒颇和大马士革两地爆发的反基督教的暴动，反映了这种新的紧张局势。在阿勒颇，麻烦来自奥斯曼帝国在政治上重掌大权后推行改革的不确定性，和该市希腊天主教徒日益增强的自信之间不断升级的矛盾。在19世纪40年代之前，由于希腊东正教的反对，土耳其宫廷一直拒绝承认希腊天主教徒是一个独立的社群。希腊的东正教与天主教不和的原因，是希腊的天主教使东正教失去了教区的居民和财产，因此东正教一直对此耿耿于怀。但在19世纪40年代，苏丹国改变了态度。因为希腊起义事件，希腊东正教的影响减弱，使得土耳其宫廷不再那么在乎他们的想法。此外，希腊天主教徒努力游说苏丹承认他们的独立，并从中得到了法国外交干预的支持。1848年，土耳其宫廷承认希腊天主教会或麦勒卡派（Melkites）是独立的、官方认可的宗教团体或米勒特（自治宗教社区）。1849年，麦勒卡派大牧首在公众的一片欢呼声中回到了阿勒颇。政府承认并支持他们，奥斯曼帝国也承诺所有宗教的臣民在法律上平等，在这种条件下，希腊天主教在阿勒颇得到了快速发展，他们不再像过去那样束手束脚，而是开始计划建立新的、更庞大的教会。

对于正在发展中的新型奥斯曼帝国感到担忧的阿勒颇穆斯林来说，现在他们很容易就能接触到这种新秩序的象征——基督教的人口、场所和财产。一则关于政府要在阿勒颇开展军事征兵的消息，点燃了阿勒颇暴力事件的导火索。一些暴乱者洗劫并烧毁了基督教教堂、商店和住宅，许多作恶者都是前近卫军（但现已解散）成员。他们愤恨地声明，只有恢复他们（作为近卫军）曾经享有的尊重和地位之后，他们才会宣布效忠苏丹和伊斯兰教。他们还呼吁取消最新的财产税。至于基督徒，暴乱者要求基督徒们恢复《坦志麦特》法令之前在公众面前谦逊和平、尊重社会—法律的行为准则。

虽然财产损失惨重，但只有少数基督徒（约20人）遇害。大多数的受害者和被烧毁的财产都集中在朱特德（Jdaideh）郊外的富裕基督教街区。居住在穆斯林聚居区的基督徒不仅得到了欧洲官员的庇护，还得到了穆斯林邻居的保护。奥斯曼将这起暴力事件解释为对国家权威的挑战，于是派出军队控制了阿勒颇，并惩罚了煽动者。军队使用大炮进攻，更多的人（穆斯林）因此丧生，比之前的暴力事件更具破坏性。

10 年后，当大马士革发生暴力事件之时，由于克里米亚战争（Crimean War，1853—1856 年），欧洲人在叙利亚的人数增加。这场战争源于巴勒斯坦圣地保护权的争论，造成了奥斯曼帝国、英国和法国与沙俄的对立。1853—1856 年的战争中，英国在叙利亚采购物资，为在克里米亚的土耳其军队提供补给，这使得土耳其宫廷进一步加深了对其欧洲盟友（尤其是英国）的依赖。这在新的《坦志麦特》（1856 年）改革法令中有所体现，法令重申并明确支持所有奥斯曼帝国臣民在法律面前平等的原则，这也似乎标志着穆斯林政治和法律特权的正式结束。在大马士革，一名法官回忆了向一群穆斯林名流公开宣读这份法令时他们的反应："所有在场的穆斯林都面如死灰，他们祈求真主，坚定他们的信仰，赐予穆斯林胜利。"1858—1860 年，德鲁兹和马龙派在黎巴嫩山区发生了血腥冲突，这加剧了整体局势的不安。先是希腊起义，其次是阿勒颇，再是黎巴嫩山区。暴力冲突以宗派或信仰冲突的形式在奥斯曼帝国愈演愈烈。与此同时，苏丹国也在寻找一套可行的现代治理规则，而欧洲列强也趁机就土耳其和叙利亚的事务进行干预，以支持各自委托人及其商业利益。在充满紧张和不确定的氛围中，1860 年暮春，大量基督教难民涌入大马士革，他们带来了黎巴嫩山暴力冲突的相关消息。令大马士革人更加不安的是，有谣言说：德鲁兹从西部（黎巴嫩）和南部（浩兰）向大马士革集结，他们要复仇，要掠夺这座城市。后来证明，事实也确实如此。

1860 年 7 月，一些穆斯林青少年因在公共道路上乱画十字架，嘲笑基督教标志而被捕。一群穆斯林年轻人聚集起来，要求释放他们。愤怒的穆斯林袭击了基督徒，也是为了发泄对近年来叙利亚社会发生的变化的不满情绪。黎巴嫩山区和大马士革附近泰姆干谷（Wadi al-Taym，在今天黎巴嫩东南部）的流血事件，是为了报复当地基督徒而点燃的怒火，暴力事件持续了 8 天。城外的村民和德鲁兹煽动了这场暴乱，而地方当局或被动或绝望地旁观。当复仇心重的暴民和叛变的士兵烧毁大马士革的一些场所时，军事指挥官们仍袖手旁观。在基督教区，财产被劫，数千人遇害。那些日子的恐惧和混乱，在一份写得仓促的笔记中有所体现。这是一封写给英国驻穆斯林区的领事的信（他们的领事馆受到了保护，没有受到伤害），是一位在基督教区的英国传教士写的。传教士斯米莉·罗宾逊（Smylie Robinson）如实地展现了当时正在上演的灾难：

> 已经过去了两个半小时，我房子所在的街道上出现了一个非常可怕的场景。刚开始，武装分子、手无寸铁的男孩和女人在街道上四处狂奔，各种叫喊交织在一起，乱作一团。基督徒被视为异教徒，受到残酷的折磨。暴徒们高喊"杀光他们，该抢的抢走，该烧的烧光，房子和人一样，一个不留。不要害怕那些士兵，什么都别怕，他们才不管你们"。……他们说得对，确实没有人来插手阻止暴行。

一些穆斯林名流出面干预，以减少损失，并庇护一些受到惊吓的当地基督徒和欧洲人。然而，大马士革（就像 10 年前的阿勒颇）的大部分穆斯林精英随后辩称，基督徒由于自己的贪婪和傲慢，为自己招来了这些不幸。事件发生几年后，穆斯林知名人士，也是日后的纳齐布（先知后裔的首领，穆斯林帝国的政府职位）阿布·伊尔苏·哈希比（Abu'lSu'ud al-Hasibi）回忆了穆斯林的不满：

每个基督徒都有一些外国国籍的亲戚，大多数是法国人。他们中任何人如果与穆斯林有过节，都会将其委托给这些外国亲戚来保护。如果一个基督徒和一个穆斯林发生争执，不管后者是谁，前者都会说我有这样或那样的后台。这种说法往往被证明是虚张声势。或者更直白地说，这个纷争中的基督徒将受到外国国籍的亲戚或朋友的保护。

哈希比还试图将穆斯林精英与这场暴力的干系脱得干干净净：

德鲁兹派、阿拉维民、犹太人、米特瓦利人（Mitwalis）、拉菲迪教徒（Rafidis）、流浪者、太阳和月亮的崇拜者、雅兹迪人（Yazidis）、阿拉伯人，以及叙利亚每一个已知的、习惯了恶行的社区的人们，从四面八方聚集起来加入大马士革的这群乌合之众的队伍中。在此事件之前，这些人并不以作恶闻名……我父亲这样评价他们：“这些地位低下的人除了（对社会上层）表示不尊重外，没有别的才能了。”……可敬的市民们不知道，也没有预感到（计划中的恶作剧）。

社区之间暴力的回响

1860 年 7 月底，一支奥斯曼帝国军队抵达叙利亚，以惩罚作恶者。参与暴力行为的平民和士兵被处死，同谋的名人被流放或监禁。穆斯林知名人士谴责奥斯曼帝国的处置不公平，包括逮捕、监禁、处决和对该市的穆斯林进行集体罚款，以补偿受害的基督徒。

尽管暴力事件并没有在蓬勃发展的贝鲁特港上演，也没有在的黎波里、西顿、霍姆斯和哈马等叙利亚的中等城市中心上演，但奥斯曼治下的叙利亚城市的秩序似乎正在瓦解。在这些中等城市，当地的知名人士介入，控制了紧张局势，防止了冲突爆发。贝鲁特此时已成为一个"特例"，因为它不仅是欧洲国家在奥斯曼叙利亚的利益中心，也是基督教都市生活占主流的中心。在其他次要港口或农业和制造业中心的城镇，与阿勒颇和大马士革相比，基督徒没有那么引人注目，因为基督教的标新立异并未激起当地的任何紧张局势，但是在大马士革则情况大不相同。基督教的新式做派给当地长期稳定的社群之间的友好关系造成了巨大冲击，这种友好关系崩溃造成的冲击，甚至波及叙利亚以外的地区。法国政府自封为奥斯曼帝国基督徒的保护者，为此向贝鲁特派遣了一支部队。伊斯坦布尔当局迫切希望阻止欧洲国家对奥斯曼帝国内部事务的进一步干预。他们认为暴力是对国家权威的挑战，必须坚决镇压，以免欧洲大国以此为借口进一步干预奥斯曼帝国内政。官方回应是，奥斯曼帝国政府明确无误地表示，在《坦志麦特》法令后，古老的权力行使和谈判方式已经终结。

伊斯坦布尔的观点是，如果奥斯曼帝国要在 19 世纪后期的危险环境中保持独立和主权，它就必须有力地维护自己的权威，回击那些威胁要去破坏它的人。伊斯坦布尔指责大马士革的名流制造了 1860 年的暴力流血事件，那些名流受到了惩罚，失去了权力和庇护。保皇派占据了他们的位置，转而成为奥斯曼帝国晚期显赫名流的代表。对奥斯曼帝国忠诚，就会获得回报，叙利亚其他地方的奥斯曼帝国臣民观察并了解了这一点。此后，城市名流们得出结论，他们的最大利益在于参与奥斯曼帝国国家建设，而不是成为该进程的障碍或反对者。

最终，奥斯曼帝国政府阻止了欧洲威胁其叙利亚政权的行动。虽然不得不在黎巴嫩山做出一些让步，即在 1861 年创建了国际化的自治地区，即黎巴嫩山穆塔萨勒夫（Mutasarrifiyya），但奥斯曼帝国的最高统治权则被保留在叙利亚的其他中心。城市名人被拉拢到奥斯曼这一边来，他们认为自己的利益和地位在复兴的帝国内部可以得到更好的保护。否则，他们将面临奥斯曼帝国分裂后被欧洲接管的危险。

1860 年后，叙利亚的基督徒原本希望能在黎巴嫩山的地理疆界之外得到国际社会的保护，但他们很快转而开始在复兴的帝国中寻找一块安全之地。这种态度的转变体现在米哈伊尔·米沙卡在事件发生后不久写给美国驻贝鲁特领事的备忘录中。他的目的很明确，就是要促使国际社会进行干预，为基督徒争取利益（事实上在黎巴嫩山的确发生过这种情况）：

> 至于基督徒，他们认为国家的改革是合理有效的。许多年轻人不知道过去存在不公正，认为政府的法令虽然明确规定了臣民一律平等，但是法庭和政府雇员正在违背这些法令。他们（基督徒）摆脱了奴隶的境况，在（穆斯林）侮辱他们时也以牙还牙进行还击，并在受到穆斯林攻击时向政府投诉，大喊道："我们和你们是平等的。"基督徒开始享受着装自由的权利（比如，无视以往区分穆斯林和非穆斯林着装的规定限制），开始拥有选择自己生活方式的自由，这些都表明他们从奴隶的境况中得到了解放。

然而，13 年后，也就是 1873 年，米沙卡写回忆录时，他修改了关于暴力背景的描述。现在他指责正是"无知的基督徒"激怒了穆斯林。语气的转变表明，米沙卡意识到，在可预见的未来，叙利亚人的命运将在奥斯曼帝国的政治体系内展开。

> 当奥斯曼帝国抛开国民的宗教信仰，全力实施改革促进国民平等时，无知的基督徒对平等的理解和解释过于偏激狭隘，他们

认为小者不必服从大者，低者不必尊重高者。事实上，他们认为卑微的基督徒和崇高的穆斯林是平等的。他们不愿理解，正如平等是建立在规章制度和法律权利的基础上一样，有地位的人必须在任何社群团体面前保持他们还有的尊严，尤其是在涉及基督徒与穆斯林这一关系时更要如此。

到后来，米沙卡承认了奥斯曼帝国对叙利亚统治的持久性。1860 年的暴力流血事件之后，奥斯曼帝国在叙利亚发展并建立了现代国家机构。从这时起，叙利亚阿拉伯精英将适应现代国家制度，而不是试图抵制它。

1860 年后在叙利亚重建奥斯曼帝国的权力

在奥斯曼帝国存在的最后几十年里，奥斯曼人在叙利亚的城市里建立了一种新型的文化霸权，把城市精英与现代国家的利益和制度捆绑在一起。关于国家性质的争论已经解决，取而代之的是一套现代的行政管理模式。1858 年颁布的新土地法为个人登记大量土地开辟了道路，这套手续极大地利好同政府有关系的人，激励他们与政府合作。一项新的关于行政架构的法规确立了省和地区行政管理体系，为雄心壮志的保皇派提供了加入迅速壮大的公务员队伍和晋升的机会。这个体系一直沿用到帝国末期，并被继奥斯曼帝国统治结束后的政府所沿用。1876 年出台的宪法（但在 1878 年中止）确立了按省或地区划分议会代表的原则，这为奥斯曼帝国的保皇派进入政府提供了另一种途径。尽管这一宪法和议会暂停了 30 年（1878—1908 年），但与此同时，市政和省级政府的发展为进入政府公务员系统提供了其他通道。帝国政府更频繁地介入民众生活的各个方面，包括教育和农业信贷的发放（主要惠及大地主）。政府在教育方面的举措源于这样一种担忧，即非穆斯林从外国传教士和慈善团体创办的现代学校中受益，但国内的穆斯林公民需要他们自己有影响力的学校。

1878 年俄土战争结束后，奥斯曼战败，损失惨重，丧失了巴尔干地区新领土，叙利亚穆斯林对帝国政府的信心有所动摇。这些事态发展引发了民众对大马士革征兵制度的抗议，并促使那些紧张不安的叙利亚知名人士思考，如果奥斯曼帝国彻底覆灭，还能有什么替代方案。然而，自 1879 年以来，国家的稳定重新确立了叙利亚城市居民对于奥斯曼帝国公民这一核心政治身份的认同。在位的苏丹阿卜杜勒·哈米德二世（Abdulhamid Ⅱ，1876—1909 年在位）赢得了阿拉伯名流的支持。他强调伊斯兰教的共同纽带，以及奥斯曼苏丹对现代哈里发的认同。他开办了学校，为叙利亚人和阿拉伯人在奥斯曼帝国体系中提供更广泛的晋升机会。大马士革和阿勒颇等省会城市的精英学校为高级职位培养毕业生。他们通常来自富裕的家庭和社会关系强大的家庭。另一方面，奥斯曼军事学校为收入不高的叙利亚人和其他阿拉伯人提供就业机会，让他们有机会以军官身份加入奥斯曼帝国的军队。

有关现代奥斯曼帝国文化认同的证据，可以从奥斯曼帝国后期大马士革建造的房屋装饰中找到。富裕家庭的房屋装饰着华丽的图画，其中一些让人联想起伊斯坦布尔作为帝国首都的画面，以及庆祝胜利的场景——那是 1912 年，一架属于奥斯曼帝国羽翼渐丰的空军的飞机首次成功造访大马士革的画面。阿卜杜勒·哈米德开通连接麦加的电报线路（至今在大马士革的马尔贾广场上仍然竖立着一座纪念碑），并修建连接叙利亚同奥斯曼帝国各城市的铁路，他尝试用这些成就来展现奥斯曼 – 伊斯兰现代主义的活力形象。汉志铁路（Hejaz Railroad）在其中占有重要地位。铁路的起点在大马士革，一路向南延伸到麦地那，并在巴勒斯坦的海法开通了一条支线。叙利亚的其他铁路也将大马士革与贝鲁特连接起来，这两个城市又都与霍姆斯、哈马和阿勒颇相连接，铁路在那里与通往伊斯坦布尔的安纳托利亚线相交会，这些线路预计向东通往伊拉克（所谓的"柏林至巴格达铁路线"）。主要城市的公共工程项目（电车、煤气照明、自来水厂和电厂）通常由欧洲公司承建，这些公共工程使叙利亚的城市居民将自己视为奥斯曼帝国现代化建设的一员。

阿卜杜勒·哈米德独裁政权的一个矛盾之处在于，虽然它让拥有土地的阿拉伯名流有一种参与国家现代化建设的感觉，但它疏远了许多现代国家和公共机构运行所需的"新人"。现代学校的毕业生流向了官僚机构、新式学校、技术和专业领域，以及与出版相关的新闻记者领域，他们对苏丹的独裁统治感到愤怒。阿卜杜勒·哈米德引入了新闻审查制度，创建了该地区第一个由警察的线人组成的现代"间谍"网络。

然而，几十年后，在经历了法国殖民主义的沧桑和民族独立带来的失望后，叙利亚城市居民怀旧地将奥斯曼帝国末期视为一个"黄金时代"。尽管民族主义者将这个时代描述为一个外来的"土耳其人"统治的时代，但奥斯曼帝国的最后几十年最终依然被视为"遗产"的宝库，代表着一种逝去的正直和纯真。20 世纪 90 年代和 21 世纪初，叙利亚的一些出版物和电视连续剧令人怅惘地回忆起了奥斯曼帝国晚期社会。"真实"或"可信"的前殖民时代的叙利亚美德和真理与奥斯曼帝国时代联系在一起，这是一个怀旧的记忆建构工程，而与它一起尴尬并存的，是民族主义者对奥斯曼帝国统治强烈的政治谴责。

至少在叙利亚的城市里，晚期奥斯曼帝国在确立现代国家地位、促进现代政治认同方面的尝试，创造了一种关于国家地位和公民身份的共同语言。在奥斯曼帝国的最后几十年里，那些祖先是活跃在城市人口与帝国统治者之间的中间人的精英和名流们，变成了官员、公务员和军官，并将奥斯曼苏丹国视为现代国家的恰当化身——的确，它是最后一个仅剩的独立的逊尼派伊斯兰国家。虽然非穆斯林不可能像穆斯林那样渴望成为"圈内人"，但城市里受过教育的基督徒和犹太人却认真对待他们的奥斯曼公民这一身份。许多非穆斯林在职业中找到了作为"现代人"的满足感，一些人在私人诊所工作，另一些人进入专业化的官僚部门和军事机构。在第一次世界大战前的几年里，这种围绕苏丹国象征现代国家的共识开始出现分歧。但直到战争期间，叙利亚城市居民与奥斯曼帝国的纽带才最终断裂。

对农村地区的重新征服

与奥斯曼帝国政府在其领土上维护国家权力的目标相一致，过去的几十年里，伊斯坦布尔重新征服了那些自治和间接管辖的农村地区，将它们纳入正式的官僚系统，由政府的行政人员、驻军和警察哨所常年驻守。一般来说，农村地区的居民向城市当局纳税或进贡，但除了税收征管和惩罚性搜查之外，农村地区并没有持续受到中央的监督。古老的奥斯曼帝国根本无力、也没有资源来进行直接管理，他们宁愿通过部落或委托以宗族为根基部落的中间人来管理农村。但现在，伊斯坦布尔希望将农村人口纳入国家统计、征税和（必要时）征兵的对象中。

这种吸纳农村的动力，部分是由经济或市场力量推动的。商人和土地所有者寻求扩大国内市场，希望将新的群体纳入他们的贸易和生产循环之中。他们与政府官员合作推动这一进程，这些官员认为农村人口与城镇之间商业联系的增多，以及农村自给自足和自治状态的消减，是现代国家建设的重要一环。商业农业区出现在阿勒颇、哈马的周围以及巴勒斯坦平原地区。新的商机加上力度更大的农村保障，鼓励农民在土地上进行稳定的农业生产，而早些时候，这些土地是游牧部落或部族控制下的农牧两用地。这些新开辟的商业土地通常登记在出身名门的地方官员或商人的名下，他们雇佣佃农在这些土地上工作。佃农大多是半游牧的贝都因人，或者已经定居下来想要获得更多土地的农民，或者山区里想要摆脱贫困、跨出家乡氏族和部落地区的山民。在一些地方，政府动用武力来迫使顽强反抗的农村强人妥协。19世纪50年代的巴勒斯坦山区、1862年大马士革南部浩兰小麦种植区周边的德鲁兹地区，以及1870年安萨里耶山区，都发生了类似的军事冲突。

在农村地区维护国家权威并不一定要解除地方有影响的铁腕人物的职位。通常，奥斯曼人试图把他们变成亲奥斯曼的农村行政管理人员。在浩兰，德鲁兹派阿特拉什家族曾是奥斯曼帝国军事行动的目标。但在1862年之后，他们同意与政府结盟，帮助大马士革从农民和牧民那里征税，并在他们的管辖区域建立安全通道。但有一些农村部落从未重新获得他们曾经享有的在帝国治下的农村的中枢地位。阿布·戈什（Abu Ghosh）家族就是一个例子，它的同名村庄从雅法（Jaffa）横跨到位于巴勒斯坦的耶路撒冷路（实际上是一条大篷车的轨道）。阿布·戈什的铁腕人物被土耳其宫廷视为当地的政治掮客，他们收取过路费和安全通行费。但是，当政府提供的安全保障（以及适合轮式交通的现代道路）成为改革后的奥斯曼帝国统治的规范时，阿布·戈什的老式农村"安全保障"（或称"保护敲诈"）就被视为对国家权力的一种僭越，从而遭到了镇压。

在其他一些地方，奥斯曼人通过拉拢当地居民来维持正常的官僚秩序，例如在外约旦地区。1867年，奥斯曼人在一个叫绍特（Salt）的小镇上建立了他们第一个正式的政府机构——土地登记处。土地登记处设立后，鼓励绍特镇上的居民（长期以来，他们根据习惯法和伊斯兰教法的规定实行私有制）取得证明其合法所有权的新文件。该地区的贝都因主要部落的首领，察觉到一些风吹草动，便加入争夺土地的行列，他们要成为这片土地名义上和法律上的所有者。在此之前，这些土地一直是部落用来耕种和畜牧的领地。商业关系和农业市场的扩大，鼓励土地所有者将旱作农业扩展到新的土地上，因为每年的降雨量允许农民这样做。为了寻求扩大粮食种植的合作伙伴，部落酋长和其他约旦边境地区的土地所有者要依靠耶路撒冷和大马士革的商人和放债人的贷款。地主们从纳布卢斯地区引进农业劳动力，那里的山民——现在已"平定"并被纳入日益扩大的商业和贸易圈——正面临着人口增长和土地短缺问题。这种压力促使纳布卢斯山区的农民去往更远的地方寻找租地或佃农的工作，他们先是季节性地迁徙，后来永久性地迁往外约旦，并在那里耕种新的土地。

就国家官僚机构及其社会盟友而言，这些发展代表了一种"良性循环"。在行政办公室和军事前哨，政府权力扩散变得切实可见，这些变化促进了农业商业化和资本从城市向农村流动，需要配备更多的官僚机构适应其发展。在安曼（Amman，约旦河以西）和萨拉米亚（Salamiyya，霍姆斯以东）等地，奥斯曼人安排新迁移的部落定居，以便将耕种区向东扩展。在安曼定居的是穆斯林切尔克西亚人（Circassians，1878 年），他们是来自被俄国占领的黑海东岸的难民。在萨拉米亚，新的定居者是伊斯玛仪派，这是一个长期居住在叙利亚的群体。由于受到邻近的敌对的和更强大的阿拉维派限制，原先居住在安萨里耶山脉的伊斯玛仪派已经无法生存。（现代安曼乃至整个约旦仍以切尔克西亚人作为认同标志；萨拉米亚如今是叙利亚主要的伊斯玛仪派人口聚集中心。）

商业性农业生产的扩大、山地人口压力，是另外两次叙利亚移民的背景，这两次移民均产生了重大影响。其中一个部落移民来自黎巴嫩山（1861—1915 年），这是一个与叙利亚（大马士革）省毗邻的自治区。在黎巴嫩山区，基督徒农民无法在土地贫瘠的村庄维持生计，于是开始大批移居海外，主要是移居美洲。在国外，他们形成了 19 世纪末 20 世纪初的叙利亚社区（即使在 1920 年黎巴嫩正式从叙利亚分离出来之后，"叙利亚"

这个名称也仍然沿用下来了）。大约三分之一的迁徙者回到他们在黎巴嫩的村庄，并带来了新的财富、新的品位和新的观点或展望。在移民的土地上，一种生机勃勃的阿拉伯语报刊应运而生，其中办刊时间最长的是纽约阿拉伯语报纸《正道报》〔（Al-Huda），创办于 1898 年〕。在流亡者报纸的版面上，有关现代性以及叙利亚人和黎巴嫩、身份认同的观点被鼓吹、讨论和辩论。最后，这种流亡者的话语形成了黎巴嫩和叙利亚民族主义的分支，这些分支与阿拉伯政治认同的新思想截然不同（但有时也会相互重叠），从而最终成为阿拉伯民族主义的种子。

霍姆斯和哈马西部的安萨里耶山脉，是另一个受经济因素影响而产生移民的地区。大量农作物出现在雨水充足的内陆地区和低地城市，用以满足粮食需求。他们在约旦的新土地上扩大种植谷物，浩兰种植小麦的土地成为大马士革谷物商人致富的源泉。随着霍姆斯和哈马农产品市场的扩大，根据 1858 年奥斯曼帝国土地法的条款，那些已经拥有霍姆斯、哈马腹地的税收和财政收入的军事首领和城市名流们，成了合法意义上的土地所有者。这些新土地的劳动力是由阿拉维派农民提供的，他们从山上下来耕种新农场。

在这里，商业的活力披上了信仰的外衣。拥有土地的精英们都是相互关系密切的逊尼派，而许多佃农都是阿拉维派。阿拉维派酋长家族在"坦志麦特"时代之前就已经是当地的权力掮客，但在奥斯曼帝国日益广布的行政系统中，他们逐渐沦为次级官员。1870 年，在一次短暂的军事行动中，奥斯曼人击溃了自治或独立的阿拉维派酋长，使得山区变得更加贫瘠，人口外流加剧。1870 年，一位俄国驻拉塔基亚港的领事写道："阿拉维派所在地区的情况非常悲惨。对他们来说，既没有正义也没有安全。"10 年后，穆罕默德·阿迦·巴拉齐（Muhammad Agha al-Barazi）领导了一场针对反叛农民的后续运动。作为胜利的奖赏，穆罕默德·阿迦·巴拉齐得到了许多村庄，并成为哈马地区的长官。巴拉齐家族成为叙利亚中部，尤其是哈马地区一个持有土地的负责行政管理的大家族。在随后的法国殖民时代和叙利亚独立初期，巴拉齐家族继续发挥着重要的政治和经济作用。

虽然政府在安萨里耶山区建立了持续的统治，但该地区的基础设施仍落后于邻近地区，那里的社群（主要是阿拉维派）被认为是奥斯曼帝国后期叙利亚最边缘化的社群之一。这种情况最终为后奥斯曼帝国的殖民大国法国提供了机会，法国利用逊尼派与阿拉维派之间的紧张关系和宗教身份认同问题攫取了政治利益。法国殖民政策激起的社会、宗教和政治对抗，反过来又遗留给独立的叙利亚，这些对抗尤其对哈马地区产生了重大影响。

商业化、国家干预和私有产权形成对农村的冲击，在浩兰表现得最为突出。这一谷物产区被称为"大马士革的粮仓"，在这里，阿兹姆统治时期和大马士革早期的"地方主义"派系特征表现为，浩兰与当地古老的近卫军首领、大马士革商人群体拥有共同的利益。19 世纪后期，随着耕种的扩大和通讯的改善，大马士革谷物商人、农村准军事家庭和谷物生产农民之间的联系呈现出新的发展态势。浩兰的贾巴德鲁兹山特别能感到其变化（令人困惑的是，这个名字原来是用来称呼黎巴嫩山的，因为在那里的德鲁兹领主曾是最强大的政治人物）。

浩兰的德鲁兹山是一个火山高地，主要居住着德鲁兹派教徒，他们最初出现在黎巴嫩山，于 18 世纪迁到浩兰高地。在那里，他们耕种土地，在一个强调家族、部落身份和忠诚的社会组织中，捍卫自己的地盘。到了 19 世纪 70 年代，德鲁兹教派里显赫的家族热衷于巩固他们的地位。当时的情况是，这些家族日益融入更广阔的商业版图，并直面来自奥斯曼帝国的压力。奥斯曼帝国企图削弱半封建家族已经习以为常的固有的自治权。与此同时，奥斯曼帝国发动了一系列战役将浩兰牢牢地置于中央控制之下，这一过程给浩兰留下了"血腥浩兰"的绰号。

德鲁兹的主要家族主张半封建特权，努力在贾巴德鲁兹创造一种"封建"统治，这种统治（支持地主－商人联盟和区域自治）直到最近才在黎巴嫩山被摧毁。德鲁兹家族对治下佃农的压迫激起了一场广泛的反封建起义（1889—1890 年），导致阿特拉什和其他德鲁兹教派的首领们请求奥斯曼帝国帮助他们镇压起义。大马士革的奥斯曼帝国当局出面解决了这一困境，一定程度上遏制了封建家族对农民严酷的剥削，同时在法律和制度层面巩固了主要家族的地位，后者必须与奥斯曼帝国行政当局合作。一些德鲁兹显要人物，就像其他通过征服、合作或政治需要被吸纳进奥斯曼帝国体系的农村精英家族一样，让他们的儿子参加奥斯曼帝国军队的军官训练，为自己在这个新国家找到了位置。

事实证明，奥斯曼军官学校里农村精英建立的关系网络，加上（大马士革的）农村精英与城市国家机器之间建立的联系，是有弹性的。第一次世界大战后，奥斯曼帝国战败，法国试图建立和巩固自己的殖民统治，而正是这些乡村精英利用他们的关系网以及他们所在的地区和社区，联合起来支持反对法国的武装力量。

苏丹阿卜杜勒·哈米德二世与官方伊斯兰教

1878 年，奥斯曼帝国最终失去了大部分剩余的基督教领土和人口，奥斯曼帝国还努力向奥斯曼苏丹国的臣民灌输一种类似国家忠诚的概念，尤其是在穆斯林中。在那之后，奥斯曼帝国的苏丹阿卜杜勒·哈米德二世强调了他对哈里发所有辖地的主权要求，并寻求国内外穆斯林支持他巩固世界上最后一个重要的逊尼派穆斯林帝国。"坦志麦特"改革树立的理想，即所有奥斯曼帝国臣民无论宗教信仰一律享有公民平等，并未被正式抛弃。但从那以后，奥斯曼帝国的国家政策明确表示，如果帝国要生存下去，就必须依赖穆斯林身份的象征和标志。为此，阿卜杜勒·哈米德二世政府特别关注这个衰落的帝国中以穆斯林为主的阿拉伯语地区，其中包括叙利亚在内。在现代化的竞争中，阿卜杜勒·哈米德二世政府面临来自欧洲列强的挑战。此外，在外国势力支持下创办的传教士或基督教学校，为非穆斯林获取现代知识提供了有利条件。此外，阿卜杜勒·哈米德二世政府再也不能让教育仅仅成为或主要是由捐赠基金或穆斯林基金资助的私人事务，而是试图以国家名义的一种新方式来介入公共教育。

鉴于伊斯坦布尔官方感受到的不安全感（这种不安全感源于自身的脆弱和有充分根据的恐惧，即奥斯曼帝国是更强大、贪婪的外国势力的目标），土耳其宫廷坚持其对穆斯林教育活动的监管。因此，政府不再允许基层慈善组织建立现代穆斯林学校。阿卜杜勒·哈米德二世政府通过公立学校对穆斯林现代教育实行准垄断，在公立学校不仅可以教授现代科学，还可以发展和灌输官方认可的伊斯兰教。这是对伊斯兰教的一种等级制理解，强调责任和服从，并利用被选中的效忠派苏非领导人的权威和威望来反复灌输。为此，负责宣传阿卜杜勒·哈米德二世伊斯兰教政策的主要人员之一是来自阿勒颇的苏非教长阿布·胡达·萨耶迪（Abu al-Huda al-Sayyad，卒于 1909 年）。

伊斯坦布尔负责教育的官员认为，需要训练叙利亚的穆斯林和帝国里其他说阿拉伯语的穆斯林臣民融入这种顺从的、对国家友善的伊斯兰教中。他们的观点可能会与叙利亚的穆斯林思想家产生分歧，这些思想家正在寻求通过恢复批判性的探索而非背诵效忠者的教义，来实现伊斯兰的思想复兴。这一政策也使阿卜杜勒·哈米德二世政府显现出了令人不悦的居高临下的姿态。广义上讲，其臣民是穆斯林，但他们的特殊传统并不在博学的逊尼派和奥斯曼人享有特权的哈乃斐教派的讨论范围之内。叙利亚的这类社群包括德鲁兹派和阿拉维派。因此，一方面，包括德鲁兹派和阿拉维派在内的农村精英，也将被训练成奥斯曼帝国的军官，被灌输对国家和帝国的忠诚，以促进基于宗教而非种族的现代爱国主义和准民族主义。但另一方面，在奥斯曼官员中也有一种意识，即官僚在面对所谓的更愚昧的阿拉伯穆斯林臣民时，有一种"教化的使命"，无论这种教化的缺失是表现在非正统信仰或是乡村部落的忠诚度上。

奥斯曼帝国的建国努力在一定程度上是成功的，但在第一次世界大战之前，这一进程中固有的各种紧张和矛盾没有得到解决，也许是无法解决的。毕竟现代国家对其公民提出的要求和期望是前所未有的，这标志着与旧帝国过去并不特别在意臣民感受和想法的统治思路的决裂。这个古老的奥斯曼帝国苏丹国将忠诚和身份的多样性视为理所当然，而不是将其视为在寻求建立现代的、国家导向的、政治动员的社会过程中的潜在"问题"。

现代国家：城乡差异

与乡村相比，城市地区国家形成和私有财产权的确认过程，所经受的创伤和变革程度较小。在城市周边的商业化菜园和绿化带上，复杂的私有产权网络和法律－司法的国家监管机构早已就位。在各城市附近的灌溉区和明确界定的花园区，引入的"坦志麦特"在法律和行政方面的改革，并没有造成社会法律连续性方面的断裂。同样的，奥斯曼人努力地将伊斯兰教法编纂成法典，并根据伊斯兰教法创建了民法典《玛雅拉法典》（*Majalla*），这增强了民事法律事务的规律性和同质化，但这些并不意味着立即废止已成为日常习俗的习惯法。然而，将伊斯兰教法和习俗原则编纂为法典，确实为统一的民法绘出了蓝图，与此同时，旧的宗教法典越来越局限于个人法律地位问题（结婚、离婚、遗产继承等）。在奥斯曼帝国之后的新殖民时代的政权继承了《玛雅拉法典》和处理个人法律地位问题的宗教法庭，也保留了奥斯曼帝国后期的大部分法律机构。

简而言之，尤其是1860年后，叙利亚的城市适应了现代国家的新制度和主张。这一过程促成了奥斯曼帝国推行的将叙利亚（和其他阿拉伯城市）精英纳入国家结构的政策。叙利亚的城市精英和专业人士在现代国家机构工作的过程中，也认同了这个现代国家。市长、市议会、教育和农业督察、总工程师等公务员职位，都对受过适当培训和拥有合适背景的叙利亚人开放。在1876年之后，从1908年到1914年，叙利亚精英也参与议会代表的选举，通过两个阶段的选举程序为奥斯曼帝国的议会选出了代表。叙利亚的城市精英认同现代国家的理念，认为公务员、政治机构和军事机构恰当地体现了他们的现代政治身份。在奥斯曼帝国成为历史后，他们将沿着他们在过去几十年里经历和合作的中央集权主义路线，寻求建立一个叙利亚的国家，并培养叙利亚人的爱国主义和民族主义意识。

另一方面，农村地区则以一种更具对抗性的方式接触到了现代国家。即使当农村精英被吸纳（通过威逼利诱）进入现代国家体制，对一个遥远的（如果不是敌对的）以城市为中心的国家权力的抗争记忆，仍然在农村地区挥之不去。奥斯曼帝国晚期和殖民时期，当这样苦痛的记忆与地主剥削（国家支持地主）和社群/宗派分歧（"异端"穆斯林农村社群发现自己被逊尼派主导的城市政权统治）结合时，农村地区的人们对现代国家几乎没有什么好感。后奥斯曼时代的叙利亚作为主体国家的根基，被叙利亚不同群体或阶层所携带的不同记忆、历史经验和历史观撕裂。现代国家的理念已经来到了叙利亚，在某些情况下，也加剧了社会分化和旧有的城乡紧张关系。

第四章 叙利亚和第一次世界大战

《叙利亚的号角》

在 1860 年的大马士革暴力流血事件后,贝鲁特的新教教育家兼作家布特鲁斯·布斯塔尼(Butrus al-Bustani)出版了一系列标题为《叙利亚的号角》的大幅报纸。布斯塔尼的笔名是"民族热爱者",报纸标题引用穆罕默德的话,"热爱祖国是信仰的一部分"。布斯塔尼呼吁叙利亚人民深入地审视自己,根除那些不和谐因素以及社群暴力,以构建一个值得全民族团结在一起的共同体。在报纸《叙利亚的号角》的第二期(即 1860 年 10 月 8 日)中,他忠告叙利亚人民:

> 啊,民族的儿女们,你们喝着同一碗水,呼吸着同一片空气,讲着同一种语言,踏着同一片土地,共享着同样的风俗习惯和文化,有着共同的利益。当你们从沉睡中清醒过来时,就会意识到我的建议的价值以及你们的民族利益的重要性。

"叙利亚"这个概念成为第一次世界大战前夕叙利亚公众的谈资。毫无疑问,旧有的本土身份,如身处哪片地区,或属于哪一家族,仍非常重要,信仰(穆斯林、基督徒、犹太教徒或者乡村的"异端")也还是一如既往的重要。但是新的概念产生了,有时是对旧有的身份定义的补充,有时是对它的挑战。现代奥斯曼帝国重新定义了国家与民众之间的关系,政治文化身份的问题又成为人们谈论的话题。再者,由于新的通信方式和交通方式打破了地方特权,叙利亚人民不得不面对更广泛的商业贸易往来和更广阔的外部世界,身份认同的问题再一次被提及。这些讨论都发生在奥斯曼—叙利亚世界，一个在"一战"期间支离破碎而难以修复的国度。

新视野

人们总是四处游荡着，商人、朝圣者、牧民都体验着他们所处地区之外的世界。但是一方面，欧洲领事和国内亲欧分子的权力越来越大；另一方面，奥斯曼帝国对于叙利亚人民的忠诚、支持和配合有了新的要求。这两方面引发了一系列新问题的讨论：成为穆斯林和土耳其人意味着什么？成为基督徒和大马士革人意味着什么？成为犹太人和叙利亚人又意味着什么？"叙利亚"这一概念开始受到一些学者和教育家的认可，尤其是在1860 年骇人听闻的社群流血事件发生之后，他们力图找到一个使不同信仰的人有共同的政治身份和公民身份的基础。

发生在黎巴嫩的基督教马龙派与伊斯兰教什叶派分支德鲁兹派的冲突没有很好地得到解决，当局对外将其称为"山民之间由来已久的争执"（事实上并不像当局解释的那样"由来已久"）。但是，对于大马士革暴力冲突事件（以及早先在阿勒颇爆发的穆斯林—基督教争端），当局不能敷衍对待。毕竟，大马士革是在奥斯曼帝国统治下发展起来的，是叙利亚的政治中心城市。并且，和平与秩序已经被破坏了。（正如学者和思想家声称的那样）如果叙利亚地区的人们打算和平共处，那么就需要解决基督徒与穆斯林的冲突问题，这一新问题凸显出来并具有危险性。在"坦志麦特"改革之前，奥斯曼可以通过中间人与当地各种社群团体合作来适应信仰的多样性。而现在，这种方式已经不能解决问题了。

虽然奥斯曼帝国的精英人士提出"奥斯曼主义"的概念，即对奥斯曼帝国要忠诚，但是一些叙利亚学者把"叙利亚"这一概念看成是奥斯曼帝国下的一个独立部分。如果"叙利亚人"能够发现他们的共通之处并进一步发展，那么就有可能避免血腥的宗教分裂。此外，如果叙利亚成为一个现代民族，能够和其他的现代世界力量（通常理解为"欧洲"）一起有创造性地、平等地参与到国际事务当中，那他们就需要制定一套不会因为宗教纷争而崩溃的行为准则。新式学校包括教会学校和效仿教会学校而引进现代教育模式的私立学校，这类新式学校培养了大量"开明的"精英，他们认为自己是现代化的，并有责任培育对叙利亚身份认同的新认知。

叙利亚人有什么共同点呢？首先是他们都讲阿拉伯语，第二是他们都依恋着叙利亚这片家园。而叙利亚又是如何被定义的呢？他们引用老一代阿拉伯文学对沙姆地区（Bilad al-Sham）的描述来理解叙利亚，并使用旧词和新词中的叙利亚作为同义语。自从 1000 多年前拜占庭帝国统治这个国家以来，当地人们并不经常使用"叙利亚"这个词，然而，信奉基督教的欧洲却一直使用这个词。自称为苏里亚尼（Suryani，今为叙利亚东正教）的叙利亚雅各布派基督徒（Jacobite Christians）也使用着这个词。随着 19世纪欧洲文化对奥斯曼帝国的影响越来越强，"叙利亚"这个词只在受过教育的人们之间使用。直到 1865 年，进行现代化的奥斯曼帝国把大马士革省重命名为叙利亚省时，"叙利亚"这个词的本土使用和理解才被大范围推广开来。

"叙利亚"的概念起初是由基督徒提出的，紧接着受过现代教育的穆斯林也认同了这一概念，他们同样试图为一个明确的爱国主义，即比国家间的宗教团体规模小但比本地城市范围更大的爱国主义找到落脚点。"叙利亚"概念的倡议者努力去解释一个共同体身份的定义，即穆斯林、基督徒或者可能是犹太人，他们扎根于叙利亚的土地上，共同使用阿拉伯语，共享这个国家的历史和文化。

历史小说，这一新兴文学体裁，为公众提供了反思过去的新方式。历史小说的着重点有别于昔日穆斯林以及基督教的王朝和宗教团体的编年史。如今，通过小说，阿拉伯国家的读者能够想象他们是追溯古代、赞美古老英雄的史诗巨作的传承人。《芝诺比阿》（Zenobia）就是一部早期历史小说，由贝鲁特记者布特鲁斯·布斯塔尼的儿子萨利姆·布斯塔尼（Salim al-Bustani）所著，书中的主人公是罗马时代的巴尔米拉（Palmyra）女王。小说家布斯塔尼将巴尔米拉女王的形象转化为根深蒂固的叙利亚身份的象征和英勇的叙利亚女性的象征。

通信技术和早期大众传媒的发展，促使叙利亚人在新的社会情境下考虑身份的问题。交通上的距离也正在缩小。从前，从大马士革到阿勒颇需要9天的时间，到贝鲁特需要两到三天的时间。但是，19世纪末，铁路的出现使得从贝鲁特到大马士革只需9个小时。1912年，铁路通到阿勒颇时，从阿勒颇到大马士革只需不到两天的时间。甚至在贝鲁特—大马士革铁路修建之前，一条现代的公路早在1863年就开通了，这巩固了贝鲁特作为叙利亚中部和南部地区中心港口城市的地位。贝鲁特—大马士革公路由法国人建造，作为铁路的补充线路。不像过去远行需要乘坐费力的陆路大篷车，现在官员、商人和旅行者能够相对舒适且快速地游遍这个地方，因此熟悉叙利亚概貌也将变得更加容易。

新思想：现代出版和出版物

现代通信技术和新闻业进一步影响着公众意识。电话线的开通，使得新闻和信息能够快速在贝鲁特—大马士革（1861年）以及大马士革—伊斯坦布尔（1863年）之间传播。报纸期刊就政治新闻、科学技术、艺术文化领域进行报道。在阿卜杜勒·哈米德二世时期，叙利亚新闻业会受到政治审查，但是，新闻业也为参与纸媒文化的人们创造了一个共同的话语场域。

大马士革第一份私人报纸是《大马士革》，这是一份土耳其、阿拉伯双语报纸，由曾经供职于叙利亚省政府报社的哈迈德·艾扎特·阿比德（Ahmad Izzat al-Abid）（卒于 1924 年）创办。他雄心勃勃，忠诚地追随阿卜杜勒·哈米德二世，后来成为叙利亚最有权势、最富有的人之一。《大马士革》创办于 1879 年，停办于 1887 年，是一份讨论科学文化等公共问题的叙利亚早期报纸。作为早于现代印刷之前就是主要的习得语言规范的制造者，乌理玛们又多了一个渠道来传播他们的言论。

阿勒颇第一份独立报纸是《阿勒颇》（al-Shahba），（"灰色之都"，这座城市的昵称）这是一份寿命不长的阿拉伯语报纸，创办于 1877 年，当时正是短暂的奥斯曼帝国第一次立宪时期（1876—1878 年）。阿卜杜勒·拉赫曼·卡瓦基比（Abd al-Rahman al-Kawakibi，卒于 1902 年）是报纸的一位编辑，他是一位年轻的伊斯兰法律学者，也是声名显赫的乌理玛家族的继承人。在叙利亚期刊、报社起步之际，卡瓦基比意识到很有必要阐述《阿勒颇》的宗旨：

> 本报获得奥斯曼帝国的准许发行权，及时地发布政治新闻、报道地方事件，也会发表一些政治、科技、文学相关的文章。除此之外，还会发布一些调查和研究来扩大民众的知识面，促进高雅文学的交流。本报探寻事实真相、激发民众思考、辅助政府活动，并在政府侵犯社会权利时勇于发声。

《阿勒颇》倡导行政改革，主张选择性吸收文化保守主义背景下的西方文化的长处。

20 年后，阿勒颇出现一本名为《碎片》（al-Shudhur）的杂志，由受过法国教育的基督教学者阿卜杜勒·马西赫·安塔基（Abd al-Masih al-Antaki）担任编辑。同《阿勒颇》一样，这本杂志的风格是说教性的，但是又与《阿勒颇》不同，安塔基把欧洲尤其是法国当作理想意义上的现代化国家的榜样。在那里，遍地是中产阶级，大家充满着理性，整体上和谐，基本没有内部冲突。

19 世纪后期，现代出版业成为文化生产的主渠道，贝鲁特和开罗也成为阿拉伯知识文化生产的中心城市。在贝鲁特，萨利姆·布斯塔尼发行了小说《其诺比阿》，他也是阿拉伯语短篇小说的开拓者。在开罗，叙利亚移民于尔吉·泽丹（Jurji Zeidan，卒于 1914 年）出版了历史小说，开创了一种新型的散体风格，吸引了越来越多的读者。19 世纪第一部现代阿拉伯戏剧引入贝鲁特后，一位有抱负的大马士革剧作家阿布·哈利勒·卡巴尼（Abu Khalil al-Qabbani，卒于 1902 年）在大马士革开了一家剧院。因为对家乡文化保守主义的失望（批评家认为卡巴尼的作品是"异端"），他移居埃及，并在那里大获成功。卡巴尼跟随他的剧团，从埃及到叙利亚巡演。

开罗相对的自由风气支撑着埃及的叙利亚人进行影响深远而思辨深刻的故乡诗文创作。19 世纪 90 年代，一家女性报社（主要由叙利亚的基督徒经营、编辑）在埃及发展起来。当时女性的社会角色以及现代家庭结构的问题在埃及引起广泛讨论。在叙利亚，上流社会女性举办仅由女性参加的沙龙来讨论文学与文化。这些是慈善协会建立的前奏，这些协会也是第一次世界大战后女性组织成立的助推器。

提倡宗教改革，批评阿卜杜勒·哈米德二世宣扬的等级专制的价值观的穆斯林，借机在英国统治下的埃及自由地发表观点，其中一位便是前面提及的阿勒颇作家、《阿勒颇》的前编辑卡瓦基比。在阿勒颇，作为一名记者、改革者和政府工作者，他与当权者发生冲突，虽然他显赫的家族背景带给他一定程度的保护，但 1898 年他还是搬到开罗，在那里他可以相对自由地写作，发表著作来批判阿卜杜勒·哈米德二世和奥斯曼帝国。因受到传统伊斯兰教育和现代新闻的双重影响，卡瓦基比谴责阿卜杜勒·哈米德二世的专制，质疑奥斯曼帝国对哈里发辖地的主权。他说，独裁专制导致如今伊斯兰教的式微，阻挡了信仰复兴改革的道路。他拥护当时讲阿拉伯语的穆斯林作家之间流行的一个论点，即阿拉伯人在伊斯兰教形成早期就与伊斯兰教有联系，因此阿拉伯人会在伊斯兰教的未来发展中扮演特别的角色。从这里开始，卡瓦基比发出一个呼吁，主张建立阿拉伯哈里发国，取代奥斯曼王朝的统治（卡瓦基比的拥护者认为 1902 年他的离奇死亡是阿卜杜勒·哈米德二世的间谍所为，但是这一指控从未得到证实）。

对早期伊斯兰教的唤起，是赛莱菲耶思想运动的一部分，该运动是 19 世纪末 20 世纪初的阿拉伯穆斯林宗教改革者言说的重点所在。这场运动并不是"民族主义"，但通过有意识地唤起阿拉伯民族的文化认同（同时也是伊斯兰改革运动的中心），卡瓦基比和他的支持者们为最终阿拉伯民族主义的阐述奠定了基础，这一阐述或许会和叙利亚爱国主义的观点有交叉重合的地方。

青年土耳其人

1908 年，发生在马其顿的一场军事暴乱促使阿卜杜勒·哈米德二世恢复了宪法。这场"革命"由一股武装力量和其官僚同盟，也就是统称为"青年土耳其人"的组织领导。这次军事暴乱在叙利亚主要的中心地点赢得了热烈而广泛的欢呼声。改革派梦想的就是一个充满兄弟情谊（因为政治仍只是男性活动）的奥斯曼帝国，这一次似乎指日可待，直到残酷的现实证明并非如此。

目前，中产阶级男性聚集在联合进步委员会的旗帜下。联合进步委员会是"青年土耳其人"的政治组织，成立于 1908 年，旨在实现奥斯曼主义的目标，即通过政治代表来体现公民身份。尤其是在 1909 年阿卜杜勒·哈米德二世的支持者反击政变者行动失败之后，联合进步委员会的拥护者（也称为统一派）致力于肃清阿卜杜勒·哈米德二世的保守派支持者。然而，阿卜杜勒·哈米德二世与认同苏丹、哈里发和伊斯兰教意识形态的阿拉伯知名人士结盟，这是他在叙利亚的统治成功的根基所在。此时，奥斯曼帝国面临战争和侵略等严峻国际形势的挑战，统一派无法再继续削弱作为叙利亚国家堡垒的社会团体的影响力。因此，尽管叙利亚非穆斯林和自由派穆斯林最初支持统一派，主张自由的奥斯曼公民身份，但到 1912 年，联合进步委员重新将伊斯兰教和伊斯兰理论纳入其政治纲领。

事态的发展冲淡了非穆斯林彻底融入奥斯曼立宪制国家的努力。在阿勒颇，重要的阿拉伯天主教徒以及亚美尼亚团体起初是支持立宪运动的。1910 年，新任的统一派首脑采取与该市穆斯林要人相反的立场，而在这些要人中，贾卜里（Jabris）及其同盟主导当地政治和行政事务，并在关键时刻取得了胜利。到 1912 年议会选举时，统一派采用伊斯兰教的观点，并试图团结阿卜杜勒·哈米德二世的效忠者支持政府。同时，掌权者证明了他们的执政能力，适应了新的立宪政治环境。他们利用财富、地位以及对穆斯林任免权和组织网络的控制，成为当时四面楚歌的联合进步委员会不可或缺的组成部分。考虑到奥斯曼帝国中政治力量的平衡和危险的国际环境（1908 年，奥匈帝国吞并了奥斯曼帝国的波斯尼亚－黑塞哥维那；1911 年，意大利入侵利比亚；在 1912—1913 年的巴尔干战争中，奥斯曼帝国的马其顿被塞尔维亚、保加利亚和希腊瓜分），或许反对"奥斯曼平等公民权"太不明智了。

现代世界对于叙利亚和叙利亚身份的争论

1908 年，奥斯曼帝国恢复宪法；次年，阿卜杜勒·哈米德二世被迫退位，这开启了叙利亚短暂的新闻相对自由期。从 1908 年到第一次世界大战爆发的 1914 年，在这形势剑拔弩张却充满戏剧性的 6 年中，过去几十年里一直在发展、传播的观点，在阿拉伯新闻界找到了表达的平台。1906 年，大马士革人穆罕默德·库尔德·阿里（Muhammad Kurd Ali，卒于 1953 年）在开罗开创了他的月刊《图书馆》（al-Muqtabas），后来他将月刊移到了家乡。库尔德·阿里将成为他那个时代叙利亚著名的作家之一，而月刊《图书馆》将成为大马士革最重要的刊物之一。他在刊物里强调了阿拉伯改革复兴的必要性，提倡一种被称为新古典主义的现代阿拉伯诗歌体裁，试图复兴越来越多阿拉伯人视为中世纪"黄金时代"的文学成就。库尔德·阿里引用了"文明"这一新发展出来的概念，对阿拉伯世界与西方世界进行比较。像大多数改革者一样，库尔德·阿里也接受同时代人有关阿拉伯世界衰落的观点。他说，这是因为他们屈从于权威（比如卡瓦基比），让理性居于从属地位，依赖于模仿而不是思辨。在他的一些作品中，库尔德·阿里将奥斯曼土耳其人归为"塔塔尔族"（Tatars），认为他们天生缺乏理性，并认为阿拉伯语远比土耳其语更适合一个文明的世界。与前几代穆斯林文学界相比，他认为伊斯坦布尔是落后的象征而不是穆斯林现代化的象征（后来，在"一战"期间，库尔德·阿里对奥斯曼帝国在战争期间所做的努力表示肯定，缓和了他战前反土耳其的立场）。

库尔德·阿里重申了这时候穆斯林改革派的一贯立场，即伊斯兰教的衰落不是因为伊斯兰教本身而是因为人们对其缺乏理解。他断言，如果人们对伊斯兰教有恰当的理解，就会认为它是进步的，并与现代生活完全兼容。像基督徒阿卜杜勒·马西赫·安塔基（Aleppine al-Antaki）一样，库尔德·阿里把巴黎理想化为西方文明最完美的象征。这位战前（指"一战"）乐观主义者，希望创建一个融合西方文明和东方文明的综合体。他把日本和埃及视为活生生的东西方文化结合的产物。在他的预估里，埃及和日本是仍保留了其"东方"文化的现代国家。

令库尔德·阿里等穆斯林改革派感到矛盾的是西方带来的隐患和威胁。他们看到了欧洲帝国主义的可憎，同时批判阿拉伯东部一些不使用阿拉伯语的国际学校。库尔德·阿里希望穆斯林在追赶基督徒发展经济和创办企业能力的同时，能够重新看到民族文化的瑰宝并传承下去。在叙利亚，大部分土地掌握在少数富人手里，库尔德·阿里也批判这种损害农民和农业发展的社会架构。

库尔德·阿里是中产阶级的改革派，主张阿拉伯穆斯林复兴，希望以这样的方式让人们正确理解伊斯兰教，并推动阿拉伯文化和西方文化综合体的形成。从这个意义上来讲，他的观点一方面同主张改革和阿拉伯化伊斯兰教的人有交叉，另一方面又与希望采用西方模式（法国或巴黎式）来实现现代化的人有交叉。改革派和萨拉菲派（Salafists）希望《图书馆》等立场一致的媒体来呈现并讨论他们的观点和主张，这使得他们与大马士革那些保守的土地官僚精英格格不入。尤其是在 1909 年保守派阿卜杜勒·哈米德二世被迫退位后，一股保守主义思潮抬头并反击改革派。大马士革传播保守派世界观的主要媒介是报纸《真理》。

这些媒体讨论的共同话题是对现代性的痴迷和关注。现代世界是不可回避的话题，允许媒体广泛传播的制度本身就是一个证据。几乎所有的作家面临的基本问题都是如何在欧洲文化主导的现代世界里成为高效的行动家，当然同时也"忠于自己"。但是这回避了一个问题，即"自我是什么"（是阿拉伯人？穆斯林？叙利亚人？土耳其人？是以上的部分还是全部？）。奥斯曼帝国仍然存在，这对大多数阿拉伯作家来说，它的存在或多或少是理所当然的，很少有人预见到奥斯曼帝国会轰然倒塌（当然少数基督教作家希望欧洲直接干预，这就是例外了）。然而，在奥斯曼帝国的大环境下，如何定义团体，叙利亚人、阿拉伯人、穆斯林或基督徒？他们如何在现代环境中高效地工作？不同的流派都围绕着这些问题而展开辩论。

对于一部分穆斯林来说，答案就是认同现代伊斯兰教的观点，并在所谓的"真正的伊斯兰教"中找到证据和力量来支持他们成为世界主宰的想法，如同欧洲依靠同样的力量成为世界主宰一样。因此，无论欧洲的成功应该归因于理性、科学还是宪政，穆斯林改革者都认为伊斯兰教"被正确理解"时需要这些原则。一些认同上述观点的人将奥斯曼帝国看作一个会帮助穆斯林实现这些原则的现代国家。其他人视奥斯曼帝国的现状为一种障碍，尽管他们不想完全抛弃奥斯曼帝国的政治框架，但是希望看到一种更加明确体现现代主义和改良主义倾向的宗教政策，而非阿卜杜勒·哈米德二世及其盟友宣扬的官方宗教。

无论是主张改革的萨拉菲派还是支持阿卜杜勒·哈米德二世的保守派，穆斯林作家和行动家都将他们的故土叙利亚视为奥斯曼帝国统治下的一个国家，一个拥有令人自豪的伊斯兰历史的国家，并在文化和语言上与阿拉伯人和阿拉伯语互有关联，后者也是伊斯兰教的基础要素。这一趋势体现为一种"穆斯林叙利亚爱国主义"，这不完全是民族主义，因为奥斯曼苏丹国（无论有多少缺陷和争议）被视为这种特定身份认同的政治载体。

在参与大众媒体讨论和身处"新公共领域"的基督徒中，对于身份的理解各执己见。当然，他们当中很多是奥斯曼帝国的效忠者，认为苏丹国是他们所属的现代国家，在这里，他们会实现梦想。但是，信奉伊斯兰教的效忠者们对奥斯曼帝国这一"事实"连最起码表面上的尊敬都没有，反而是承认并接受了苏丹国统治的基督徒出于务实考虑表现出对奥斯曼帝国的尊敬。基督徒希望随着时间的推移，强化近年来奥斯曼帝国传统中强调的"法律面前人人平等"的观点。基督教作家则在次帝国层面上关注故土和社会上的问题。

对于现代主义者来说，早期几代人对一个地方以及更广泛的（原则上更具有普遍意义的）宗教传统的认同有些欠缺。他们的理解要么太宽泛，要么太狭隘，无法应用在一个十分看重"祖国"这一概念的世界中。成为大马士革的东正教徒或者阿勒颇的天主教徒，既没什么区别（东正教和天主教在许多国家都存在），又太过具体（大马士革和阿勒颇都很繁荣，但是它们只是城市。在现代意义上，它们既称不上是"故乡"更称不上是"国家"）。因此，"故乡"作为中间归属地，使普遍变得具体，使狭隘变得包罗万象。对许多人来说，"叙利亚"就是能够使他们产生共鸣的"祖国"。

这个"叙利亚"没有明确的定义，它比奥斯曼帝国的省份叙利亚涵盖的范围要广（不包括贝鲁特以北以南的沿海地区），可能包含奥斯曼阿勒颇省的一部分。然而，对于提倡并认可这一定义的人来说，叙利亚被看作地理单元和文化单元，历史完整无中断。在文化方面，因为叙利亚的穆斯林和基督徒都说阿拉伯语，因而阿拉伯语被认为是维持叙利亚团结的一个要素（犹太人在这个叙利亚话语体系中位置模糊。大多数奥斯曼犹太人与帝国在政治上保持一致，或者在信仰上保持一致，但是最能够与"祖国"的思想引起共鸣的是"以色列的土地"或者是犹太复国主义思想。但是，早期奥斯曼帝国的犹太人作为辽阔奥斯曼帝国的一部分，大体上并不认同犹太民族主义者的观点）。

"叙利亚"的理念由城市里的思想者提出，受到大量海外叙利亚基督徒的支持。其中埃及的叙利亚移民团体能够轻松地在报纸杂志上发声。其余叙利亚移民团体主要分布在美洲，在那里他们出版报纸、成立协会，以加强与故乡的联系，并宣传代表叙利亚理念的思想。一部分提倡"叙利亚"理念的基督徒希望法国能够在实现叙利亚自治过程中发挥作用。由于叙利亚东正教向俄国寻求支持和保护，因此天主教徒是最希望实现这一想法的。

早期叙利亚身份的倡导者是城市中的知识分子，他们中的基督徒多于穆斯林。然而，尤其是在1908年恢复奥斯曼宪法，重新开启伊斯坦布尔议会之后，叙利亚穆斯林和基督徒已经达成了共识。基督徒眼中的阿拉伯语是一种"民族"性质的语言，这与穆斯林强调的阿拉伯语作为宗教和文化的语言相呼应。穆斯林和基督教的阿拉伯主义者一起采取行动，在阿卜杜勒-哈米德二世被废黜、贵族一度失宠之后，他们便加强了阿拉伯语在奥斯曼帝国的使用。大致上，穆斯林主张改革奥斯曼帝国并加强阿拉伯人与它的情感联系，然而，基督徒（通常是天主教徒）主张将叙利亚从奥斯曼帝国分离出来。他们有着不同方向。

这个早期原民族主义话语体系并没有包括人口中的绝大多数。乡村的人口和大部分城市下层阶级的人都停留在这些意识形态发展过程之外。如果他们充分注意到这一点就会发现，民族主义—改革派关于叙利亚主义、阿拉伯主义和奥斯曼主义的论述已经超出了这些人的理解范围。这些人口对阿拉伯语的依恋并没有被政治化。效忠者的主体还是地方和部落成员，他们主要关注家族和社区的利益。占人口大多数的穆斯林呼吁，当这片沃土上的"伊斯兰教遭受攻击"时，要捍卫伊斯兰。

某些媒体自觉展开了有关传统主义的讨论，这些恰好与民众的怀疑情绪相吻合。现代主义者认为，必须从现代的角度更新或反思沿袭下来的规范和习俗。因此，传统主义者站在旨在反驳现代主义观点的立场上，主张对传统具体化的认识。通常，这些讨论都围绕着女性和家庭展开。现代主义者从功利主义出发，主张一夫一妻制和妇女教育（认为国家和社会的未来在于孩子，需要受过教育的母亲养育出有责任心的儿子，而一夫多妻制并不提倡健康的现代家庭价值观），而传统主义者对此提出批评，认为这些现代主义观点威胁到家庭结构的完整和宗教意义上的公共道德。尽管没有明显的原因证明保守派的基督徒和犹太人不会对女性（虽然不对一夫多妻制）有相似的论述，但是宗教保守派，通常是穆斯林，总是提出这样的观点。而那些接受过教育的基督徒早就认可并接受现代主义理论，这就意味着支持传统思想的最活跃的代表是穆斯林。同样，受教育的基督徒和犹太人也欣然接受了"现代"家庭结构，这构成了他们作为"现代"人自我认知的要素。

然而，在穆斯林中，现代主义与传统主义之争一直存在且持续很久。双方都引用"恰当理解"的宗教价值观来支持各自的立场。从某种意义上来说，被称为传统主义者的论述并不是真正的传统，传统主义者试图定义一种观点和一种社会秩序，以回应许多受教育者所持有的对立观点。早期的法律和社会实践被理所当然地认为是合法的、古老的、"自然的"，在这范围内，法律阐释者可能从公共福利和公共利益的角度进行解释并找到落脚点。20 世纪早期（及以后）的新传统主义有意识地回应对规范的意识形态和社会方面的挑战，这些规范已不再被视作理所当然。

第一次世界大战中的叙利亚

如果不是"一战"的介入彻底推翻了他们阐述的早期情况，或许这些讨论将会以某种方式发展起来。家族关系、"祖国"的概念、现代社会中宗教的正确理解及其作用、农村群体与这些观念的关系、政治身份和忠诚的核心问题、欧洲殖民者带来的挑战，这些都是悬而未决的问题。所有这些问题都在 1914 年爆发。如果奥斯曼帝国没有在"一战"中溃败，我们或许无从得知后来这些国家是如何发展起来的。正如所发生的一样，战争会极大地影响叙利亚和整个中东地区的未来。奥斯曼帝国和它的人民进入了一条黑暗的隧道，四年后，幸存者从创伤中走出来，苦难的日子已过去，新的生活正在招手，社会的伤痛也慢慢地愈合，帝国将残存的力量用于战后重建，以维护其核心利益。

　　我们相信，即使奥斯曼帝国没有在"一战"中战败，叙利亚也不会成为奥斯曼帝国的一个准国家政治工具。1914年以前，叙利亚既是一个文化主张四起、浪漫主义思想盛行之地，也是一个以大马士革为中心的奥斯曼帝国的行省（但叙利亚是一个没有海岸线的省份，阿勒颇、耶路撒冷和巴勒斯坦被排除在该省边界之外）。战时，奥斯曼帝国军事指挥官杰马尔·帕夏（Jemal Pasha）将大叙利亚（从阿勒颇到巴勒斯坦）作为一个整体进行管理。但是，这是战时的紧急情况，并不一定是战后的蓝图。最终，历史的偶然性造就了叙利亚这个现代国家的诞生，如同后奥斯曼帝国时代如雨后春笋般涌现的其他"新月"国家。

　　战争期间，叙利亚社会和人民经历了动荡与恐慌，这与他们之前所有的历史记忆都截然不同。全面战争动员的要求独特、新奇，并带有毁灭性。在叙利亚人的记忆中，这段经历被称为"萨法巴里克"（safarbarlik），这个词最初用来指代奥斯曼帝国的军事征兵，但这同时也指人们挣扎求生时经历的粮食短缺、饥荒和大逃亡。征兵给民生带来的艰辛极大影响着人们的生活，因为可耕作的劳动力变得越来越少。国家猎杀动物、砍伐树木来供养战争机器。1915年，蝗灾摧毁了巴勒斯坦的农作物生产；1917年，干旱给阿勒颇产粮区带来致命的打击。法国和英国对叙利亚海岸进行军事封锁，阻断奥斯曼帝国的粮食补给。绝望的妇女出卖自己的身体换取一点面包屑充饥。多达50万叙利亚人死于饥荒和疾病。分配严重不均意味着这个国家某些地区（尤其是黎巴嫩山区，但不仅仅是那里）的人纷纷死于饥饿。当时关于"人相食"的报道盛行，谣言迅速传播开来。一位战时目击者在贝鲁特记录下了这可怕的一幕：

　　　　我看到手从马车后面伸出来，仔细地看了看，发现车里都是死于饥荒的妇女和儿童的尸体。贝鲁特城指派这些马车四处游荡，收起并处理散在街上的尸体。

由于担心叙利亚阿拉伯裔义务兵的忠诚问题，这些义务兵服役的奥斯曼帝国军队被派至遥远的前线（加里波利和安纳托利亚或者是俄国），这意味着在叙利亚的大部分奥斯曼正规军都是闷闷不乐、郁郁寡欢的土耳其人。除了贫困和流离失所，叙利亚人民还经历了奥斯曼帝国发动的亚美尼亚种族灭绝事件（1915 年）。奥斯曼帝国的亚美尼亚人被迫从他们的家园安纳托利亚前往叙利亚和美索不达米亚的集中营，在这个过程中，超过 100 万亚美尼亚人在途中死亡或者被杀害。这一悲剧在叙利亚土地上留下了成千上万落魄、贫穷、孤苦的幸存者（美索不达米亚的一些贝都因人怜悯这些亚美尼亚孤儿，收养了他们，且视如己出）。

战争期间，曾倡导行政权力下放，在奥斯曼帝国内部寻求"阿拉伯权利"的叙利亚人遭到逮捕和审判，其中许多被处以绞刑。检方指控他们（并非错误地）与敌国领事馆有接触。但是在战前接触时，英法两国还不是奥斯曼帝国的敌国。因此，对于那些希望奥斯曼帝国通过进一步改革，实行二元君主制或去中央集权的行政结构，同时明确阿拉伯权利的叙利亚人和其他阿拉伯人来说，"一战"中的这些动荡、审判以及处决打碎了这个想象中的未来。

尽管如此，与在此事上别无选择的阿拉伯义务兵一样，许多阿拉伯官员和行政人员（其中包括叙利亚人）仍然忠于政府，直到奥斯曼帝国解体。在他们看来，它仍是"他们的"国家，依然是他们要效忠的国家。他们认为这是穆斯林或本土民众保持独立、用来抵抗欧洲扩张主义势力野心的最后堡垒。这就解释了为什么穆罕默德·库尔德·阿里与杰马尔·帕夏合作。

库尔德·阿里停办月刊《图书馆》，并同意在大马士革创办一份名为《东方》的亲奥斯曼帝国、亲德国的战时报纸。对于库尔德·阿里和他的合作者来说，奥斯曼帝国（包括哈里发的象征）是抵抗欧洲殖民扩张最后的、最好的堡垒。战争期间，库尔德·阿里表示，希望以后有更多的阿拉伯人去学习土耳其语，也有更多的土耳其人去学习阿拉伯语。他在 1916 年写道，"这是不可避免的，因为阿拉伯语是伊斯兰教的语言，它植根于穆斯林的历史中；而土耳其语是政治和行政的语言"。对亲奥斯曼帝国的人来说，与信奉基督教的德国结盟是对权力现状的一个务实的让步，因为德国并没有表现出任何对奥斯曼—阿拉伯土地的兴趣，因此，与德国结盟的奥斯曼也更容易捍卫自身的利益以及同盟关系。

麦加的谢里夫·侯赛因（Sharif Hussein）试图利用英国资助的"阿拉伯起义"（在著名电影《阿拉伯的劳伦斯》中有大幅描写）把阿拉伯人团结起来抵抗奥斯曼帝国，这吸引了一些阿拉伯奥斯曼军官（包括成为英国战俘的军官）以及一些阿拉伯部族（通常是为了得到黄金而非受意识形态的驱使）。然而，大多数阿拉伯军官仍然继续在奥斯曼帝国军队中服役。至少在英国和侯赛因联盟取得优势之前，外约旦的部族一直处于观望状态，态度冷淡。在邻近的伊拉克地区，阿拉伯部族在奥斯曼帝国军队中充当有力的辅助力量，协助奥斯曼帝国在早期战胜了一支由英国指挥（但主要是印度兵）的军队。

经过 4 年的全面战争，奥斯曼帝国精疲力竭，旱灾盛行、疾病肆虐，濒临崩溃的德国盟友已经无力向它提供必要的物资供应。1918 年 10 月，奥斯曼帝国的统治者投降了。那时，穆斯塔法·凯末尔将军（Mustafa Kemal，未来的阿塔图尔克）指挥叙利亚的奥斯曼军队撤离叙利亚，结束了奥斯曼帝国对叙利亚长达将近 400 年的统治。

新秩序和现代独立国家

1831 年后的几年里，叙利亚建立并巩固了"新秩序"，这一秩序一直持续到第一次世界大战。现代独立国家的地位就是在这几十年里奠定的。这条路上的里程碑是《奥斯曼土地法典》（*Ottoman Land Code*，1858 年）的实施。该法典以土地拥有者的名义注册土地，明确不同土地的类别，并最终认定，凡是非个人财产的土地和不属于瓦克夫的土地，都归政府所有。另一个重要的行政里程碑是 1864 年新省级行政法的实施，该法律建立了省级行政管理体系（效仿法国），在省、区、村各级明确责任，委任官员，颁布《民法典》。这些奥斯曼帝国实行的举措被延续下来，经过一些修改，一直沿用到 1920 年后法国建立的后奥斯曼时代的叙利亚。

奥斯曼帝国灭亡后，什么样的国家或国家群会在叙利亚出现，这仍是未知的问题。奥斯曼人试图在叙利亚建立一个现代化的行政国家，一个历史深深植根于区域主义、地方特殊主义、城乡二元主义、文化－宗教多样化的国家。但宗教间的紧张关系导致了创伤性暴力事件，而这些事件同等程度地引发了奥斯曼帝国的改革和欧洲的政治干预。至少在奥斯曼帝国，叙利亚的大多数政治阶层都认为，奥斯曼人是合法的权威。这些政治阶层包括行政人员、公务员、军官，他们组成了一个现代国家的骨干团体。但是"一战"后，奥斯曼帝国崩塌了，他们宣称的并一直享有的政治合法性也不复存在，也没有了继任奥斯曼帝国的统治者。叙利亚成为现代独立国家的目标已部分实现，但现代民族性的目标却依然遥不可及。

第五章　法国对叙利亚的占领

一个国家的诞生

1925 年 8 月 24 日，一支由 1000 多名武装人员组成的起义军向法国统治的大马士革挺进。这些人分别是来自浩兰山区的德鲁兹人和贝都因人，他们的领导人事先与大马士革城里的支持者取得了联系，约定与城里出来的数百名武装骑兵会合，目标是将上个月在德鲁兹山区开始的起义扩展到大马士革。大马士革的骑兵由两位前奥斯曼帝国的军官领导，而农民起义军则由另一位前奥斯曼帝国的军官和一位阿特拉什家族的高级成员来领导。不幸的是，一架法国飞机发现了这两个组织的会合点并袭击了他们。不一会儿，多架法国飞机来支援这架飞机，起义者在猛烈的空袭和机枪扫射下四散奔逃。

此次事件标志着叙利亚大规模起义的开始。在 8 月 24 日的不幸经历之后，起义者开始采取小规模的游击战术。之后，一份在大马士革秘密流传的公告，呼吁叙利亚人以国家的名义起义：

> 叙利亚人，请铭记你的祖先，你的历史，你的英雄，你的神话和你祖国的荣耀。请铭记真主站在我们这边，人民的意愿与真主的意愿相同。请铭记文明国家的团结坚不可摧。帝国主义者盗取了我们拥有的一切，他们拿走了属于我们的财富，并设立屏障将我们不可分割的家园分隔开来。他们把我们的国家分成了不同的教派和小国家。他们扼杀了宗教、思想、良知、言论和行动的自由。我们甚至不能在我们自己的国家自由活动。武装起来吧！木已成舟，大局已定。这是一场圣战。武装起来吧！真主与我们同在。叙利亚独立万岁！

这份宣言体现了兼容并蓄的叙利亚国家与民族的立场，它由德鲁兹山区起义的主要人物苏丹·阿特拉什（Sultan al-Atrash）签署。

12 年后，在大马士革确实建立起了一个民族主义政府。大马士革民族主义者与法国谈判，达成了一项条约，条约虽还未经批准，但民族主义者们受此鼓舞，打算派遣若干行政官员到遥远的贾兹拉（Jazira，特指横跨叙利亚与伊拉克的美索不达米亚地区）来加强自己在国内的权威。在那里，他们遇到了当地阿拉伯人、库尔德人、亚述人和亚美尼亚人的反抗，因为这些人赞成在法国的保护下实行自治。亲民族主义的部落武装势力于 1937年 7 月偷袭了一个名叫阿穆达（Amuda）的基督教大村庄，并屠杀了许多居民。此次事件增强了贾兹拉自治主义者和反民族主义者的反抗情绪。此后紧张局势持续发酵，直到 1939 年春"旗帜之战"爆发，从而达到了顶峰。卡米什利（Qamishli）的民族主义者试图用叙利亚国旗装饰这座城市，而自治主义者则将国旗撕下，在泥土中碾碎，并在上面小便。

1925 年到 1930 年，这些截然不同的事态的发展，凸显了两次世界大战之间紧张的局势给叙利亚人带来的困扰。民族主义者试图从后奥斯曼殖民统治中摆脱出来并构建一个独立国家，而其他叙利亚人则反对民族主义者宣扬的独立国家身份和地位的看法，他们声称民族主义者的观点仅反映了某个阶层的利益，只不过披上了舆论的伪装。就法国人而言，他们想利用扩大从奥斯曼时代遗留下来的政治和社会分歧，特别是宗派、地区和城乡差异，以此来巩固法国在叙利亚的殖民统治。

费萨尔在叙利亚 – 阿拉伯自治时期的短暂插曲

奥斯曼帝国和协约国之间的战争于 1918 年结束，叙利亚被包括阿拉伯起义军在内的英国和英国盟军所占领。作为战败方，奥斯曼帝国军队中的阿拉伯士兵回到满目疮痍的家乡，其中的绝大多数人担心生存的问题。征兵、战争和饥荒让妇女变成寡妇、儿童变成孤儿，农场和农田大量荒废。此时，国际救援工作主要集中在查明并援助战时奥斯曼政府对亚美尼亚基督教进行种族灭绝的幸存者。

参与政治生活的叙利亚人面临的是一个不确定的世界。奥斯曼苏丹在叙利亚长达 400 多年政教合一的统治结束了，而在叙利亚内部，在大马士革建立了阿拉伯人的政府，由英国的盟友、麦加的谢里夫·侯赛因的儿子费萨尔管理。费萨尔及其支持者希望在叙利亚建立阿拉伯政权的国家，但主要城镇（最重要的是大马士革和阿勒颇）的老牌地主权力掮客们并不信任他。他们担心被新贵和来自汉志、巴勒斯坦的外人边缘化，因为这些人背叛了苏丹国，并将旗帜钉在费萨尔（和英国）的桅杆上。而且，阿勒颇省的名流们并不希望他们引以为傲的城市隶属于大马士革。费萨尔政府强调阿拉伯身份是作为政治合法性的新"通货"，但这也给阿勒颇省带来了别的问题。虽然阿勒颇省主要由阿拉伯人构成，但这座城市在奥斯曼帝国时期所起的政治经济作用，让它的人口明显呈现出多民族化的特征。这座城市的地区特征在于它与库尔德、土耳其很多地区建立起合作或包容的关系。

更不确定的是，叙利亚人知道，英国已向其盟友法国作出承诺，在前奥斯曼帝国领土上分配领土和势力范围。协约国之间于 1916 年达成的《赛克斯－皮克特协定》（The Sykes‐Picot Agreement）由布尔什维克在 1917 年 11 月的俄国革命后公之于众，该协定设想叙利亚、黎巴嫩和摩苏尔（Mosul）由法国控制。随着 1919 年巴黎和会的召开，法国向英国施压，要求英国兑现之前的承诺。为安抚盟友，英国于 1919 年 11 月从巴勒斯坦以北的叙利亚沿海撤军，将阵地移交给法国军队，同时英国军队也从大马士革撤出。

费萨尔在叙利亚的支持者对这个国家的未来感到焦虑。1919 年夏，一个美国代表团访问叙利亚，探查民意并将此结果发回巴黎和会。代表团的成员在他们几乎所到的每一处都听到了相同的呼声：叙利亚人想要独立，他们拒绝法国的管制，并且反对英国在巴勒斯坦创立"犹太民族家园"的承诺（这一承诺体现在 1917 年 11 月的《贝尔福宣言》中）。只有在黎巴嫩山建立的代表主要的马龙派基督徒人口的政治领导人，才有欢迎法国统治的可能性。

叙利亚知名人士（包括一些批评费萨尔的人）为了强调他们的观点，于 1919 年春在大马士革组织了叙利亚全国代表大会。在阿拉伯政府管辖的地区，代表是根据旧有的奥斯曼帝国多层选举法选出的。在英国政府管辖区（巴勒斯坦及其海岸），代表们来自叙利亚的政治家族，他们支持阿拉伯独立，都是受人尊重的人物。代表大会将自身定义为奥斯曼帝国议会在叙利亚领土上的法律和政治继承人。一方面，代表大会努力支持费萨尔；另一方面，代表大会担心费萨尔会对欧洲列强做出太多让步。

费萨尔是个现实主义者。他在伊斯坦布尔生活多年，曾是来自汉志的奥斯曼议会的议员；在战争期间，他代表他父亲所在的阿拉伯起义军与英国代表进行联系。他与英国另一盟友，亲英犹太复国主义领袖哈伊姆·魏兹曼（Chaim Weizmann，卒于 1952 年）于 1918 年 12 月访问伦敦期间进行了商谈。二人达成以下共识：费萨尔接受在巴勒斯坦建立"犹太民族家园"的提议，前提是叙利亚获得完全独立。费萨尔希望为叙利亚的独立争取到犹太复国主义运动政治和外交上的支持，即使这种支持是以在某种程度上接受巴勒斯坦的犹太人为前提条件。

然而，费萨尔尝试与犹太复国主义运动建立政治和外交联盟的努力是短暂的，因为《魏兹曼 – 费萨尔协定》的消息激怒了叙利亚的舆论。来自巴勒斯坦阿拉伯的活动人士是费萨尔的支持者，巴勒斯坦城市和地区代表列席了叙利亚国民代表大会。为了争取阿拉伯人在叙利亚的自治，这些代表称巴勒斯坦为"叙利亚南部"。《魏兹曼 – 费萨尔协定》及费萨尔愿意屈服于英国（后来成为法国）要求的其他表现，加剧了人们对其政府的不信任。

然而，在1919—1920年政权空白期间，费萨尔仍是阿拉伯自治在叙利亚最重要的代表和象征。在1920年3月，叙利亚国民代表大会宣布叙利亚独立，费萨尔为国王。这一步与其说是对费萨尔个人的支持，不如说是赶在预定于意大利圣雷莫（San Remo）召开的英法会议前，向同盟国展示既成的政治事实，因为这次会议将决定叙利亚土地的最终划分问题。

但与此同时，费萨尔的阿拉伯民族主义支持者在管控国家方面遇到了困难。对于我们在前几章中所提的老牌政治掮客来说，虽然苏丹国在叙利亚的统治已经不复存在，但阿拉伯民族主义的口号远不如权威、控制和庇护这些实际问题重要。作为旧奥斯曼帝国的支柱，他们自然而然地对一些阿拉伯民族主义理论家反感，因为这些理论家是费萨尔政府的掌权者。地主中的精英分子在城市中动员教长、商人和工匠，在农村中动员村民来维护他们的利益。在大马士革和阿勒颇，那些围绕着"瓦坦"（Watan，即祖国，原本指出生所在的乡村和城镇，后指民族国家）和捍卫伊斯兰教的流行口号，唤醒了店主、工匠及劳工。"瓦坦"这一概念是灵活的，它可以是超越地方性的（某城市或某地区），也可以是将叙利亚看作一个国家是苏丹国的概念，抑或是与捍卫伊斯兰教和穆斯林统治所代表的道德秩序相关的一种联系。相反，阿拉伯民族主义者的口号"宗教属于上帝，祖国属于所有人"并没有唤起人们同样的热情、理解或认可。

在民族杂居的阿勒颇地区，亲费萨尔的媒体煞费苦心地解释谁才是阿勒颇中的"阿拉伯人"。媒体主张，应当将前同胞和现在被称为"土耳其人"的同胞驱逐出阿勒颇这座城市。1918年12月，一份名为《阿勒颇》的新政府公报，宣布了一项关于处理在阿勒颇的土耳其人的办法，其中谈道："我们（费萨尔领导的新政府）已经建议土耳其人尽快登记他们的名字。裁决令和法令如下：

1. 出生于阿勒颇并与阿拉伯人结婚的土耳其人不会被要求离开；

2. 拥有财产的土耳其人，或逗留阿勒颇期间从事贸易往来的土耳其人，若行为良好且无不良记录，则可不被驱逐；

3. 土耳其籍公务员及其他无上述关系者应立即离开，阿拉伯政府会协助他们并保证其安全。

这些阿拉伯民族主义媒体也试图向读者灌输一种对历史的新理解——将本地或地区性的其他人定义为"土耳其人"，是创造叙利亚阿拉伯历史意识的初期尝试。作为媒体宣传的一部分，政论家援引欧洲东方主义权威的观点来证明阿拉伯身份的价值。某位相关人士在 1919 年 10 月的《阿勒颇》写道：

> 在法语书中，我偶然发现了一页阿拉伯文明史。我想把它翻译出来，让更多读者认识到我们祖先在科学和知识进步方面所付出的努力，以及他们在各种技艺和各领域方面的伟大成就，让他们成为我们现代生活的榜样。我们不应仅是以他们为荣，更应以他们为楷模，紧跟他们的脚步。

这类意识形态的重建工作，在费萨尔执政的 18 个月中还处于早期阶段。但是，密谋反对费萨尔及其支持者建立的政治、意识形态霸权的事情，很快出现了。

法国统治的实施

1920 年 4 月，英国和法国在圣雷莫就叙利亚和伊拉克的委任统治达成协议：英国将获得包括外约旦在内的伊拉克和巴勒斯坦的控制权，法国将获得黎巴嫩和叙利亚的控制权。它们的内部分界线由法国和英国共同决定，但英法势力范围的边界线则成为黎巴嫩与叙利亚南部、叙利亚与伊拉克之间长久存在的边界。在英法各自的势力范围内，英国创建了巴勒斯坦（1920 年）、外约旦（1921 年）和伊拉克（1921 年）。法国创建了黎巴嫩（1920 年），而剩余受法国控制的领土最终并入叙利亚（1936 年），不包括法国于 1938—1939 年割让给土耳其的伊斯肯德伦（Iskanderun）地区。

英法建立这些新国家的正式机制是委任制。由法国和英国代表新建立的国际联盟对这些新生国家进行委任统治。作为强制力量，由法国和英国有义务建立自治机构，协助这些国家实现自治及最终独立。这些受托管的领地实际上是新创建的殖民地保护国，据说是过渡性的。法国和英国的政策制定者认为，不管这些新国家或早或晚迈向自治，欧洲力量的渗透将持续下去。关于托管的完整故事应查看中东现代通史，但是我们在这里关心的是法国对叙利亚的托管。

随着 1920 年 4 月《圣雷莫协定》的签订，英国实际上不再插手大马士革的费萨尔政权。虽然英国敦促法国与费萨尔达成和解，但很明显英国不会代表费萨尔对法国进行干预。认识到自己的处境后，费萨尔不得不考虑法国的要求，包括遣散他的小型军队，接受法国顾问以及法军的驻扎。然而在叙利亚的未被法国占领区，反对法国及其帝国主义的声音层出不穷，这些声音因阿拉伯人和穆斯林人在北非的经历而广为人知。阿卜杜勒·卡迪尔·贾扎伊里（Abdul Qadir al-Jazairi，卒于 1883 年）是 19 世纪大马士革著名的穆斯林领袖之一，甚至在 19 世纪三四十年代曾是阿尔及利亚反抗法国殖民的领袖。此外，法国长期以来在黎凡特被认为是天主教基督徒的支持者，在一个穆斯林占主导地位的帝国里，法国因致力于扩大其中基督徒的特权而闻名，这加深了穆斯林对服从法国领导的疑虑（法国支持者反驳说，法国只是在保护和捍卫宗教少数群体的权利）。在欧洲帝国扩张的背景下，法国的政策煽动了宗派不信任与不和的火焰。

圣雷莫会议上宣布法国将对叙利亚行使委托权是一回事，而确立权威是另一回事。法国对叙利亚的控制将不得不通过武力来实施。1920 年 7 月，法国部队从黎巴嫩向东挺进大马士革。费萨尔针对法国而做出的外交努力化为乌有，匆匆逃往英国控制的巴勒斯坦。法国人不想与费萨尔（视他为英国特工）产生任何联系，于是想摆脱他（碰巧的是，一年后费萨尔在巴格达重新成为英国任命的伊拉克国王）。

当法军向大马士革挺进时，费萨尔的陆军部长优素福·阿兹姆（Yusuf al-Azmeh）集结了数千名士兵及民兵队伍向西迎敌（本书开头所提）。在这场战役中，法军击溃了阿兹姆的部队，并将其击毙。战后法国继续向东挺进并占领了大马士革。一些从未信任过费萨尔及其手下的保守派贵族，帮助法国建立起了地方统治。

法国在叙利亚北部遇到了更持久的武装反抗。在安萨里耶山脉，阿拉维派领袖谢赫·萨利赫·阿里（Sheikh Saleh al-Ali，卒于 1950 年）领导了一场抵抗运动。尽管法国人未经战斗就占领了阿勒颇，但他们在北部城市周围以及哈马、阿勒颇之间的扎维亚（Zawiya）山区则面临着持续的抵抗。来自该地区的前奥斯曼帝国公务人员易卜拉欣·哈纳努（Ibrahim Hananu，卒于 1935 年）领导了北方抵抗运动。法国在安纳托利亚（现在的土耳其）也面临着来自前奥斯曼帝国穆斯塔法·凯末尔·阿塔图尔克将军（卒于 1938 年）领导的土耳其民族主义武装抵抗。哈纳努与他在凯末尔运动中的前奥斯曼帝国同事合作，反对将殖民地基督教统治扩展到穆斯林占主导地位的领地中。两年前，这些领地还都是同一个苏丹国中的一部分。哈纳努运动打出的口号有：叙利亚爱国主义、阿拉伯民族主义和奥斯曼—穆斯林忠诚主义。在许多人的心目中，土耳其和叙利亚反法运动的命运是交织在一起的。

这些不同的思想口号在阿勒颇、扎维亚地区和安萨里耶山区的不同人群中激起了不同的回应。阿拉维派的萨利赫·阿里与哈纳努有着共同的目标，并向民众展示了他对叙利亚爱国主义和自治政府的尊重，但这些抽象概念被应用于地方自治，反映出阿拉维派山区人口独特的社会和部落结构。尽管阿勒颇多数天主教徒对法国的统治基本表示欢迎，但扎维亚地区（其行政中心是伊德利卜）的大多数东正教徒则不然。通常，东正教社群以叙利亚和阿拉伯身份认同的名义，寻求加强与他们的穆斯林同胞的纽带联结。另一方面，扎维亚山的穆斯林领导人采取行动保护忠诚的基督教群体，这反映了他们的习俗和态度：在奥斯曼帝国时代，地位高贵、责任重大的贵族通过向非穆斯林等潜在的脆弱群体提供保护来证明自己的权威。叙利亚爱国主义与民族主义是两种激烈竞争的思想理念，它们争相在后奥斯曼时代混乱的意识形态局面里面扎根，而东正教徒则是最受叙利亚思想吸引和影响的群体。

1921年10月，法国与穆斯塔法·凯末尔就土耳其安纳托利亚运动达成协议，法国同意放弃对安纳托利亚部分地区的主权，以换取凯末尔撤回对哈纳努等反法叙利亚武装分子的支持，这才保证了法国对叙利亚北部的控制得以巩固。法国将伊斯肯德伦沿海地区划在了叙利亚。再往东，新的土耳其—叙利亚边境沿着阿勒颇北部至底格里斯河的现有铁路线划分。除了后来（1939年）在土耳其支持下的伊斯肯德伦边境外，这条分界线成为叙利亚与土耳其之间一条持久的国际边界。阿勒颇永久性地失去了其历史上在安纳托利亚腹地的一大部分，那里曾经包括土耳其城市安提普（Antep），现更名为加济安泰普（Gaziantep）。由于穆斯塔法·凯末尔一心想建立土耳其国，所以法国在叙利亚可以镇压激进的反对派，而不必担心土耳其从中干预或干涉。对哈纳努和其他叙利亚北部的反对者而言，他们不得不承认，在叙利亚和土耳其恢复某种穆斯林或奥斯曼统治的梦想已经遥不可及。此后，哈纳努等人把精力和野心放在了叙利亚舞台上。

与此同时，法国将权力范围扩展到叙利亚广阔的东部，即美索不达米亚的部分地带，位于幼发拉底河与新划定的伊拉克边界之间。直到 1930 年，法国才完全控制了贾兹拉。为了实现这一目标，法国与贝都因酋长建立了联盟，特别是那些来自强大的阿纳扎部落的酋长，他们与新划定的边界上的亲族有着重要的历史联系，这赋予了他们极大的颠覆政权的潜力。法国确认了阿纳扎酋长身为地方自治统治者的特权，并设立了一个特别行政单位控制贝都因，管理他们的事务。贾兹拉北部的大多数人口是库尔德人，特别是在 1926 年土耳其当局镇压库尔德起义（以捍卫伊斯兰教的名义发动）之后。法国同意接受库尔德人的部族和部落首领，并保护他们的社区免受土耳其的入侵。贾兹拉的另一重要群体是亚述基督徒，他们在第一次世界大战期间被奥斯曼帝国逐出了自己的家乡（位于今土耳其边境）后，在法国的支持下又重新在那里定居。战时发生的亚述大屠杀，是亚美尼亚种族灭绝的一次回演。亚述人在叙利亚的主要活动中心是卡米什利新城，该地区之前的行政中心努赛宾（Nusaybin）划到了新确定的土耳其边界一侧，因此建了这座新城。法国在贾兹拉的管理需要时间来落实。同时，法国允许贾兹拉与叙利亚的其他地方分开管理。

法国统治的巩固

在确立了对叙利亚的控制之后，法国人开始着手建立叙利亚政府。他们做的第一件事就是扩大奥斯曼统治时期黎巴嫩的边界，将叙利亚托管地划分为不同的国家。早期在叙利亚，有以大马士革为中心的政府，另外一个中心在阿勒颇，第三个在德鲁兹山，第四个在安萨里耶山，第五个也是最后一个中心被法国人称为阿拉维派中心，但后来改为以位于地中海的行政中心拉塔基亚港命名。伊斯肯德伦的沿海地区及其最大的城市安条克，与叙利亚其他地区仍保持分离。该地区阿拉伯人口占微弱多数，但安卡拉（Ankara）宣称拥有统治权的土耳其人占很大比例。在整个 20 世纪二三十年代，法国一直都小心翼翼地处理该地区涉及的土耳其的官方利益。

德鲁兹政府和阿拉维派政府在法国的大部分委任统治期内都是独立的，直到 1942 年才彻底解散。大黎巴嫩被设计为一个基督教主导的政府，它控制着大马士革以西的海岸，边界一直延伸到英属巴勒斯坦。随着 1926 年黎巴嫩共和国（法属托管地）宣布成立，黎巴嫩成为中东地图上的一个永久固定的地方。此后，黎巴嫩的政治与制度的发展走上了一条与其他法属叙利亚托管地截然不同的道路。

法国人将自己在摩洛哥发展起来的殖民统治惯例带到了叙利亚，1912 年，法国在摩洛哥建立了"受保护国"。法国派往叙利亚的一些知名人士是摩洛哥政府里的资深人士，法国统治摩洛哥时，曾试图选定并培养那些指望法国来确保自己地位不受竞争对手影响的权力掮客。因此，法国政府在摩洛哥强调并鼓励部落或种族性质的忠诚，而非"民族性"的忠诚。

在叙利亚的法国行政人员也采取了类似的做法。他们支持那些并非铁杆民族主义者，还希望能从法国支持中获益的老牌政治人物。一个早期的亲法人物是来自安条克的苏比·巴拉卡特（Subhi Barakat，卒于 1939 年），他于 1922—1925 年被指定为法属叙利亚的"总统"。另一位长期亲法政治家是谢赫·塔杰·丁·哈萨尼（Sheikh Taj al-Din al-Hasani，卒于 1943 年），他出生于大马士革一个著名的宗教家族，曾断断续续地出任过法控叙利亚时的"总理"，后来又任"总统"。根据委任统治条款，像巴拉卡特和哈萨尼这样的人物除了有能力打赏他们的朋友和支持者外，几乎没有什么权力。但无论如何，享有赞助这一权力是他们最想要的。对他们来说，担任公职与其说是为了国家独立，不如说是为了回报朋友、积累财富以及击败对手。他们对法国来说是有用的"幌子"，使法国政府能够声称它正在履行托管义务，即在法国的指导下叙利亚正在为自治做准备。

在阿拉维派政府和德鲁兹政府，法国围绕特定的地区和宗教认同建立了学校，目的是加强这些社群的流离感，对抗如大马士革、阿勒颇、哈马和霍姆斯这样的内陆中心，因为这些中心都是叙利亚阿拉伯民族主义活动的据点。与宗教、部落和宗派相关的特别身份将会制度化（法国人所希望的），并阻止民族主义者统一叙利亚民族和领土的坚定主张。

阿勒颇的基督徒是法国委任统治中一类特别重要的地方选民。亚美尼亚的基督教长期以来是阿勒颇多元文化结构中的一部分，但现在成千上万刚刚到来的亚美尼亚难民和 1916 年大屠杀的幸存者已归化为叙利亚人，并定居在刚刚为他们专门建造的街区。而且，大量存在已久的讲阿拉伯语的天主教群体也同样支持法国的统治，并将大部分选票投给了亲法候选者。在早期法国委任统治期间，选举是一项需要周密策划的政治活动，亲法势力由此来确保他们的支持者会去参加投票并支持他们的候选人。反法人士或民族主义者不信任法国，在殖民征服之后不久，他们还没有准备好通过严肃的选票来让法国在叙利亚的统治合法化。

叙利亚大起义

值得注意的是，叙利亚第一次具有民族性的反法大起义主要由德鲁兹山区的人民发动，起因是法国要把德鲁兹政府培育为效忠法国的附庸。1921 年，法国在苏维达（Suweida）建立了德鲁兹政府，一名法国专员在那里为德鲁兹政府提供咨询。法国将德鲁兹的一位领袖（阿特拉什家族成员）提拔为省长，这在德鲁兹内部引起了巨大的矛盾，导致内部相互残杀。在历史上，德鲁兹地区的主要权力都是分散的，并不集中在一个人的手里。苏丹·阿特拉什是阿特拉什家族的重要成员、一个民族主义者、费萨尔的前支持者，他领导了德鲁兹零星的游击抵抗运动，1922 年被法国镇压。然而，随着 1923 年法国任命的德鲁兹省长的辞职和去世，议会又无法拿出一个全体认可的替代人选，于是法国不得已派遣一名法国官员担任代理省长。此人就是加布里埃尔·卡比莱（Gabriel Carbillet，卒于 1940 年），他可真是一个不明智的人选，在近两年的任期内（1923 年 9 月至 1925 年 5 月），他迅速疏远了德鲁兹领导层中相当一部分人。与此同时，法国当局继续骚扰苏丹·阿特拉什，视其为德鲁兹反法舆论的主要煽动者。

1925 年 7 月，苏丹·阿特拉什发动了一场大规模的起义，围攻了在苏维达的法国驻军，并击败了法国从大马士革派出的增援部队。起义很快蔓延到大马士革东部郊区。在那里，忠于著名民族主义者纳西卜·巴克里（Nasib al-Bakri，卒于 1966 年）的民兵夺取了密集耕作农业园的控制权，并从法国人手中夺取了大马士革南部地区的控制权。这些南部地区，特别是米丹（Midan），长期与浩兰进行谷物贸易，米丹的商人还与浩兰人及德鲁兹人有密切往来。这种城乡联系让法国人产生了如下错觉：叙利亚人民是由分散的、不相关的各部分组成的"马赛克"，可以被轻易地操纵。

与此同时，在哈马市中心，起义军试图从法国军队手中夺取该市的控制权，但被法军击退。在大马士革和哈马，起义军由部落联盟和民兵所组成。这些民兵多为受动员的农民与工匠。但最重要的权力掮客仍然对游击队漠不关心，他们无所作为的态度使得法国轻松地重新夺回了控制权。地主们担心持续的起义会带来负面后果，既会造成经济破坏，也会促成动员并武装起来的民众摆脱自上而下的"赞助人—受庇护者"这一体系的危险。

哈马的起义军领袖是前奥斯曼帝国军官法齐·卡乌基（Fawzi al-Qawuqji，卒于 1977 年），此前在当地征募并由法国人指挥的军队服役（然后擅自离开）。在哈马起义前夕，卡乌基以为已经得到了当地著名地主纳吉布·巴拉齐（Najib al-Barazi，卒于 1967 年）的支持，但在关键时刻，巴拉齐放弃了对卡乌基起义的支持，致使后者未能成功夺取哈马（巴拉齐是 19 世纪奥斯曼帝国的军事要人穆罕默德·阿迦·巴拉齐的后裔，穆罕默德·阿迦·巴拉齐是家族财富的奠基者）。在大马士革，唯一一位有影响力而去参加起义的地主是纳西卜·巴克里，他曾与阿拉伯起义者及"一战"后费萨尔建立的叙利亚政府有往来。

大马士革民族主义者从意识形态层面上支持了这次起义。在 1925 年 6 月，苏丹·阿特拉什起义爆发前的一个月，由医学博士阿卜杜·拉赫曼·沙班达尔（Abd al-Rahman Shahbandar，卒于 1940 年）领导的一个小组成立了人民党，该党是在法属叙利亚成立的第一个民族主义政党。人民党呼吁叙利亚在其"自然边界"（即非法国和英国所划边界）内独立，并计划参加地方选举，为法国的保守派盟友及合作者提供另一个选择。沙班达尔出身于大马士革一个商人家庭，与活跃在外约旦和埃及的亲哈希姆政权的组织者来往密切（这个组织支持谢里夫·侯赛因王朝）。与苏丹·阿特拉什一样，他是 1925—1927 年叙利亚大起义的主要领导人之一。

面对尚未解决的边界问题和有关民族与国家的理解问题，起义军展开了反抗活动，他们提出了一个方案，强调对叙利亚、阿拉伯和穆斯林的身份认同。人民党的成立和由激进分子发起的 1925 年起义，标志着叙利亚阿拉伯民族主义作为一种流行（更确切地说是潜在流行）的意识形态诞生了。

法国对起义的镇压是残酷的。当起义军占领了大马士革南部时，法国的大炮和飞机在 10 月 18 日至 19 日炮击并轰炸了被占领的社区。炮击造成了大规模的破坏，有近 1500 人死亡。法军公开处死了起义军战俘并将尸体示众以示惩戒。叙利亚民族主义者向国际联盟（国联）抗议法国的一系列暴行，但国联（由法国等帝国主义控制）并没有对法国进行公开谴责。

这次起义对法国来说是一个艰巨的挑战，殖民当局不得不向叙利亚增兵镇压起义。法国施加的军事和政治压力令起义军精疲力竭，法军还切断了周边地区民族主义支持者提供的外部资金来源，起义军只得向他们控制的地区或他们所在地区的民众施压，要求他们捐款。民族主义者所称的"革命税"通常指收取"保护费"或是对接收方的勒索。关于起义军惹起麻烦的报道更增强了法国的一面之词的自信度：法国委任统治当局打击的是犯罪团伙，而不是真正的民族革命者。

尽管起义引发了宣传战，但1925—1927年起义引发的更大层面的政治后果是法国击败了最激进的反法力量，并迫使反对派领袖（苏丹·阿特拉什、纳西卜·巴克里、阿卜杜·拉赫曼·沙班达尔、法齐·卡乌基）流亡海外。许多知名地主虽对民族主义者持同情态度，但不赞成武装斗争，他们希望法国可以开启一个能够容纳不同党派参与的政治进程。这次起义造成6000名叙利亚人死亡，10万人无家可归。起义的规模之大令法国人深感不安，他们开始怀疑，无视并绕过叙利亚民族主义者进行殖民统治是否可行。法国人不情愿地得出结论：他们至少有必要与叙利亚不主张暴力抵抗的政治力量进行接触。因此，尽管起义军被击败了，但他们迫使殖民大国开始慎重处理叙利亚的民族主义问题。

叙利亚民族联盟与"光荣合作"

1928年，以民族主义为导向的地主及其政治盟友成立了叙利亚民族联盟（National Bloc），这将成为法属叙利亚最重要的民族主义政治组织。这个组织试图与法国进行"光荣合作"——一边以非合作主义的方式与法国合作，一边在叙利亚推进国家建设并实现自治和独立。法国方面，尽管继续支持提倡合作主义的政治人物，但法方也认识到有必要与温和派民族主义者开展合作。因此，1928 年法国组织了叙利亚立宪会议的选举，其中民族主义者在立宪会议中发挥了突出作用。

1930 年，叙利亚的宪法生效，而宪法生效的前提是，法国强行加入了一项声明他们权益的条款。此时，尽管叙利亚主要内陆城市，加上贾兹拉，仍在宪法范围内，但独立的德鲁兹和阿拉维以及伊斯肯德伦区已不受叙利亚宪法的制约。依据宪法，叙利亚在 1931 年和 1932 年进行了两轮动荡的议会选举。由于他们的政治基础在内陆城市，所以叙利亚民族联盟获得了多数席位。亲法或合作主义候选人也赢得了席位，同时还有大量无所属独立的农村代表。议会于 1932 年 6 月开幕，政府领导职位和内阁职位由"温和"的民族主义者（希望继续与法国保持对话）和亲法分子共同担任。最团结的政治派别是叙利亚民族联盟，其领导人把与法国谈判签订条约放在议事日程的首位。

叙利亚民族联盟是由拥有土地的知名人士组成的，他们往往来自同一阶级，来自相似的家庭，这些家庭都有在奥斯曼帝国末期从政的经历。他们大多来自大马士革和阿勒颇的主要内陆城镇，还有一些人来自霍姆斯和哈马。民族联盟在阿拉维派地区（1930 年更名为拉塔基亚）势力较小，在德鲁兹和伊斯肯德伦地区有小股游击队。民族联盟也只是在这被掐头去尾的叙利亚国家的政府中占据了多数席位。该组织早年的领导人物包括霍姆斯的哈希姆·阿塔西（Hashim al-Atassi，卒于 1960 年），曾任奥斯曼帝国的行政长官，后来在短暂的费萨尔时代成为叙利亚国民大会（General Syrian Congress）主席。另一个重要人物是大马士革的贾米勒·马尔丹·贝伊（Jamil Mardam Bey，卒于 1960 年），他在巴黎接受过教育，是 16 世纪著名的奥斯曼帝国大马士革总督拉拉·穆斯塔法·帕夏的后裔。马尔丹·贝伊家族因掌管了祖先庞大的捐赠而在现代享有盛名。

为了建立并维持集团内部的职能统一，大马士革派党羽与阿勒颇的著名政治家展开了合作。阿勒颇民族主义者的耆宿是前奥斯曼政府官员易卜拉欣·哈纳努，他是穆斯塔法·凯末尔·阿塔图尔克的老盟友，他早先曾支持土耳其的反法游击运动，后为法国政府大赦得以返回叙利亚。萨达拉·贾布里（卒于1947年）是哈纳努的同道，他来自阿勒颇一个古老家族，在1935年哈纳努去世后成为北方城市最著名的民族主义领袖。阿塔西、马尔丹·贝伊、哈纳努和贾布里这些杰出人物，凸显了叙利亚民族主义与前奥斯曼帝国的历史联系。

叙利亚民族联盟几乎将哈希姆家族的支持者排除出了议会政治，如仍然流亡的阿卜杜·拉赫曼·沙班达尔。他与英国任命的哈希姆统治者、外约旦的阿卜杜拉交好，而此时（20世纪30年代初）的阿卜杜拉早已失去了身为阿拉伯民族主义领导者的昔日光彩。无论如何，阿拉伯民族主义的口号和立场对于民族联盟而言，都是一个最体面、最实用的重要工具。毕竟民族联盟的首要任务是为叙利亚争取自治，减少法国的特权，所以其支持者认为民族联盟是叙利亚民族合法性的化身。

叙利亚民族联盟的领导层主要由地主组成，他们并不是社会革命者。叙利亚民族主义潜在的社会革命者——已被武装动员的叙利亚农民和工匠——在1925—1927年起义被镇压后已被边缘化。相反地，这些地主政治家们延续了他们在奥斯曼帝国最后几十年中形成的行事风格和惯例。他们是政治掮客，利用社会影响力和赞助权，充当中间人，奔走于受其庇护的民众与政府当局之间。因此，叙利亚民族联盟趋向保守，因为其根本目标是政治性的，而不是社会或经济性的。

值得注意的是，十年来，即使处于经济大萧条所带来的严重危机中，叙利亚民族联盟实际上还是能够垄断叙利亚的民族主义政治空间。民众对物质条件不满的普遍情绪并没有升级为反抗地主政治家的特权，反而是被导向反法情绪。法国的政策（尤其是法国坚持把叙利亚货币与法郎贬值

强行挂钩）无疑也加剧了叙利亚的困境。叙利亚政体中出现的异见运动
（Dissident Movements），尤其是与国家行动联盟（League of National
Action，约 1932 年成立）有关的激进民族主义形式，大部分被吸纳到叙利
亚民族联盟的政治活动中。到 20 世纪 30 年代末，由于与法国的"光荣合作"
收效甚微，民族联盟在政治上开始变得更加激进。

马尔丹·贝伊和他的同事们希望通过"光荣合作"与法国签订一项类
似 1930 年英国与伊拉克政府签订的条约。英伊条约规定，英国将于 1932 年
正式结束对伊拉克的托管，其标志便是伊拉克能够加入国际联盟，不过这项
条约保留了英国在伊拉克的特殊地位。巴格达将使其外交政策与英国保持一
致，尊重外国（包括英国）原有对伊拉克资源和基础设施的所有权，英国武
装部队将继续驻扎在伊拉克领土上。但伊拉克将在国内事务上拥有自主权，
其武装部队将归伊拉克政府指挥。

马尔丹·贝伊和叙利亚民族联盟试图为叙利亚争取到类似的成果。在
他们看来，就像伊拉克与英国的关系一样，独立的叙利亚将承认法国的特
殊地位，并在国际上与法国保持一致。不过，法国将不得不放弃其委任统
治权，将叙利亚全部的国内主权移交给叙利亚政府。几次交涉失败之后，
叙利亚民族联盟最终于 1936 年与法国谈判达成了一项类似的协议。在这轮
谈判成功之前，1936 年 1 月至 3 月，叙利亚举行了长达 7 周的大罢工。罢
工显示，叙利亚民族联盟赢得了城市的支持，法国被迫改变了政策。而此
时法国一个临时上台的左翼政府促成了谈判。作为法叙条约的一部分，法
国同意将沿海的拉塔基亚和德鲁兹划给叙利亚，以便独立的叙利亚能够管
理除伊斯肯德伦区和黎巴嫩以外的所有经法国托管的领土。

在谈判中，叙利亚民族联盟提出伊斯肯德伦应该并入叙利亚，但是并
未被通过。法叙条约的签订预示着法国将正式结束对叙利亚的托管。至于
黎巴嫩，叙利亚民族联盟接受了法国划定的黎巴嫩边界，这对于最终建立

一个独立的黎巴嫩国家起到了里程碑式的作用。作为回报，法国同意将拉塔基亚和德鲁兹地区并入叙利亚。

尽管激进民族主义者批评该条约对法国让步太多，但叙利亚议会依然批准了该条约。在随后的一段时间里，马尔丹·贝伊的政府发现自己陷入了困境，因为法国迟迟不愿意批准该条约，这让叙利亚政府饱受政治上的折磨。经过一再请求，马尔丹·贝伊和叙利亚民族联盟领导人做出了额外让步，此举也进一步削弱了他们作为民族主义者的权威，并引发了更多批评。其中最重要的一位批评者，是富有的激进民族主义者舒克里·阿尔·库瓦特里（Shukri al-Quwatli，卒于1967年），他是最有可能在政治上取代马尔丹·贝伊的政客。

库瓦特里，一个来自大马士革商人和地主家族的儿子，受过伊斯坦布尔的教育，曾是第一次世界大战期间阿拉伯民族主义者费萨尔政府的成员，在法国接管叙利亚的最初几年里，他一直流亡海外，与总部设在埃及的叙利亚—巴勒斯坦国民大会合作，以便为（大）叙利亚争取独立。1930年，库瓦特里被特赦，回到叙利亚，利用他家族在大马士革周围的果园成立了叙利亚保护公司（Syrian Conserves Company，1932年）。就在这个时候，他开始积极参与叙利亚民族联盟的政治生活。此后库瓦特里成了反对马尔丹·贝伊的一面相对温和的旗帜。久而久之，库瓦特里加入了他支持的派系，其中大多数是中产阶级活动家，他们在1932年成立国家行动联盟时，最初是在民族联盟之外组织起来的。该联盟的成员是受过现代教育的男性，也有来自国立学校和专业学校的毕业生，无人来自旧式宗教学校。他们其中有律师、专业人士、记者和学校毕业生，通常背景普通，观点"现代主义"，他们既不存在城市赞助人—被庇护者关系，也不是巩固叙利亚民族联盟人物在叙利亚老城区权威的传统的、"落后的"社会阶层。相反，联盟成员组成了一个基于意识形态的协会。他们是激进的泛阿拉伯主义者，与叙利亚民族联盟的叙利亚中心主义形成鲜明对比。他们不希望看到法国在独立的叙利亚保留任何政治、经济或军事上的特权，与日益式微的"光荣合作"倡议形成鲜明对比。库瓦特里利用激进民族主义者的能量和对意识形态的认同，在叙利亚民族联盟内部，为其派系建构了支持的力量。此后马尔丹·贝伊的声望逐渐下降，而库瓦特里的明星地位逐渐上升。

1938 年，法国将伊斯肯德伦地区割让给土耳其傀儡政府，1939 年该地区并入土耳其，这对马尔丹·贝伊政府的声誉造成了进一步的重大打击。法国同意土耳其吞并伊斯肯德伦，是因为法国与意大利在东地中海地区的国际关系日益紧张，意大利的法西斯领导人贝尼托·墨索里尼（Benito Mussolini）试图扩大罗马的影响力。法国不希望土耳其像第一次世界大战期间那样再次成为自己的敌人。

土耳其人是伊斯肯德伦地区的一个人口众多的少数民族。由于得到安卡拉政府的支持，与多数非土耳其人相比，土耳其人组织有序、资金充足，还可能有实力给法国人制造点麻烦。另一方面，伊斯肯德伦地区的阿拉伯人虽然比土耳其人多，但他们的凝聚力还不足以形成一股政治力量，也没有叙利亚主权政府这样的政治力量来支持他们。大马士革的马尔丹·贝伊政府受法国的托管，在该地区没有正式的权力。此外，伊斯肯德伦的阿拉伯人（与土耳其人不同）有不同的宗教信仰（逊尼派、阿拉维派和基督徒），这意味着阿拉伯方面不能轻易利用宗教团结这根纽带来加强内部的团结（相比之下，"世俗的"土耳其身份根基很稳固，是以逊尼派穆斯林社群为基础的）。

伊斯肯德伦最著名的阿拉伯活动家，是一位在法国受过教育的阿拉维派年轻律师，名叫扎基·阿苏齐（Zaki al-Arsuzi，卒于 1968 年）。从意识形态上讲，阿苏齐是国家行动联盟的成员，这一身份很有可能为他从软弱的马尔丹·贝伊政府获得些许支持带来潜在的阻碍。在国际联盟的默许下，法国纵容在伊斯肯德伦（更名为哈泰）建立一个由当地土耳其人统治的

"独立"国家，这不过是土耳其吞并该领土的一个简短的前奏。大约5万名阿拉伯人和亚美尼亚居民逃到叙利亚境内，他们不愿住在土耳其的哈泰。此时，马尔丹·贝伊政府的声誉已跌至谷底。

与泛阿拉伯国家行动联盟一起，另一股对叙利亚民族联盟施压的意识形态潮流，来自扎根于城市民众区的伊斯兰运动。这些运动从伊斯兰层面强调了叙利亚的国家身份，呼吁并团结叙利亚城镇内的商人、乌理玛和工匠。在执行任务期间，各种伊斯兰协会在内陆城市中发展起来，往往由乌理玛领导。他们强调穆斯林道德、伊斯兰身份和伊斯兰教在公共生活的中心地位。伊斯兰协会坚持认为，叙利亚民族联盟在捍卫穆斯林权利时毫不退缩，并寻求伊斯兰的主导力量。他们进行运动的主要诉求是恢复伊斯兰法律的至高无上、反对法国对教育的干涉（特别是因为法国对教育的控制会影响到穆斯林女孩），以及对穆斯林女性的公共问题的争议（"戴面纱"与"不戴面纱"）。1939年，法国在叙利亚进行法律改革时削弱了伊斯兰教法的中心地位，伊斯兰协会动员民众反对改革，这给了陷入困境的马尔丹·贝伊一个机会，他"英雄地"辞去了总理职务，因为他表明立场接受伊斯兰运动并拒绝实施这些改革。国家行动联盟和伊斯兰协会的出现，预示着叙利亚未来的政治冲突。几年内，与扎基·阿苏齐和全国行动联盟合作的流派将发展成为阿拉伯复兴党（1947年），伊斯兰协会将成为叙利亚穆斯林兄弟会（Syrian Muslim Brotherhood，1945年）的前身。

叙利亚民族联盟与叙利亚人口的多样性

叙利亚民族联盟与叙利亚非穆斯林宗教团体的关系是暧昧不清的。一方面，民族主义基督徒在民族联盟的最高级别中有自己的代表，最知名的是法里斯·胡里（Faris al-Khoury，卒于1962年）。他是在贝鲁特接受教育的新教徒律师，曾在奥斯曼议会中代表大马士革，在战争期间加入阿拉伯民族主义协会，即青年阿拉伯会。他是阿卜杜·拉赫曼·沙班达尔在人民党的同伴之一，后来在叙利亚民族联盟中崭露头角。除了以前的政治经历外，胡里之所以受人瞩目，部分原因在于他是叙利亚的先锋实业家之一。早在 1930 年，他与民族主义倾向的地主和商人合作，共同创立了国家水泥公司（National Cement Company）。

胡里是叙利亚民族主义基督徒（主要是希腊东正教）的代表，他们展现出对叙利亚国家的热爱，并试图与穆斯林同胞建立政治联盟。在殖民时代的敏感政治中，民族主义倾向的叙利亚基督徒谨慎地避免让自己的利益与法国的援助有瓜葛。就在安纳托利亚和巴尔干半岛的基督徒形成了民族认同感，加深了自己与穆斯林土耳其人的疏离感时，叙利亚却没有普遍形成这种民族认同感。所以在一定程度上，当叙利亚的知识分子和活动家逐步开始培养叙利亚的阿拉伯民族主义意识，并将其作为新政治实体的意识形态黏合剂时，多数民族主义东正教和新教基督徒接受了这一身份。

和许多叙利亚新教徒一样，胡里一家也是从希腊东正教改宗新教的基督徒。在 19 世纪，讲阿拉伯语的东正教徒反对讲希腊语的统治集团就已存在，安条克（实际设在大马士革）的牧首区已成为一个强调讲阿拉伯语的教会。此外，讲阿拉伯语的东正教徒在叙利亚不同地区的人口数量和比例也很高。因此，某种程度上他们从空间分布上构想了他们的公共身份，而"叙利亚"十分契合他们这一空间想象的需求。叙利亚民族联盟为实现叙利亚独立和自治的目标，与基督教民族主义者的情感是一致的，这一点在叙利亚民族联盟发表的有关阿拉伯事务的政治对话上也有展现。民族联盟理解的阿拉伯属性代表一种文化联系，而不是作为跨国穆斯林身份的同义词或掩护。

然而，叙利亚民族联盟与叙利亚天主教徒的关系更加令人焦虑，尤其是在阿勒颇，那里 35% 的人口是基督徒，而且大部分是天主教徒。因此绝大多数阿勒颇的天主教会并不采用拉丁礼拜仪式。相反，他们是东方教会（东正教会），认可罗马教廷的至尊地位，同时保持了他们独特的礼拜仪式和身份。其中两个最重要的教会是希腊天主教会（采用东正教仪式）和叙利亚天主教会（采用叙利亚东正教或"雅各布教派"仪式）。奥斯曼帝国时代，阿勒颇基督徒信奉了天主教之后，他们开始在文化和教育上将自身与之前信奉的教派（希腊东正教和叙利亚东正教）区别开来，这是因为天主教身份将他们带入了法语文化圈。法国的教育、亲法情结、法国文化，以及身为自由的和"现代"人口中的一员，这些意识就是阿勒颇天主教徒自封的标签。

阿勒颇的天主教徒在新闻、法律和医学等自由职业中有大量的代表。在 1908 年后的奥斯曼帝国立宪时期，阿勒颇天主教徒的领袖们宣布效忠奥斯曼帝国苏丹国，认可其作为一个宪法框架，可以将不同的宗教和民族组织在一起。当时，阿勒颇的一家阿拉伯报纸的天主教编辑法塔拉·卡斯顿（Fathallah Qastun）在 1910 年写道：

> 事实上，我们在王国的各地都建立了学校，就连村庄都设立了教育孩子们学习阅读、写作和算术等基本知识的场所。此外，我们还引入了欧洲的女性教育……我们即将到达现代文明的顶峰，连欧洲人都惊讶于我们的进取心和活力……以至于有些欧洲人点头表示认可，好像在说：想要获得真正的文明，请仿效奥斯曼帝国。

1918 年，奥斯曼帝国结束对叙利亚的统治后，天主教徒对短暂上台的费萨尔政权、易卜拉欣·哈纳努及其盟友建立的亲民族主义政治集团十分警惕。曾称赞奥斯曼帝国的法塔拉·卡斯顿在 1921 年回忆说，1920 年法国军队取代阿勒颇的费萨尔阿拉伯政府时，他感到如释重负：

> （费萨尔的支持者）散布谎言，说法国和法国人是宗教和文明的敌人，但他们的谎言没有欺骗到任何人，除了原始部落和天真的民众……人们欢欣鼓舞地欢迎法国的士兵和指挥官……法国军队如潮水般地涌入阿勒颇，并没有造成流血战争，也没有实行恐怖统治。这些表现为法军在阿勒颇打下了良好的群众感情基础和信心。

天主教徒总体政治倾向是亲法，但也有一个显著例外，是受过法国教育的律师埃德蒙·拉巴特（Edmond Rabbath，卒于 1991 年），他雄辩地书写了叙利亚的民族事业，并与阿勒颇民族主义者萨达拉·贾布里关系密切。但阿勒颇的大部分天主教徒在法国委任统治期间建立了有别于叙利亚民族联盟的机构，并且培养了亲法的忠诚度。阿勒颇的天主教徒除了投票给亲法候选人外，还组织了一个童子军运动（Scouting Movement，法国童子军）和一个准军事运动（Paramilitary Movement，白色徽章），与民族主义附属的阿拉伯童子军和叙利亚民族联盟年轻的准军事组织"钢衬衫"形成对立（白色徽章和钢衬衫的灵感都来自当时欧洲法西斯的肖像画）。这些组织试图动员中产阶级青年穿上制服参加有组织的运动，以拥护和表达国家的公共意识。20 世纪 40 年代，叙利亚脱离法国的委任统治，叙利亚民族联盟（随后是更激进的民族主义者）脱颖而出，而阿勒颇的天主教徒在政治上被边缘化。民族主义者怀疑他们远不够爱国，是法国在叙利亚的"合作者"。

在阿勒颇，另一个远离叙利亚民族联盟的是该市的亚美尼亚人，他们也建立了自己的机构，并试图保持文化上的独特性。在某种程度上，叙利亚民族主义规定或提倡的，是在该国人口中实现更广泛的同质性，亚美尼亚人对此持怀疑态度。反过来，民族联盟的支持者和基层穆斯林活动人士，常常把天主教徒和亚美尼亚人视为想象中的民族共同体政治的"局外人"。

至于德鲁兹，他们更容易融入叙利亚民族身份认同的象征体系之中。起初，他们可以津津乐道于自己在1925—1927年叙利亚大起义中的作用，以及苏丹·阿特拉什在早期叙利亚民族主义运动中英勇又崇高的先驱形象。然而，在镇压起义之后，法国当局在德鲁兹相互竞争的大家族中间培育了一个选区，这些家族逐渐适应了在德鲁兹已恢复的行政机构中工作。叙利亚民族联盟，这个基于城市的组织，试图与德鲁兹的知名人士进行合作。然而，绝大多数农村出身的德鲁兹人却不是叙利亚民族联盟的"局内人"，他们无法靠近权力机构和赞助系统。城市出身的民族主义者有理由质疑德鲁兹人是否忠诚地认可城市居民有关叙利亚民族与国家的愿景，这个愿景就是：城市权力（主要是逊尼派穆斯林）要凌驾于叙利亚国家政治和民族认同之上。

阿拉维派提出了另一个问题，即如何适应民族联盟认可的叙利亚身份。法国成功地向阿拉维派部族和部落领导人发出呼吁，要求他们加入拉塔基亚政府的行政机构。直到20世纪中叶，阿拉维居民主要分布在山区和内陆平原，而主要的沿海城镇（拉塔基亚、塔尔图斯、杰卜莱）大多居住着逊尼派和希腊东正教徒。拉塔基亚的沿海居民中有叙利亚民族联盟的支持者，但即使在这些支持者中，也会有许多人艳羡先前在法属地方机构工作的好处。1936年，法国与叙利亚谈判的一个结果是，法国同意将拉塔基亚并入叙利亚，当时那里的亲法势力向法国请愿，反对这一动议。1939年，在第二次世界大战前夕，法国废弃了1936年的法叙条约，巴黎改变了立场，恢复了在拉塔基亚的统治。

在这几年里，一场由苏莱曼·穆尔希德（Suleiman al-Murshid，卒于1946 年）这位有领袖魅力的牧羊人领导的政治—宗教运动在阿拉维派中兴起。到了 20 世纪 30 年代，穆尔希德已经成为一个极具影响力的人，他以先知和政治领袖的身份主导了一场忠于他的运动。随着 1936 年拉塔基亚并入叙利亚，穆尔希德当选叙利亚议会议员。他支持马尔丹·贝伊与法国签订的条约，但在 1939 年马尔丹·贝伊政府下台，拉塔基亚与叙利亚重新分离后，穆尔希德成为阿拉维派 / 沿海自治（"分离主义"）的倡导者，并与法国人密切合作。他反对叙利亚民族联盟建立一个后殖民时代统一的独立的叙利亚的倡议。相反，借着保护整个沿海地区，特别是阿拉维派的独特性的名义，他想要保持自己所在地的自治权。作为一个有魅力的宗教政治领袖，他不仅威胁着民族主义者，而且使阿拉维派的对手感到不安。1946年，以叙利亚民族联盟为首的叙利亚独立国家判处穆尔希德刑事罪名成立并将其处以死刑。

在"光荣合作"的时代，以及 1941 年之后，叙利亚民族联盟在贾兹拉地区难以维护政治权威。因为叙利亚东部的人口是由当地的阿拉伯人、库尔德部落以及大部分亲法基督徒组成的，这就意味着以城市为基础的叙利亚阿拉伯民族主义在该地区并不占主导地位。贾兹拉人长期以来一直是美索不达米亚人口结构和经济关系的一部分。现在，新划定的伊拉克与叙利亚之间的边界将上述人口结构和经济关系一分为二。法国在叙利亚建立并加强了面对土耳其和伊拉克的边防哨所。部落居民是否要与叙利亚民族联盟（或法国）合作，取决于他们对自身利益的考虑。总体上，最有权势的部落首领与民族联盟保持着距离，并拒绝服从来自大马士革的权力。无论亚述基督徒定居在卡米什利这些城镇，还是在哈布尔河沿岸的村庄，他们都认为法国可以巩固他们的地位，并认为叙利亚民族联盟（以及任何叙利亚"民族"政府）不可能给他们的文化和福利带来任何好处。许多库尔德人，比如那些基督徒，是最近从土耳其迁徙过来的难民，他们不想把自己的利益寄托在大马士革的民族主义者身上，因为这些人对当地和当地人民知之甚少。

在 20 世纪 30 年代执政期间，叙利亚民族联盟努力使其在贾兹拉的管辖权得到法国当局的认可。1936 年法叙条约签订后，1937 年在贾兹拉爆发了暴力冲突事件，当时叙利亚民族联盟试图以民族团结的名义将其行政权力扩大到该地区，但在法国人的推动下，库尔德人和亚述基督徒结成联盟，并在法国的保护下争取区域自治。与此同时，叙利亚民族联盟则鼓励来自阿勒颇、霍姆斯和哈马地区的阿拉伯人迁到贾兹拉，以增强该地区的阿拉伯色彩。叙利亚民族联盟解雇了政府里的库尔德人和亚述人，取而代之的是阿拉伯人。1938 年，贾兹拉自治主义者抵制叙利亚民族联盟设立在当地的政府办事处。叙利亚民族联盟提倡以大马士革为中心的叙利亚身份，这并不适合不想受到来自遥远的大马士革、异族和阿拉伯化政权统治的贾兹拉民众。

叙利亚民族联盟在整个叙利亚继承和行使政治权力的希望，不仅取决于接手殖民者建立的行政机构，而且取决于其与武装部队的关系。委任统治期间，法国人主要依靠自己的驻派军队镇压反抗者，即黎凡特武装部队。除此之外，他们还招募了一支内部警察部队，即宪兵部队，其中最臭名昭著的一支宪兵部队由少数民族切尔克斯人组成（如前所述，切尔克斯人是一支穆斯林民族，起源于黑海地区。19 世纪，他们的家园外高加索被沙俄血腥地征服后，他们被重新安置在叙利亚）。但叙利亚和黎巴嫩军队的核心是黎凡特特遣部队（the Troupes Speciales du Levant），士兵和军官是从叙利亚和黎巴嫩招募的。法国从叙利亚普通民众中征募士兵，但城市精英对殖民地服兵役的社会偏见，连同对法国的偏见，一并延伸到非逊尼派群体中，这意味着特遣部队军官队伍中阿拉维派、德鲁兹派、伊斯玛仪派和农村逊尼派的比例很高。叙利亚民族联盟认为，特遣部队是法国的殖民工具，联盟领导人感到从社会和政治层面很难与这个未来的叙利亚军队进行密切来往。叙利亚独立后不久便爆发了重大的地区危机，而政府领导人和军队无法有效应对，这将使新独立的共和国经历一段动荡时期。

因此，尽管叙利亚民族身份的界定和定义与实际存在的（尽管是新建立的和殖民性质的）叙利亚国家一脉相承，但是从一开始就面临着许多困难。叙利亚长期存在的种族、社会和文化多样性，与"一战"后新型的国家政体模式格格不入。随着国家范式的形成，如何建构民族历史叙事的压力也随之而来，这种历史叙事将严格记录国家的发展，并形成国家的认同感。叙利亚即便在最好的历史条件下，努力建设统一国家也会非常困难，更何况法国殖民政府一直强调并凸显叙利亚的政治和社会多样性。

叙利亚妇女运动的兴起

与资产阶级和上层妇女紧密相关的慈善协会，在第一次世界大战期间和之后逐渐发展成了积极分子协会。这些积极社会活动家的先驱是来自大马士革一个公务员家庭的纳齐克·阿比德（Nazik al-Abid，卒于 1959 年）。"一战"期间，她支持费萨尔的阿拉伯民族主义事业，后来她帮助组织了早期的叙利亚红十字会（后来的红新月会）。1920 年，费萨尔仓促组建了叙利亚军队，作为军队的荣誉军官，阿比德参加了这年 7 月与法军的麦塞隆战役。费萨尔政府时期，她在大马士革出版了一本女性先锋杂志，提倡新叙利亚的妇女权利，特别是政治权利。1920 年 2 月，也就是麦塞隆战役的几个月前，阿比德在她的出版物中满怀希望地解释了为什么赋予妇女话语权能够推进国家事业的进步：

即使一个男作家和一个女作家会因为一个主题而争论和斗争，但他们也会相互理解，最终发现值得表达的真理，从而使这个不幸的国家从悲惨的毁灭走向幸福的顶峰。

几年后，阿比德成为叙利亚和黎巴嫩妇女协会（1928 年）的联合创办人。那时她已经搬到贝鲁特，并嫁给了穆罕默德·贾米尔·贝胡姆（Muhammad Jamil Beyhum，卒于 1978 年），一位来自贝鲁特穆斯林资产阶级的女权主义者。此后，叙利亚妇女协会基本由阿迪拉·贝胡姆·贾扎伊里（Adila Beyhum al-Jazairi，卒于 1975 年）担任领导，她也恰巧来自贝鲁特的贝胡姆家族，不过她嫁给了大马士革有声望的贾扎伊里。在法国委任统治时期，阿比德和同伴们（徒劳地）主张将妇女正式纳入投票公民范围，但是贾扎伊里认为，妇女的选举权（政治权利）是随着妇女社会权利的进步而改善的。因此，她和一位主导叙利亚妇女运动的同事都认为，妇女应该关注的是爱国情怀，而不是眼前的政治权利。1930 年在大马士革举行的国际东方妇女会议上，黎巴嫩代表解释说：

妇女要取得进步，就必须接受良好的教育。这种教育对妇女和儿童同等重要……无知只会阻碍进步，阻碍人类幸福。当女人知道能够抚养孩子时，她们同样可以要求获得男人手中的权力。

"爱国情怀"的倡导者认为，通过展现妇女对国家的价值和重要性，女性在以后获得政治权利方面将处于更有利的地位。但这位黎巴嫩代表引用的声明，无意中揭示了叙利亚妇女协会在政治上仍然处于边缘地位的原因。事实上，妇女运动通过声称叙利亚大多数妇女没有受过教育，她们甚至不知道如何抚养孩子（事实上，抚养孩子是叙利亚妇女世代都在做的事情），反而从侧面认可了市民对父权制的倡导行为。妇女必须先改善自己才能"赢得"被视为正式公民的权利，这一立场的让步，将裁决妇女是否应该享有全部的公民权利交到了男子（无论是殖民者还是民族主义者）手中。

尽管纳齐克·阿比德非常清楚这一立场的危害，但随着叙利亚大起义被镇压、1930 年宪法通过，贾扎伊里的让步路线，就可能成了唯一一条资产阶级妇女为自己开辟社会地位的务实途径。女性活动家担心她们走错路线，陷入民族主义与殖民主义在 1928 年分权和相互制衡的政治旋涡中。早在复兴时代，人们就开始针对家庭、婚姻和妇女在社会中的角色等展开广泛争论，然而在殖民时代的两极分化气氛中偃旗息鼓了。1927 年，一名黎巴嫩德鲁兹的妇女公开呼吁穆斯林妇女应该享有公开露面的自由，这一呼吁引起了男性、民族主义者和宗教界的强烈反对。在奥斯曼帝国和早期的法国委任统治时期，戴面纱一直是上流社会文明的标志。作家纳齐拉·扎因·丁（Nazira Zain al-Din，卒于 1976 年）是一名法官的女儿，她提出了伊斯兰教改良主义的观点，而这一论点先前已被埃及穆斯林女权主义者提出并阐发。她引用《古兰经》的来源和早期伊斯兰历史的例子，认为严格限制妇女的着装和公共活动并不是真正的伊斯兰教。她关于寻求"真正的"（现代思想）伊斯兰教的观点，有可能吸引一些民族主义阵营的人（如贝鲁特女权主义者、纳齐克·阿比德的丈夫穆罕默德·贾米尔·贝胡姆）。但扎因·丁的策略的失误之处在于她诉诸"国家"即法国，请求政府当局改善叙利亚妇女的法律地位，为妇女争取更大的个人自由。扎因·丁把她的著作寄给了法国高级专员，并在报纸上刊登了一封公开信：

　　请允许我把我的书寄给您，期待您的评价，因为没有谁比您这位可敬的法国代表更有资格了。法国是所有文明、自由和光明

之母。她伸出有力的手来拯救虚弱的穆斯林妇女，把她们从奴隶
制的黑暗深渊中救出，因为在那里她被任意地支配，这违背了《古
兰经》的原则。

叙利亚社会保守派抓住扎因·丁向法国高级专员的呼吁不放，利用她
的言论向她发起挑战和抨击，保守派既包括民粹主义伊斯兰主义者，也包
括精英民族主义者。他们把扎因·丁的提议描绘成法国殖民阴谋的一部分，
目的是破坏家庭和削弱社会价值观。相比之下，贾扎伊里采取更为谨慎的
策略，即提倡爱国情怀，避免使自己陷入叙利亚民族主义和法国殖民主义
的对立战中。

直到叙利亚宣布独立6年后，法国撤离3年后，即1949年，妇女才获
得投票权。在法国不批准法叙条约，土耳其接管伊斯肯德伦后，20世纪30
年代末，马尔丹·贝伊领导的叙利亚民族联盟为挽回失去的民心，选择公
开支持民粹主义倾向的伊斯兰协会，由此，贾扎伊里本人意识到，女性活
动家把自己逼到了一个角落里。

尽管如此，纵观法国统治时期的叙利亚民族运动所取得的成就，妇女
在公共生活中开始扮演不可或缺的角色。妇女权利的倡导者利用民族运动
和反殖民斗争为契机，为她们的新角色打开了空间。她们认为，妇女是国
家的半边天，国家要想强大，必须让妇女接受教育并赋予权利。最终，即
使是保守派团体也开始接受妇女参与公共生活和公共机构，但是他们试图
按照他们所谓的"伊斯兰"标准限制妇女的衣着、举止和公共行为。然而，
顽固的问题仍然存在：妇女成了大型运动的象征，运动一方面给她们提供
了一些回旋的空间，另一方面运动还保持着父权制的控制和结构。女性活
动家很难摆脱这个难题。

迈向民族文化的犹豫脚步

在法国统治时期，叙利亚民族主义就已经开始形成。1925—1927 年的反殖民起义和 20 世纪 30 年代的叙利亚民族联盟活动，都是未来实现独立国家地位的政治努力。同样，创造和表达一种民族文化也是一项挑战，更难的是，还要将之与广泛存在的阿拉伯文化生产潮流区分开来。奥斯曼时代，叙利亚人对文学和学术做出了贡献，他们对当代阿拉伯的"觉醒"或复兴运动（Nahda）发挥了重要作用。第一次世界大战后，叙利亚成为殖民统治下一个拥有领土主权的国家，随之而来的新挑战是发展和界定一种现代叙利亚文化，这彰显了知识分子对独立国家的渴望。20 世纪二三十年代，叙利亚人拥有的资源比埃及人少得多，发挥的余地也小得多，因此在许多情况下，叙利亚人要么追随埃及人的脚步，要么被埃及的文化输出压得喘不过气来。

1919 年，大马士革建立阿拉伯学院，进而宣称自己是现代阿拉伯语使用的裁决者。阿拉伯学院依照法兰西学院建造，旨在通过拓展新词汇和规范语法用法，防止严肃的阿拉伯语因口语和现代借词的使用而被弱化和腐蚀，从而规范严肃的阿拉伯语在教育和纸质媒体中的使用。战时作家杰马尔·帕夏·穆罕默德·库尔德·阿里（Jemal Pasha-ally Muhammad Kurd Ali）是阿拉伯学院的首任负责人，此后一直担任学院负责人直到 1953 年去世。大马士革是阿拉伯民族主义政府（费萨尔短暂的叙利亚"王国"）行政中心所在地，它的历史与中世纪的倭马亚王朝及其"阿拉伯王国"有着深厚的关联，阿拉伯学院的建立与大马士革的历史背景，一并确保了叙利亚在现代阿拉伯文化发展中占据了一个突出的地位。

阿拉伯诗歌中的新古典主义潮流继续占主导地位，但在近几十年叙利亚移民的参与下，渐渐融入了一种新的浪漫主义潮流。浪漫主义者抛弃了严格的新古典主义韵律，使用了更加通俗易懂的语言，为更丰富的日常用语表达提供了更大的空间。奥马尔·阿布·里沙（Omar Abu Risha，卒于1990年），一名专注于创作的叙利亚作家，是浪漫主义潮流最著名的典范。他出生在阿勒颇附近，在英国学习化学，但是后来回到叙利亚当了图书馆管理员，之后又成为外交官。1936年他出版了第一卷诗集，1971年出版了最后一本诗集。他的诗歌主题是高度个人化的爱情、激情与心碎，但他的作品也涉及叙利亚的社会和政治问题。

两次世界大战期间的阿拉伯小说大多是埃及小说，之后这一文学形式的发展依然是以埃及小说为中心。相比之下，叙利亚出版业在阿拉伯文化中的贡献不大。叙利亚出版的第一部小说是阿勒平·沙基布·贾布里（Aleppine Shakib al-Jabiri，卒于1996年）的《奈阿姆》（*Na'am*）。贾布里是一位支持叙利亚民族联盟的活动家，1937年被法国人驱逐，这部小说就是他在日内瓦学习化学时写的。小说是人们所熟知的两次世界大战之间的主题，即东西方之间的紧张关系在个人生活和更广泛的社会层面不断上演。到了20世纪四五十年代，贾布里继续扮演着文化传播者的角色，还一度担任外交上的职务。

法国的排斥和埃及商业电影的成功，把叙利亚新生的电影产业扼杀在了摇篮里。法国委任统治时期只有两部叙利亚制作的电影。第一部影片是《无辜的嫌疑犯》（*Innocent Suspect*，1928年），讲述的是费萨尔时期小偷和强盗威胁大马士革附近的村民。这部影片是在第一部埃及电影上映后的第二年上映的，在商业上取得了一定的成功。1934年，参与《无辜的嫌疑犯》影片的大多数人员又一起制作了第二部电影，即《在大马士革的天空下》（*Under the Damascus Sky*），然而该片没有取得成功，制片人也因此破产，原因是法国当局禁止其公开放映，声称电影制作人选择的音乐违反了国际版权法。此外，适逢埃及早期有声电影上市，影院老板们更愿意放映这些流行的、商业上成功的作品。开罗成为阿拉伯电影业的好莱坞，想要从事电影工作的叙利亚人便移居到了埃及。叙利亚的人们认为，叙利亚电影的先驱们努力以一种新的文化形式来彰显叙利亚这个国家，但直到 20 世纪 70 年代，叙利亚电影才在阿拉伯和国际电影界确立了自己独特的地位。

尽管埃及也是录制阿拉伯音乐的圣地，但是叙利亚的文化制作人在这一领域也拥有了自己的一席之地。虽然叙利亚许多想成名的歌手和音乐家被吸引到埃及的录音室和电影工作室，但仍有一些音乐家选择留在叙利亚工作，发展他们的当地传统。值得一提的是，阿勒颇发展成了一个创造性的音乐中心。从 19 世纪中叶到 20 世纪中叶，男性富豪商人邀请客人去现场音乐会，女性富豪举办类似的仅限女性参加的活动。阿勒颇是一个多教派和多民族文化交汇点，成就了其音乐场景的丰富性。20 世纪 30 年代，室内公共音乐表演逐步兴起。20 世纪后期，阿勒颇作为阿拉伯古典音乐或高质量音乐的主要产地之一，获得广泛认可。然而，总体而言，在殖民统治的两次世界大战期间，叙利亚的文化工作者一直生活在埃及的阴影之下。

法国委任统治的结束

第二次世界大战使得法国对叙利亚的委任统治比预想结束得早。1939 年战争一开始，法国便在叙利亚宣布了戒严令，中止了宪法，恢复德鲁兹和拉塔基亚独立。1940 年，法国被德国击败，法国的维希政权接管了叙利亚和黎巴嫩的政权，因此德国和意大利的特工和军事人员可以进入这些国家。1941 年 5 月，英国在伊拉克镇压了一场亲轴心国政变后，于 6 月开始进攻叙利亚和黎巴嫩，迅速击败了维希政权的军队，并把名义上的管理权移交给了他们的盟友戴高乐（卒于1970年）所领导的自由法国军队。然而，移交的一个前提条件是，自由法国要保证叙利亚和黎巴嫩独立。

宪法得到恢复，德鲁兹和阿拉维于1942年重新并入叙利亚——这次是永久性的。1943年选举后，叙利亚民族联盟重新掌权。此时，联盟的主要人物是马尔丹·贝伊政府的批评家舒克里·阿尔·库瓦特里，他当选总统，并引领着叙利亚走向独立之路。

选举获胜后，库瓦特里显得自信而乐观。1943年8月2日，他欢欣鼓舞地写道：

> 我们的国家现在已经走过了自由宪政社会的准备阶段，接下来即将召开议会。现在我们内心无比宁静，又充满着喜悦和自信。全国各个省市，不论是本地人还是外来人，都已将叙利亚视为一个国家整体……现在，这个国家已经证明了各阶级围绕同一个目标团结在一起，所有的疑虑也都消除了。

阿勒颇的萨达拉·贾布里和大马士革的法里斯·胡里先后担任总理。而马尔丹·贝伊仍为联盟的成员，虽然不再担任主要领导人，但仍然承担着各种部长的职责，包括外交部部长职责。1943年，叙利亚宣布独立（并得到盟军的承认）。1945年，叙利亚成为联合国和阿拉伯联盟的创始成员国。

法国人仍然不愿放手。英国支持叙利亚民族联盟提出的无条件终止法国委任统治的要求，这让戴高乐觉得法国被毫不客气地、不公平地赶出了这片管辖的领土，并把填补叙利亚政治空缺的机会留给了英国。1945年，法国对大马士革进行了最后一次猛烈轰炸，之后便于次年从黎巴嫩和叙利亚撤出了剩余部队，并将特种部队管理权交给了黎巴嫩和叙利亚司令部。

至此，法国在叙利亚殖民统治的时代结束了。一方面，他们留下了一个边界模糊、缺乏共识的国家；另一方面，法国的政策助长并加剧了民族、地域和宗派的隔阂。

叙利亚独立之后，总统舒克里·阿尔·库瓦特里以及叙利亚民族联盟领导层便开始全面主导叙利亚的国内和国际政策。面对国内的多重挑战，他们很快便不堪重负，使这个国家陷入长达四分之一世纪的政治动荡局面。

第六章 独立国家危机

军事政变时代

1949 年 3 月 30 日清晨，大马士革人一觉醒来，发现军队在夜幕的掩护下悄悄夺取了政权。士兵们逮捕了总统和总理，并占领了电台和警察总部，政府各部长已被拘留。就此，叙利亚与外部世界的联系暂时中断。策划政变的主要官员称，他们的行动是为了将国家从腐败、执迷不悟的政客手中拯救出来。新政府将纠正近期一些政策上的失误。大马士革人经历了至少 8 次类似的政变。不断换届的政府凸显了叙利亚此起彼伏、连绵不断的独立国家危机，直到 1970 年的最后一次政变才结束了这一不寻常的政治动荡时期。

脆弱不堪的独立

随着法国军队的最后撤退，1946 年，叙利亚政府接管武装部队，叙利亚宣告彻底独立。但这是一个脆弱的新生国家。叙利亚新划定的边界存在时间不长，在那之前（奥斯曼帝国时代），叙利亚仅仅是一个停留在概念中的国家。这个国家的脆弱性是其历史的产物。它缺乏历史更悠久、政治更发达的国家所建立的优良制度。叙利亚人民希望将一种全新的国家理念转变为主权政治结构，但他们几乎没有任何政治转型的自治经验。晚期奥斯曼帝国的庇护制度和选举机构（市政委员会、新生的议会），旨在将叙利亚的精英束缚在帝国制度之下，而 1918 年后，帝国制度不复存在。尽管后来法国颁布的法令表面上是为建立自治政府而设计的（令人费解的是，它首先摧毁了现存的费萨尔阿拉伯政府），但在其多年的统治中，法国并不允许叙利亚人民行使任何重要的权利。此外，正如我们所看到的，叙利亚的国家共同体意识发育得极不均衡。不同社群以各自的方式与叙利亚国家理念联系在一起，有些社群几乎与之毫无联系。最后，法国和英国结束了对中东的殖民统治，留下了许多悬而未决的殖民问题。遗留问题把叙利亚卷入了境外冲突，也促使叙利亚的不同派别请求外部势力干预国家内部事务。值得注意的是，独立仅仅 12 年之后，叙利亚已完全不再是一个主权国家。从 1958 年到 1961 年，它作为阿拉伯联合共和国（the United Arab Republic）的一部分与埃及合并（实际上被埃及吞并）。

叙利亚独立后的第一个十年在经济发展上取得了一些成就。以纺织、食品、烟草、建材为主的轻工业快速发展。工业增长依靠国内私人资本和阿拉伯市场。作为一个以农业为主的国家，独立后，在农业方面，叙利亚出现了新的私人投资现象。结果是，叙利亚扩大了小麦和棉花的种植，尤其是贾兹拉地区。产量的增加使粮食得到了保障，并（借助棉花）促进了中型纺织业的发展。改善基础设施，包括修建新的公路和铁路，以及主要的填海计划，排干加卜洼地（哈马北部的奥龙特斯山谷中部）沼泽。水泵和拖拉机的引进，提高了贾兹拉地区农作物的种植面积，贾兹拉成为叙利亚的新粮仓。政府加大了教育投入，兴建了更多学校，尽管它们只为少数人服务。在霍姆斯和哈马的中部地区，有组织的农民和工人发起运动，要求把他们也纳入国家政治体系中，并要求承认他们作为工薪阶层和耕种者的集体权利。事实上，如果叙利亚独立是一个成功的故事，那么这些发展今天就可以解释为：在非殖民化时代，叙利亚朝着创造更繁荣的经济和更包容的政治，迈出的早期步伐。

然而，叙利亚独立后，政治大体上是动荡和混乱的，表现为宪法规范的缺失，政治团体寻求外部力量对抗内部的竞争对手。独立后的第一次选举于 1947 年举行，委任统治时期的叙利亚民族联盟被一分为二。联盟与其说是一个政党组织，不如说是多个政治人物的集合，现在它已经丧失了当年发起反法运动所具有的凝聚力。联盟分化后，其中一个分支是总部在大马士革的国民党，只不过是总统舒克里·库瓦特里的私器。另一支是总部在阿勒颇和霍姆斯的人民党，由阿勒平·纳兹姆·库达西（Aleppine Nazim al-Qudsi）和他的霍姆斯盟友阿塔西家族领导，他们在城市政治中发挥了重要作用。

1945 年后，人民党代表北方的利益，反映了阿勒颇与美索不达米亚的历史渊源。在巴格达的哈希姆王朝（Hashemite monarchy）试图将其影响力和权威扩大到叙利亚之时，人民党的多数倾向于伊拉克。为了对抗支持哈希姆的人民党，库瓦特里领导的国民党将目光投向了埃及和沙特阿拉伯。就他们的实际纲领而言，国民党与人民党几乎没有什么区别：他们都代表商人和地主的利益，而且都与即将搅乱叙利亚政治生活的意识形态骚动格格不入。

意识形态政党的兴起

1947 年的选举为意识形态政治提供了一些指标。1945 年成立的穆斯林兄弟会在大马士革选举了一位支持者。农业社会主义组织者阿克拉姆·胡拉尼（Akram al-Hourani，卒于 1996 年）在哈马赢得了一席之地。但大多数议会议员都是代表地方、家族或教区利益的独立人士。1963 年之前，拥有远见并在叙利亚政治中发挥突出作用的民选独立人士之一，是大马士革的实业家哈立德·阿兹姆（Khalid al-Azm，卒于 1965 年），他是奥斯曼时代一个政治家族的后代。

穆斯林兄弟会起源于委任统治时期的各个伊斯兰协会，1945 年穆斯林兄弟会将各个伊斯兰协会统一在自己的组织系统之内。穆斯林兄弟会在叙利亚的创始人是大马士革大学伊斯兰法学院长——霍姆斯伯恩·穆斯塔法·西拜（Homsborn Mustafa al-Sibai，卒于 1965 年）。像伊斯兰协会一样，穆斯林兄弟会主要是一个城市团体，在虔诚的工匠、商人和城镇小商业主中具有影响力，尤其在历史悠久、建筑密集的社区。他们松散地隶属于 1928 年在埃及成立的组织，西拜在埃及学习时加入了这个组织。穆斯林兄弟会将伊斯兰改良主义（对民粹主义倾向的苏非主义持怀疑态度）与伊斯兰教规范性的坚定信念结合起来，以此作为他们参与社会组织和政治行动的基础。与叙利亚的其他意识形态运动一样，穆斯林兄弟会将叙利亚视为一个超越了新成立的叙利亚国家边界的、传播教义和理念的地方活动场域。

穆斯林兄弟会（就像之前的伊斯兰协会一样）向传统的民族主义者施压，并批评政治精英腐败、假公济私等一切背离伊斯兰教义的现象。为了维护穆斯林城市选民的利益，穆斯林兄弟会在特定的时候会与叙利亚其他世俗的意识形态运动发生冲突。

来自哈马的阿克拉姆·胡拉尼生来就对家乡的那些大地主家族怀恨在心。他父亲曾在奥斯曼帝国议会的选举中与来自大地主家族的一员竞争，结果失败了。这些大地主依赖他人的辛苦劳作而过着富裕的生活，以庇护和恐吓的手段控制着地方政治。作为苏非派酋长家族的后裔，世俗的胡拉尼曾接受过律师培训，在城市和农村都有大批追随者。他深深地同情农民的困苦处境，为了给农民争取权利而四处奔走。他旨在打击地主的权力、特权和财产所有权，宣传口号是："带上你的篮子和铲子来埋葬阿伽们和贝老们吧。"（在阿拉伯语中是押韵的）

胡拉尼最初隶属于一个激进的民族主义政党，叫作叙利亚社会民族党（Syrian Social National Party，SSNP，成立于 1932 年）。它是那个时代的产物，深受法西斯内部的组织形式和外在的图像风格所影响。叙利亚社会民族党强调国家的团结和具有魅力领袖的权威——一位生在黎巴嫩，名叫安托万·萨阿德（Antoun Saadeh，卒于 1949 年）的教师。该党的世俗愿景就是把大叙利亚想象成一个独特的民族国家，这吸引了早期独立时代的激进民族主义者，他们不希望看到大叙利亚分裂成一个个更强大的阿拉伯或伊斯兰个体。然而，胡拉尼最终离开了叙利亚社会民族党。在 1950 年，他正式组建了自己的政党，并取名为阿拉伯社会党（the Arab Socialist Party）。

在巴勒斯坦的失败

库瓦特里及其国民党追随者没有太多时间享受权力的果实。像其他新独立的阿拉伯国家一样，由于英国对巴勒斯坦统治的结束，叙利亚也面临紧迫挑战。1947 年 11 月，联合国大会不顾阿拉伯人的反对，投票决定将巴勒斯坦划分为一个犹太国家和一个阿拉伯国家。巴勒斯坦爆发的犹太民族运动是英国在两次世界大战之间扶植出来的。在"二战"中纳粹德国对欧洲犹太人进行种族灭绝之后，美国和苏联都支持犹太人建国。在分治决议之后，犹太民族运动（委任统治时期称为巴勒斯坦犹太事务局）开始在巴勒斯坦建立一个犹太国家，然而巴勒斯坦的大多数人口是阿拉伯人。从1947 年底到 1948 年 5 月期间，英军逐步撤出巴勒斯坦。与此同时，巴勒斯坦的犹太人与阿拉伯人彼此奋力争夺英军撤离的阵地。1948 年 4 月，犹太事务局放弃了静态防御政策，转而发动了一场战争，将巴勒斯坦的部分地区连接起来，准备建立一个犹太国家。他们的目标是确保和扩大犹太国家的边界，并解除阿拉伯人对耶路撒冷犹太社区的围困。这些行动引发了第一次大规模的巴勒斯坦阿拉伯难民潮（巴勒斯坦人将每年 5 月 15 日定为巴勒斯坦灾难日），此后难民人数不断增多，最终超过了 70 万人。

叙利亚与巴勒斯坦的联系是通过阿拉伯联盟进行的，叙利亚是阿拉伯联盟的宪章成员之一。库瓦特里在巴勒斯坦问题上的主要目的是，确保约旦（过去的外约旦）国王哈希姆－阿卜杜拉无法从巴勒斯坦委任统治的结束中获得任何好处。库瓦特里在人民党中的反对者向伊拉克的哈希姆寻求支持，而人民党的盟友德鲁兹（以及大名鼎鼎的苏丹·阿特拉什）则向约旦寻求支持。当时阿卜杜拉的弟弟费萨尔统治着大马士革，库瓦特里担心阿卜杜拉和德鲁兹会以实现 1918—1920 年的"大叙利亚"为名义，密谋推翻他的政府。为了阻止阿卜杜拉，库瓦特里寻求阿拉伯国家对巴勒斯坦进行干涉。在这方面，他得到了埃及和沙特阿拉伯的支持。

在叙利亚的鼓动下，阿拉伯联盟于 1948 年春向巴勒斯坦地区派遣了几千名装备简陋的志愿部队，帮助当地的巴勒斯坦阿拉伯人，这项事业在叙利亚得到了广泛的支持。叙利亚公众以为，这一干预行动是为了"拯救"阿拉伯巴勒斯坦。这支志愿部队被称为"阿拉伯救世军"，指挥官正是 1925 年企图在哈马进行起义的法齐·卡乌基（Fawzi al-Qawuqji）。对于参与政治的叙利亚人来说，巴勒斯坦是一个广受欢迎的地区——是以穆斯林为主的阿拉伯国家，是"自然意义上的叙利亚"概念的一部分，在人们的记忆中，它是一个地缘政治的整体概念（统一在奥斯曼帝国之下）。库瓦特里希望"阿拉伯救世军"能够遏制犹太人的扩张，并对约旦国王阿卜杜拉的力量产生制衡作用，约旦对巴勒斯坦和叙利亚的领土野心早已不是秘密。领导有方、装备精良、效率极高的犹太军队击溃了当地的巴勒斯坦民兵和阿拉伯联盟志愿部队，最终引发了巴勒斯坦的难民危机。这一失败直接导致阿拉伯国家出兵干预。在英国委任统治结束前一天的子夜，即 1948 年 5 月 14 日，以色列国（the State of Israel）宣告成立。进行军事干预的阿拉伯国家目的各不相同，他们的动机与其内部竞争有关。叙利亚的当务之急仍然是约旦。仍与英国紧密联系的哈希姆王国，打算实施分治，以便夺取大部分指定给阿拉伯巴勒斯坦国家的领土，同时接受这个新生的犹太国家，让自己独善其身。库瓦特里和他的总理贾米勒·马尔丹·贝伊想要捍卫他们在叙利亚的统治地位，并遏制约旦的野心。

在议会全票通过的支持下，库瓦特里派出了一支规模小、装备简陋、政治上不受信任的叙利亚军队。他在巴勒斯坦地区派遣的队伍大约 2500 人到 3000 人。叙利亚军进入了巴勒斯坦北部，对第一次中东战争（1948—1949）的总体结果几乎没有发挥任何效用，这场战争以以色列的决定性胜利而告终。最终，当 1949 年与以色列签署停战协议时，叙利亚军队成功地控制了前巴勒斯坦在加利利海与呼拉湖之间的三小块领土。

叙利亚犹太人为巴勒斯坦的冲突付出了高昂的代价。尤其是在历史悠久的大马士革和阿勒颇，犹太人长期定居于此，是这里的原住民，他们生活和工作在阿拉伯文化环境中。有些是在 1492 年被赶出西班牙的安达卢西亚犹太人后裔，而另一些人则有近东血统，可以追溯到古代。19 世纪末 20 世纪初，当语言认同开始凸显时，人们通常把他们称为"阿拉伯犹太人"，就像人们称呼"阿拉伯基督徒"一样。但在 20 世纪，当阿拉伯民族主义与犹太民族主义在巴勒斯坦相互对立时，叙利亚和其他阿拉伯地区的犹太人发现自己处于越来越危险的境地。穆斯林和阿拉伯基督教民族主义者怀疑犹太人是潜在的第五纵队和"犹太复国主义代理人"。尽管在 1943 年一名犹太人出现在大马士革的舒克里·库瓦特里政府的名单上，并当选为议会议员，但随着巴勒斯坦冲突的加剧，阿拉伯民族主义者肆意地发泄反犹太情绪。1947 年 12 月，就在前一个月联合国投票决定分割巴勒斯坦之后，反犹太人的暴力和谋杀震动了阿勒颇。随后，大批犹太人逃离叙利亚，一度繁荣的阿勒颇犹太社区迅速萎缩。

第二年，以色列的建国加剧了叙利亚犹太人处境的恶化。为了转移公众对其自身失败的愤怒，叙利亚政府对犹太人施加了严苛的旅行限制和其他限制。有一段时间，犹太人可以离开叙利亚（黎巴嫩、美国和以色列是首选目的地），但前提是他们必须交出自己的财产。尽管仍有几千名犹太人留在大马士革和阿勒颇，但他们的社区已不复往日的繁华。在后来的几年里，留下的犹太人被禁止移民。他们如果旅行的话，就不得不把亲密的家庭成员作为人质留下，以此来等待旅行者返回。1965 年，在政府高层发现一名有叙利亚血统的以色列－犹太间谍，这加深了叙利亚政府对犹太人的怀疑，并加大了监视力度。20 世纪 50 年代末以来，叙利亚建立了警察国家，从此犹太人的生活受到严密监控。

1949 年停战协议签订后，以色列在巴勒斯坦四分之三的地区建立了自己的国家，生活在以色列的阿拉伯人，有 90% 都沦为了难民。多达 10 万名阿拉伯人在叙利亚避难。总体而言，由于阿拉伯的军事失败以及民众对库瓦特里政府"腐败"的愤怒，政府被指责为造成叙利亚军队物资短缺和失败的罪魁祸首，这导致了 1948 年到 1949 年冬天的一场执政合法性危机爆发。1948 年 11 月至 12 月，库瓦特里派出军队镇压反政府抗议活动，加剧了他的政治困境，因为他向军官释放了一个己弱彼强的政治信号。

此起彼伏的政变

在叙利亚经历了许多军事政变之后，1949 年 3 月 30 日，胡斯尼·扎伊姆（Husni Zaim，卒于 1949 年）将军与其他许多不满的军官联手推翻了摇摇欲坠的议会政权，并将库瓦特里流放国外。扎伊姆是阿勒颇的一名军官，他的职业生涯始于奥斯曼帝国军队，在第一次世界大战期间叛变为阿拉伯起义军，曾在法国指挥的特种部队服役，但因侵吞公款而被革职。1948 年到 1949 年中东战争期间，又重新入伍，并晋升为叙利亚陆军参谋长。在发动政变之前，扎伊姆试探了外国大使馆的态度。法国、英国和美国政府与库瓦特里相互之间没有任何好感，在确定不会有国际势力来干涉后，扎伊姆采取了行动。

美国对扎伊姆的支持，部分源于华盛顿在"冷战"初期的倾向，即把新独立国家的军事政治视为对抗共产主义和对抗亲苏联势力的有效手段。作为一支纪律严明、等级森严、一向训练有素，并且由前殖民国家提供武器、装备精良的部队，这支军队被描述为叙利亚"现代化的推动者"。军队可以推动改革，以减少共产主义对不安和不满民众的吸引力。

叙利亚军队成立之初是一支维护殖民统治的力量，其招募对象主要是农村人口、少数民族或少数派宗教人士。独立后，叙利亚陆军军官团中出现了大量招募人员的热潮。这些新成员大多来自小城镇、农村和宗教少数派，与叙利亚民族联盟及其衍生政党为代表的老牌民族主义精英几乎没有联系，因此对他们也不会心怀同情。富裕的逊尼派城市精英不屑服兵役，而非精英、非城市背景出身的有能力、有抱负的年轻人则把军官团视为一条有前途、爱国的、进入上流社会的道路。甚至早在 1949 年，以库瓦特里、马尔丹·贝伊等人为代表的旧民族主义领导层，在面对军官阶层普遍扩散的、公开的不满和抱怨时，也无计可施。

但是，军队还没有做好执政准备，至少现在还没有。在叙利亚前途未卜的情况下，支持伊拉克的党派（他们最终寻求与伊拉克结盟，包括将哈希姆家族统治扩大到叙利亚）和支持叙利亚继续独立的党派之间爆发了一场权力斗争。总部位于阿勒颇的亲伊拉克的人民党最初对库瓦特里的下台表示欢迎，但是当扎伊姆没有得到预期的来自巴格达的慷慨支持时，他们突然转向库瓦特里的反哈希姆阿拉伯盟友、埃及和沙特阿拉伯。在这场争夺叙利亚影响力的阿拉伯内部竞争背后，是英国（伊拉克政府的支持者）和美国（沙特阿拉伯的支持者，他们寻求与埃及建立更紧密的关系，而英国在埃及既不受欢迎，又遭人憎恨）。扎伊姆提出了一系列改革措施，其中最有影响的是妇女参政，他还批准了一项在议会被搁置的提案，即铺设从沙特阿拉伯穿越叙利亚领土到黎巴嫩的地中海港口西顿的美国石油管道

（输油管道项目）。

行使政治权力冲昏了扎伊姆的头脑，很快他就疏远了在政变中帮助他的军官，以及广泛的舆论力量。1949年6月，扎伊姆一手炮制了一场单一候选人选举活动，并就任总统；他大兴开罗和利雅得（Riyadh）时期的向君主谄媚的风气；他还一手策划成立了外国保镖特别行动组，成员由南斯拉夫的穆斯林组成；他靠一根闪闪发光的指挥棒晋升为元帅军衔，这很可能是叙利亚军队所见过的最耀眼的指挥棒。除了这些彰显个人虚荣心的计划外，尽管叙利亚人对伊斯肯德伦的失利仍记忆犹新，但他还是接近土耳其，支持美国提出的一项亲西方的军事条约，并提议与以色列达成一项协议。这相当于在以色列方面，在两国的边界和巴勒斯坦难民等悬而未决的问题上没有给出任何的交换条件的时候，他就承认了犹太国家。

同时，扎伊姆为民族主义观点架起了许多政治桥梁，这使他很容易在1949年8月第二次政变中得到支持，这些政变得到了前一次游行中支持他的一些官员的支持。这场由英国支持、伊拉克策划的政变的牵头人是向人民党和其他亲伊拉克分子寻求政治支持的萨米·辛纳维上校（Sami Hinnawi，卒于1950年）。在政变过程中，为了报复扎伊姆将叙利亚社会民族党（SSNP）创建人萨阿德引渡到黎巴嫩，并在仓促的审判后立即处决的这件事情，一名叙利亚社会民族党的军官枪杀了扎伊姆（黎巴嫩政府想要除掉萨阿德，是因为由叙利亚社会民族党策划的一次失败的政变企图）。

辛纳维在1949年11月组织了制宪会议的选举。流亡海外的库瓦特里国家党抵制了这次选举，但是阿勒颇的人民党参加了选举，并成为占主导地位的政党。然而，与伊拉克的直接联盟并没有得到执行，因为人民党对与英国签订的条约持保留意见，而此时如果伊拉克接管叙利亚，就必须遵守该条约。人民党和独立党在议会中占据主导地位，但3个意识形态党派也赢得了一席地位。他们是穆斯林兄弟会、激进的阿拉伯复兴党（成立于

1947 年）和叙利亚社会民族党。1949 年制宪会议选举了 3 名意识形态的政党代表，预示着叙利亚未来的趋势。在未来几年里，尽管意识形态政党从未获得民众或议会多数席位，但他们将在此后叙利亚政治中扮演着越来越重要的角色。

由于担心辛纳维及其盟友带领叙利亚与伊拉克结盟，一批民族主义军官在 1949 年 12 月发动兵变推翻了他。阿迪卜·施舍克里上校（Adib Shishakli，卒于 1964 年）领导了第三次也是最后一次政变，他将在接下来的 4 年里，成为叙利亚政治舞台的一号角色，也成为叙利亚第一位拥有实权的军事统治者。

施舍克里来自哈马，曾参加过特种部队，并在阿拉伯志愿者联盟服过役，这个阿拉伯志愿者联盟曾经在 1948 年春试图阻止犹太人在巴勒斯坦的推进运动，但未获成功。早在 20 世纪 40 年代，施舍克里就曾是叙利亚社会民族党的成员，并且一度与来自哈马的激进律师和政治家阿克拉姆·胡拉尼关系密切，胡拉尼也是该党成员。施舍克里协助了辛纳维的政变，这显然是为了报复扎伊姆将叙利亚社会民族党创建人萨阿德送往黎巴嫩执行死刑。然而，辛纳维的政变得到了伊拉克的支持，施舍克里担心，辛纳维和他的亲伊拉克盟友准备牺牲叙利亚的独立来换取巴格达的支持。这些考量就是施舍克里发动政变的背景。

施舍克里在他统治 4 年的最后几个月（1953 年 7 月至 1954 年 2 月）才获得总统的头衔和职位，在此期间，他对叙利亚政府拥有最终的决定权，通过他的门徒保持对关键部门和军队的控制。由于人民党主导制宪会议，所以政府的主要部门人员均由人民党人来担任，但是武装部队现在不在文职内阁的范围之内。人民党是亲伊拉克的，并得到了伊拉克政府的帮助和支持，但由于伊拉克政府在叙利亚民族主义者中不受欢迎，所以该党倡导的叙伊联盟受到了抵制。因为施舍克里和他的哈马盟友，包括阿克拉姆·胡拉尼，阻止伊拉克统一计划的实施，导致人民党的影响力逐渐丧失。像胡拉尼一样，施舍克里虽然是叙利亚社会民族党的早期成员，但在掌权后，施舍克里试图统一周围的军队，而不是将军队变成叙利亚社会民族党或其他政党的工具。与此同时，胡拉尼不仅主张在叙利亚国家层面推行进步的社会政策，而且在阿拉伯国家层面也主张同步推进这些政策。

随着人民党及其代表亲伊拉克党派在权力和影响力上的衰落，胡拉尼在 1950 年重振反地主的阿拉伯社会党，也巩固了自己的政治基础，这就是 1953 年阿拉伯社会党与阿拉伯复兴党合并的背景。合并后，阿拉伯复兴党自动将其在哈马地区的农村基地移交给统一后的政党。从此，合并后的政党全称是阿拉伯复兴社会党（Arab Baath Socialist Party），并一直沿用至今。

一方面，施舍克里和军队之间的紧张加剧；另一方面，他与平民政治家之间的紧张关系也在恶化。他们在公共问题上的分歧，主要集中在人民党与伊拉克之间的联系及其支持者英国的关系上。1951 年 11 月，施舍克里发动了他的第二次政变，依靠军事力量，解决了包括埃及王室、沙特阿拉伯、叙利亚意识形态运动和流亡的库瓦特里国家党在内的反对人民党的所有势力和问题。施舍克里暂时获得了军队、叙利亚意识形态运动，以及包括穆斯林兄弟会、阿拉伯复兴社会党、胡拉尼的社会党和叙利亚社会民族主义党等党派的支持。从此，平民政治家们不得不作为政治参与者与军队一起生活，军队"退回到军营"的想法与这个国家的现实渐行渐远。

施舍克里以军事独裁的方式继续统治着叙利亚，尽管大部分是在幕后，而他的副手却是政府的一线人员。他与胡拉尼一起发起了一系列的反地主改革。政府在阐明民族主义路线的同时，也宣布了对外国机构和学校的限制。为了平息潜在的反对势力，穆斯林兄弟会被宣布为非法组织。

尽管施舍克里出身于叙利亚民族主义党，但他越来越倾向于阿拉伯意识形态。他想利用自己在军队中的基础，成为国家政治的主人，而不是成为现有政党的仆人。1952 年 8 月 25 日，施舍克里宣布建立一党模式，称为阿拉伯解放运动，他宣布：

> 阿拉伯解放运动组织并不是一个新的政党，不能被添加到旧的政党的名单上，这样做只会混淆民族的概念，并且分裂民族的力量。把各党派和各阶层的精英分子重新团结起来，使他们成为一个强大的集团，这个集团完全有能力恢复国家的统一，并使国家发出一种令人们愿意倾听和尊重的声音，这是一种忠诚和真诚的尝试。

施舍克里继续声称，叙利亚是阿拉伯思想的中心，是阿拉伯人寻求消除腐败的先锋领导者，这些领导者曾背叛了巴勒斯坦。为此，大马士革电台成为向阿拉伯邻国广播宣传的工具。施舍克里预计，一些主题很快会成为贾迈勒·阿卜杜勒·纳赛尔（Gamal Abdul Nasser，卒于 1970 年）的惯用手段。纳赛尔从 1952 年埃及军事政变中脱颖而出，两年后成为埃及总统。但与埃及不同的是，叙利亚没有能力将任何权力或权威投射到其边界之外。

与此同时，施舍克里被权力冲昏了头，与他早期的支持者渐行渐远。1952 年 12 月，他的总参谋部宣布揭发一个反对政权的"阴谋"，并对政治反对派进行镇压。这一时刻充分表明了早些时候，当意识形态政党在庆祝施舍克里解散旧政党的时候，他们自己同时也成为施舍克里情报机构的潜在受害者，这些标志着他和包括胡拉尼的社会党在内的复兴党之间的分裂。最终，施舍克里与民族主义政党之间的紧张关系将会升级。

曾在法国受过教育的大马士革教师米歇尔·阿弗拉克（Michel Aflaq，卒于 1989 年）是阿拉伯复兴社会党的联合创始人，他回忆并说道，施舍克里对叙利亚主权的忠诚（反对伊拉克的野心）是有条件的：

> 虽然（施舍克里）反对与伊拉克结盟，但他对沙特阿拉伯、埃及和法国有着郑重的承诺，他的独立性也同样有限。特别是法国的发言人，称施舍克里是叙利亚正直的捍卫者，但这是因为他在反对巴格达和英国的政治游戏中发挥了作用。

施舍克里于 1953 年 7 月就任总统，并宣布致力于发展阿拉伯民族主义，包括阿拉伯复兴社会党在内的反对派指责他玩弄华盛顿支持的防御计划，该计划旨在建立包括埃及和沙特阿拉伯在内的美国领导的集团取代英国领导的哈希姆阿拉伯集团（伊拉克和约旦）。1953 年 7 月，反对派政党和知名人士在阿塔西家族的堡垒霍姆斯举行了秘密会议，密谋推翻施舍克里。参加会议的代表有老派的国家党、人民党、共产党和复兴社会党。反对施舍克里的一个重要地理中心是德鲁兹山（在独立时代正式更名为"阿拉伯山"）。德鲁兹部落的领导层与约旦的哈希姆派有着友好的关系，在 1925—1927 年的反法起义被镇压后，资深的民族主义者苏丹·阿特拉什曾在约旦避难长达十年之久。

施舍克里将德鲁兹地区视为他的眼中钉，是他独裁集权计划中的障碍。他怀疑德鲁兹军官的忠诚，把他们派到伊拉克边境附近偏远的代尔祖尔（Deir ez-Zor）驻扎。在施舍克里的统治期间，随着叙利亚农业在其他地区的蓬勃发展，德鲁兹的贾巴尔却严重匮乏公共投资。非德鲁兹派系的组织被任命来管理贾巴尔地区，政府则镇压了该地区与约旦之间利润丰厚的大麻贸易。1954 年 1 月，由阿特拉什领导的反政府起义遭到政府军和炮兵的猛烈镇压。非正规军再也无法挑战政府军队，在施舍克里统治期间，政府军队的规模急剧增长。

埃及军事政权支持施舍克里反对德鲁兹，将德鲁兹的动乱归咎于英国和哈希姆的阴谋诡计。埃及官方评论已经不是最后一次用宗派语言来描述叙利亚的事件。开罗电台宣称：

> 德鲁兹是一个教派，他们不是阿拉伯人，他们根本不是阿拉伯人。德鲁兹人憎恨阿拉伯人。德鲁兹有他们自己的信仰。他们是英国人和犹太人在以色列的仆人。德鲁兹是叛徒，伊斯兰的敌人，以色列的朋友。

尽管阿拉伯复兴社会党等泛阿拉伯民族主义者坚称，阿拉伯民族主义可以通过强调文化和语言上的认同作为国家包容的标准，以此来弥合宗教信仰上的分歧，但开罗的评论强调了泛阿拉伯主义的其他用途，即认为它等同于阿拉伯逊尼派的身份。

1954 年 2 月，以德鲁兹地区的贾巴尔、霍姆斯和阿勒颇为基地的军事暴动推翻了施舍克里政权。反施舍克里的军事阴谋者得到了伊拉克的支持和资助，施舍克里的下台开创了政治动荡的新时代。议会政府得以恢复，1954 年 9 月举行了最民主的选举。但随后的政府却岌岌可危。陆军军官是派系化的，已经习惯于行使政治权力。政党的公开角逐掩盖了他们在军官团内部的政治影响力，从而进行更为隐蔽的斗争。

1954 年的选举揭示了叙利亚公共政治力量的新格局。从叙利亚民族联盟中成长起来的传统政党，即库瓦特里的国家党和以阿勒颇 – 霍姆斯为基础的人民党，都衰落了。复兴党赢得了大量席位，他们与胡拉尼政党合并获得了丰厚的回报。哈立德·阿兹姆是一位愿意与共产党合作的独立民族主义者，他领导着愿意追随他的独立团体。共产党和叙利亚社会民族党也各赢得一席之位。虽然老政客们还没有完全退出历史舞台，但他们已不再是幕后操纵者了。尽管没有一个政党能在叙利亚全境获得广泛的支持，但意识形态政党在与军官团各派系结盟的推动下，正方兴未艾。

接下来几年的政治生活非常热闹。一方面，被压迫的工人对自己权利主张有诉求；另一方面，当时主要的内部问题是国家对外国（主要是英国）拥有伊拉克石油公司并持有更高收入心怀不满。但令一切黯然失色的是，叙利亚在"美苏冷战"中的纠缠日益加深。摇摇欲坠的叙利亚，弱小且内部分裂，成为一场激烈、高度两极化斗争的目标，这场斗争是围绕着两个超级大国之间的竞争和名为《巴格达条约》的联盟条约而展开的。

"冷战"中的叙利亚

1955 年，苏联的外交人员进入阿拉伯世界，美国对此感到震惊。叙利亚和埃及都不满意他们昔日的殖民军火供应商法国和英国，因此转而从苏联购买武器。作为回应，美国开始推动在中东建立亲西方的反苏联盟体系，其阿拉伯世界的主要支柱将是英国在阿拉伯世界最重要的客户——伊拉克哈希姆王朝。埃及总统纳赛尔将《巴格达条约》解释为英美试图孤立埃及并削弱开罗对阿拉伯世界影响力的政治企图。

1955 年，在印度尼西亚万隆召开了亚非会议，纳赛尔领导下的埃及也派代表参加了这次会议。在纳赛尔和他的支持者看来，美国支持《巴格达条约》是新殖民主义的象征，它用西方列强的新模式取代了直接的殖民统治。埃及的这一观点在叙利亚引起了广泛的共鸣，并吸引了大量民族主义者的追随。1956 年 7 月，纳赛尔将苏伊士运河国有化后，引起了英法的不满并进而采取武装干预。10 月，埃及抵抗住了英国、法国和以色列的联合攻击（第二次中东战争）。此后，纳赛尔的声誉一飞冲天。美国因三方进攻而措手不及，陷入了进退两难的境地，于是与苏联一同要求三国撤军。

随着纳赛尔的声名鹊起，叙利亚共产党的力量和知名度也随之提高。叙利亚共产党在公众和部分军队中的影响力不断增长，让复兴党担心自己可能会被左翼包围，基于此考量，他们加强了与纳赛尔的联系。纳赛尔与苏联建立了伙伴关系，但条件是，他要求解散埃及的共产党。万隆会议之后，特别是第二次中东战争之后，埃及在阿拉伯世界的声誉得到了提升。

此后，由于担心叙利亚道路上的"共产主义威胁"（军火交易、叙利亚共产党及其最重要的非共产主义盟友阿兹姆所倡导的经济协议），美国与伊拉克合作，于1957年推翻了叙利亚政府，确保了亲美、亲西方的势力在该国取得胜利。美国的这些颠覆行动是1957年艾森豪威尔主义所阐明的广泛目标的一部分，即支持那些面临苏联或"国际共产主义"威胁的中东国家。

叙利亚紧张局势加剧，政治偏执、不信任和相互指责的火苗越烧越旺。叙利亚已经成为"冷战"中的兵家必争之地，并且国内军官队伍内部和政治阶层之间的权力斗争仍在继续。曾有一段时间，复兴党和共产党在政策上是一致的。不过，从根本上说，这两个政党是对类似选区有吸引力的竞争对手。复兴党为了巩固自己的地位，拉近了与纳赛尔的关系。与此同时，叙利亚社会民族党被指在1955年暗杀了一位重要的亲阿拉伯复兴社会党和亲纳赛尔的军事人物［即阿德南·马尔基（Adnan al-Malki），这位国家的"烈士"被埋葬在大马士革西部一个社区的坟墓里，后来以他的名字命名了整个社区］。尽管在意识形态上存在分歧，但叙利亚社会民族党和亲英的伊拉克君主制还是共同推翻了叙利亚的亲纳赛尔和共产主义势力。

叙利亚独立后的第一个十年所发生的事件，凸显了叙利亚国家的弱点和叙利亚缺乏明确的国家意识。政治人物和政党呼吁外部势力削弱他们的对手。平民政客和军官互不信任，军官们也分裂成互相竞争的派别，他们从叙利亚境外寻求支持。尽管在国家基础设施的建设，以及将更广泛的人口融入政治生活等方面取得了一些进展，但这些进展在离心式政治和社会力量的博弈中阻碍了叙利亚进一步的发展。更糟糕的是，叙利亚越来越被视为冷战斗争和地区对抗中的棋子或战利品。简而言之，叙利亚既没有普遍的合法性，也没有能力阐明和捍卫国家利益的政权。在很短的时间内，它将不复存在。

埃及再次吞并叙利亚：阿拉伯联合共和国

在这种令人担忧的环境下，老牌民族主义者舒克里·库瓦特里于 1955 年重返总统宝座。随着叙利亚危机的加深，他领导了一场由军方推动的运动，把叙利亚交到了纳赛尔和埃及手中，这是一次备受瞩目的主权和独立的投降，得到了复兴党的支持，但遭到了共产党的反对。

尽管叙利亚民族联盟的拥护者希望建立一个联邦国家，但纳赛尔对叙利亚支离破碎的政治局面持谨慎态度。虽然新成立的阿拉伯联合共和国是主要由埃及与叙利亚合组的泛阿拉伯国家，其中叙利亚的阿克拉姆·胡拉尼成为阿拉伯联合共和国的副总统之一，但很明显，阿拉伯联合共和国是在纳赛尔的领导下成立的。埃及人控制着政府的大部分关键部门。该国的首都是开罗。埃及通过安全部门治理叙利亚，而亲纳赛尔的叙利亚军事情报部门负责人阿卜杜勒·哈米德·萨拉杰（Abdel-Hamid al-Sarraj，卒于 2013 年）主导着叙利亚的局势。出于对萨拉杰野心的警惕，纳赛尔最终把他带到开罗，并于 1960 年在叙利亚让效忠埃及的副总统阿卜杜勒·哈基姆·阿米尔将军（Abdel Hakim Amer，卒于 1967 年）取代了他。实际上，阿米尔将军是纳赛尔在叙利亚的全权代表。

阿拉伯联合共和国将叙利亚人引入了 20 世纪的警察国家，从那时起，这一历史遗留问题成为叙利亚独特的民族特色。曾主张与埃及结盟的叙利亚平民政治家们对自己的无能为力感到愤慨，直至后来与纳赛尔决裂。胡拉尼在1959年走上了自己的政治道路，在他们所拥护的联盟中被剥夺了所有有效的权力之后，复兴党开始分裂。阿拉伯联合共和国领导层反过来镇压了所有的旧政党。纳赛尔这样做只是重复了他在埃及实施的方案：废除旧的、争吵不休和"腐败的"政党，取而代之的是一个单一的一党制国家，（据称）将建立统一国家，以促进国家社会经济的发展。

纳赛尔及其同盟不相信政治化的叙利亚军官集团。与复兴党有联系的叙利亚军官被调到埃及，他们在那里受到严密的监视。1959年，他们成立了一个秘密军事委员会，在接下来的10年里，这个委员会成为叙利亚政治历史上的一个重要工具。其中一名成员是名叫哈菲兹·阿萨德（Hafez al-Assad，卒于2000年）的空军军官。与此同时，阿拉伯联合共和国减少了叙利亚在统一国家军队中军官的人数，并将叙利亚军事学院搬迁到了开罗。

雪上加霜的是，叙利亚被视为埃及的经济殖民地。埃及的货物可以自由进入叙利亚，但叙利亚的货物在埃及则遭到征税或限制。阿拉伯联合共和国视叙利亚为农业区，其经济活动应为埃及大都会的利益而服务，就像英国对待殖民时期的印度一样。叙利亚商人被迫从埃及进口货物，而不是从其他供应商的途径进口。1961年，开罗政府实施了外汇管制制度，导致叙利亚资本外流。

除了将叙利亚人置身于现代警察国家和经济奴役中之外，阿拉伯联合共和国还于1958年颁布了叙利亚第一部土地改革法，并于1961年颁布了纳赛尔的国有化法令。土地改革法仿照埃及模式，并没有反映叙利亚的实际情况，即叙利亚是一个雨水充沛、农业发达的国家。尽管如此，土地改革法还是确立了限制个人土地保有量的原则和向合格种植者分配所有权的原则。在土地重新分配的地方，耕种者将成立国家支持的农业合作社，提供曾经由地主提供的信贷服务和种子等。

在阿拉伯联合共和国执政时期，土地改革法的实际执行情况并不尽如人意，但它确实在豪朗和贾齐拉等地的农学家中产生了一批支持纳赛尔的群体。此外，土地改革还起到了削弱地主政权的效果。随着地主对村庄和乡村生活控制力的削弱，从奥斯曼帝国统治末期到法国统治时期，再到独立的前十年，地主逐渐失去了他们在各种政府体制下所享有的某些政治影响力。正巧，在土地改革法实行期间，叙利亚与埃及结盟，也正是在这一时期，叙利亚农村发生了严重的旱灾。许多人认为，是土地改革法的实施导致了这一艰难的时期。

纳赛尔于 1961 年 7 月颁布的国有化法令波及到叙利亚的银行、保险公司和一些工业企业。受到打击的是叙利亚的民族资本家，而不是外国业主。国有化法令（在阿拉伯联合共和国所属的埃及和叙利亚地区实行）的基本原理是用一种"社会主义"制度取代以利润为导向的私人资本家，这种制度可用来实现推动国民经济发展这一宏伟的爱国目标。国有化旨在剥夺私人资本的政治权利，将经济决策权移交给国家官员，并扩大国家权力。与此同时，在国有企业中建立工会组织，因为现在所有的工人都是公共雇员。在 1961 年 9 月分离主义政变发生之前，叙利亚几乎没有时间执行这些法令，但这些法令开创了政府干预经济的先例，此后不久这一先例将得到更新和发展。

分裂

纳赛尔迫不及待地要加快叙利亚的重组步伐，甚至在将萨拉杰转移到埃及后，他仍然对萨拉杰在叙利亚地区挥之不去的权力根基心存疑虑。因此，纳赛尔于 1961 年 8 月遣散了叙利亚的地区政府，并将该国划分为若干个独立的省份，而这些省份直接对开罗负责（在这一点上，知名的阿拉伯民族主义者正在步法国殖民当局的后尘，而后者也曾试图在行政上和政治上分裂叙利亚）。1961 年 9 月，一群叙利亚军官利用阿拉伯联合共和国政策带来的阴影，在大马士革与纳赛尔的全权大使阿米尔进行对峙。这些军官要求对重组政策重新进行谈判。阿米尔似乎愿意参与谈判，但他并没有最终决定权，因为决定权掌握在纳赛尔手中。

起初，纳赛尔希望镇压这些军官，但当他发布命令时，他发现，在叙利亚，没有忠诚的军队愿意听他向大马士革进军以平息政变的指令。因此，纳赛尔不得不勉强承认分裂是既成事实，但他随后发动了一场声势浩大的宣传活动，声讨那些在大马士革掌权的官员和政治家。总之，现在的大马士革又一次成为一个主权国家的首都。尽管许多叙利亚人支持叙利亚从阿拉伯联合共和国撤军，但纳赛尔对复兴党尤其感到愤怒，他现在指责后者是"叛徒"，而以前他却是该组织的拥护者。这标志着叙利亚多元议会生态最后一幕的开端，这里面充斥着不稳定因素，而最终的结局也不尽如人意。

1961 年 9 月，军事政变的策划者上演了一出政治秀，好像他们已经从公共政治生活中隐退了。但事实是，在 1961 年 12 月选举前，他们仍然在幕后活跃着。开罗呼吁叙利亚人抵制选举，但参与投票的人还是很多。政党被正式排除在选举之外，但派别和团体仍可参与选举。复兴党被排除在外，而胡拉尼（他与复兴党刻意保持了距离）和他的候选人却在选举中表现不错。独立政治家、实业家哈立德·阿兹姆也是如此，他对阿拉伯联合共和国一些改革项目的坚决反对提高了自身的声誉。保守的人民党候选人与民族党候选人也赢得了席位，人民党候选人分别被推选为总统和总理。

新成立的政府推翻了阿拉伯联合共和国的许多国有化政策。纳赛尔政府于 1962 年支持了两次政变企图，这两次政变虽未能推翻政府，但加剧了后阿拉伯联合共和国时期叙利亚的政治脆弱性和不稳定性。叙利亚军官再次卷入派系、党派政治。两大平民领袖阿弗拉克和萨拉赫·丁·比塔尔

（Salah al-Din al-Bitar，卒于 1980 年，生前跟阿弗拉克一样是大马士革的一名教师）史上第一次将胡拉尼逐下政坛，这标志着复兴党的分裂。复兴党军事委员会与平民领导层分开运作，扩大了其在军官中的影响。阿兹姆和胡拉尼带头发动公共运动，呼吁废除紧急状态法，并在工会中全面恢复自由的宪政生活和社团生活。1962 年 9 月，阿兹姆成为叙利亚的总理，因为他是最受选民拥护的候选人。

1963 年 3 月的复兴党军事政变揭开了叙利亚政治生活的新序幕。在当时，该政变似乎只是对一个自 1949 年以来经历过多次军事干预国家政治的又一次军事干预。哈立德·阿兹姆以叙利亚多党宪政生活的崩溃结束了他的政治生涯。1949 年，胡斯尼·扎伊姆的第一次军事政变将他赶下总理的职位，1963 年的复兴党政变再一次将他赶下台。作为独立后的叙利亚最受尊敬的政治家和在位时间最久的政治家，阿兹姆在贝鲁特流亡两年后，最终客死他乡。

复兴党掌权

新的复兴党政权并不稳定。它没有任何政治上的合法性，因为它产生于一场阴谋政变。纳赛尔和他的宣传机构继续对复兴党进行无情打击，质疑他们领导这个阿拉伯国家的能力，并煽动叙利亚人抵制他们。叙利亚军队中支持纳赛尔的军官试图发动反政变运动，但这是徒劳的。复兴党内部分成了两大机构：一类是管理公共职位的平民机构，另一类是扎根于军事委员会及其支持者的秘密军事机构。在复兴党的组织结构方面，包括联合创始人阿弗拉克和比塔尔在内的平民领导层盟友控制了该党的"全国"（泛阿拉伯）指挥部，而"地区"（叙利亚）指挥部则由军事委员会控制。与军事委员会的构成相似，控制地区指挥部的人均来自农村，且均非逊尼派教徒。他们中的许多人是阿拉维派教徒，但也有其他教派的教徒。

萨拉赫·贾迪德（Salah Jadid，卒于 1993 年）是地区指挥部的一个核心人物。他是一名阿拉维派军官，在阿拉伯联合共和国统治时期驻扎在开罗。由于复兴党是密谋上台的，而军事派别对随后开展的权力斗争至关重要，因此像贾迪德这样有政治权势的军官到处安插自己的亲信，并招募支持者加入他们的武装部队。这样一来，区域、宗族、部落和宗派因素，构成了 1963 年以后复兴党政治组织中十分重要的因素。

在叙利亚内陆的一些主要城市，新的复兴党政权受到了广泛抵制。从历史因素来看，这里曾是叙利亚的商业中心，而在叙利亚独立时期，传统的民族主义者在政治上统治着他们。1963 年 5 月，新政权再次带来了银行的国有化，引发资本的外逃和破产。为应对收益危机，政府削减了财政开支，加剧了公众的不满情绪。到 1964 年，经济衰退情况进一步恶化，而与此同时，反政府抗议活动也在蔓延。组织和支持抗议活动的是一个由纳赛尔主义者和穆斯林兄弟会组成的联盟，该联盟的根基十分不稳。同时，在一些农村，农民们抱怨政府对土地改革目标的不作为。

越来越多的复兴党政权反对者（如纳赛尔主义者和穆斯林兄弟会）把复兴党描绘成一个"少数民族政权"，开罗广播电视台（重提了它在 1954 年反对德鲁兹派的一个论点）甚至认为复兴党的成员不是阿拉伯人。哈马及周边地区的宗派言论尤其尖锐。1964 年 4 月，一些镇上的穆斯林领袖在斗争中提出了"穆斯林和复兴党只留一个"的口号。在老城区，亲政府军队与反政府武装之间爆发了武装冲突。政府向旧时哈马的一座神圣清真寺开炮，成为该国其他地区反对复兴党政府的一个重要开端。据说，复兴党的德鲁兹派官员们特别渴望对哈马施加报复，因为 10 年前，施舍克里和他的哈马统治者曾给贾巴尔·德鲁兹带来过巨大痛苦。

由于新政权不稳固，宗教及宗派纷纷采取行动，以此来巩固自身的地位。尽管复兴党避免公开提及这些宗派和部落——倾向于将他们描述成冲突中的激进复兴党民族主义者或革命复兴党民族主义者，而不是将他们描述成卖国贼和反动派——事实上，权力来自军队，政党与军队分成了不同派系，这意味着不同的政治实体能从他们认为最可靠的地方获得支持。对于在军事委员会中有主要发言权的阿拉维派和德鲁兹派军官来说，由个人纽带和社区纽带联结起来的亲邻、家属及其他可信赖的人员是征兵招募的主力。武装部队的士气迅速提升。在这样一个有着政变文化的国家，武装部队中的不同派别争着上台掌权。在这种阴影之下，话语或意识形态这些抽象事物的重要性远远比不上原有或后来维系的忠诚关系。

1964 年 3 月，复兴党军事委员会的成员在清除政治上不可靠的军官时，对武装部队也进行了一场大整肃。那些受到影响的人要么被解雇，要么被调到边缘职位，而这些人主要是逊尼派教徒。这一事态的发展加剧了反对派对该政权的独裁性质（即反穆斯林，甚至反阿拉伯）的指责。这种论调将阿拉伯和逊尼派的身份认同混为一谈，并持久地潜在于 20 世纪阿拉伯民族主义发展过程中。

城市资产阶级和大地主同样反对复兴党政权。对于复兴党来说，拖延时间并没有什么好处，于是它迈出了更为激进的步伐。地区指挥部在农村占据主导地位，为整个运动定下了基调。1964 年秋，政府恢复实施土地改革。1965 年元旦，政府掀起了新一轮现代工业国有化浪潮。紧随其后的是公共事业和对外贸易的国有化。接着，军队进一步遭到清洗，阿拉维派和德鲁兹派取代了逊尼派，而后者被怀疑在对待不同派别的反对派时举棋不定或是对他们持有同情。与此同时，国有化也带来了新的任免机会，因为管理和行政职位现在可向地区指挥部的成员开放。

这些政策加剧了复兴党内阿弗拉克派保守势力与比塔尔派之间的分歧，复兴党对该国旧商业阶层的迅速解体感到震惊，而地区指挥部激进分子的主要代表是萨拉赫·贾迪德。叙利亚总统阿明·哈菲兹将军（Amin al-Hafez，卒于2009年，阿勒颇逊尼派教徒）与全国指挥部结盟，他寻求壮大自身的支持者和盟友队伍。1966年2月，贾迪德携地区指挥部向阿明·哈菲兹、党派联合创始人阿弗拉克和比塔尔以及全国指挥部发动政变，复兴党内部的紧张局势走到了一个转折点。

复兴党的保守势力离开了该党，被迫流亡。地区指挥部的逊尼派盟友努尔丁·阿塔西（Nureddin al-Atassi，卒于1992年，霍姆斯家族的激进成员）成为总统。萨拉赫·贾迪德所在的地区指挥部及其盟友，包括空军司令哈菲兹·阿萨德在内，接管了政权。他们宣布旧时的全国指挥部是非法的，取而代之的是以地区指挥部的形象所塑造出的新国家指挥部（此后，叙利亚复兴党的全国指挥部失去了独立机构的权力。它听从地区指挥部的指令，并控制了其他阿拉伯国家中支持叙利亚复兴党的党派）。1966年的政变开启了叙利亚政治历史的新阶段，这一阶段持续到1970年11月，通常称之为新复兴党的崛起。

新复兴党

新复兴党果断地从市民那里夺走了权利，开始重塑叙利亚社会。它所采取的管理措施大多都很典型，如行政当局设法克服发展不完善的诟病，并积极发展新的支持对象。新复兴党极大地推动了教育事业和基础设施事业的发展，这其中包括铁路项目和大型水坝项目。这些水坝项目不仅可以用来发电，而且能使更多的农田得以开垦。这些政策的主要受益者将会是来自农村和小城镇的人，他们现在有机会更好地接受正规教育，而且他们居住的农村社区有望实现电气化。为了获取民众的支持，新复兴党积极组建了"总工会"（由农民、工人、学生和妇女组成），既可作为对政府和党施加影响力的工具，也可作为复兴党在各类人群中加强渗透的手段。这样一来，城市资产阶级和地主反对派（包括穆斯林兄弟会）就会受到排挤。

在新复兴党政权的领导下，新的群体得以加入"政治国家"，它不再仅仅是城市商人和地主的代名词。自奥斯曼帝国统治后期以来，这两个群体奠定了叙利亚政治舞台的总体基调。来自农村和小城镇的雄心勃勃的年轻人看到了他们父辈梦寐以求的机遇。同时，与时代的解放精神相一致，新复兴党主张妇女解放具有更重要的革命价值，复兴党的妇女组织主张妇女要更多地参与到公共生活中来。有时，这些主张与那些持家长制价值观的人群发生冲突（尤其是在农村和小城镇）。但是，在 20 世纪 60 年代，关于"'国家实力'取决于妇女社会地位的改善"这种论点的呼声并不逊色于此前。不过，以前是富裕城市精英提及这一观点，而这次提及这一观点的则是除了上层精英之外，处于不同阶层的群体。

尽管复兴党嘴上谴责"部落主义"，但贾齐拉和其他地方的现实情况是，要想在当地开展工作，就需要与主要部落或部落的人结盟，这影响到政党组织成员的招募工作。此外，新复兴党的核心领导层沿袭了这些部族和部落招募人员的方式，同时也仿效了他们的效忠方式。为了使新复兴党获得应有的地位，该党的主要领导人和拥护者确实勾画出了一个社会转型的愿景，而且这个愿景是叙利亚史上提出的最进步、最具平等精神的一个。但他们所提出的自上而下的改革并没有撼动根深蒂固的社会保守主义。恰恰相反，复兴党经深思熟虑提出的方案抑制了民主传统的发展，而民主传统有助于发现、讨论并解决持续存在的问题和挑战。因此，难以解决的问题或有争议的问题往往被忽略或压制，而不能得到正视。此外，过去的商人、地主所建立政权的特点是"腐败"，而复兴党对互惠关系的重视和依赖意味着"腐败"同样是新政权的一大特点。新复兴党政策的受益者大多是来自小城镇和农村地区的一些有头有脸的人物，他们抓住了机会，在发展官僚政治和裙带关系中扮演了重要角色。从社会经济背景来看，这些人和新复兴党的领导人很像。尽管人员构成情况会随着时间的推移而改变，但从那时起，庇护关系、委托关系和原始关系（亲属关系及信仰）仍然是复兴党维护其独裁统治的主要工具。

贾迪德仍然掌控着幕后力量，负责地区指挥部的党组织工作，而像阿塔西总统这样的台前人物则履行政府的公共职能。现在，来自普通农村（但不是贫穷或没有土地）和小城镇的人也登上了政治舞台。新复兴党寻求得到政治上的赞誉，比如他们切断了伊拉克石油公司（外资）穿越叙利亚的输油管道，直到叙利亚获得了更高的土地使用费，他们才同意开通。新复兴党发表了激进阿拉伯民族主义的言论。他们不仅在口头上支持巴勒斯坦，而且在物质上也支持由亚西尔·阿拉法特（Yasser Arafat，卒于 2004年）和法塔赫（Fateh）组织所领导的巴勒斯坦民族解放运动。

贾迪德和地区指挥部遭到了一些派系的反对，这些人曾协助参与 1966年 2 月的政变，但他们认为自己没有得到应有的回报。其中有一名德鲁兹派少校，名为萨利姆·哈图姆（Salim Hatum），他曾在 1963 年 3 月和 1966 年 2 月的政变中扮演了重要角色。1966 年 9 月，他试图独自发动政变，但失败了。哈图姆仓皇逃亡，·他的部属（大部分都是德鲁兹派）遭到逮捕和清除。在这之后，在新复兴党的地区指挥部和政权结构中，唯一值得一提的就属阿拉维派了，只有它还掌握着实权。

任何想要在叙利亚获取权力或掌控权力的人都离不开军事盟友的协助。最终的结果是，正如我们所看到的那样，军政府在行使实权，平民被边缘化。鉴于这种阴谋气氛下所固有的派系分裂，军政府建立了忠诚的追随者队伍，他们将在随后的政治斗争中确保并捍卫自己的地位。这意味着要招募在亲邻、氏族、部落或教派中长大的追随者——或是所有在这些成长环境下的组合，因为这些人往往十分可靠。新复兴党在行使权力时是以阿拉伯民族主义的名义这样做的，而公共管理职能则是由来自不同地区、具有不同宗教背景的叙利亚人履行的。尽管如此，权力的核心——重要军事单位的司令官、负责警戒和安全服务的官员——却来自有限的其他人群。1966 年以后，担任上述职位的人几乎都是阿拉维派教徒。

第三次中东战争

尽管新复兴党政权的领导核心日益同质化（多数是来自农村的阿拉维派教徒），但政变和阴谋尚未结束。1967 年 6 月的第三次中东战争为萨拉赫·贾迪德和新复兴党时期的国防部部长哈菲兹·阿萨德之间的摊牌埋下了伏笔。萨拉赫·贾迪德通过地区指挥部行使权力，管控着党组织。两人在复兴党内部的权力斗争，成为 20 世纪后半叶的叙利亚政治斗争的大背景。

1949 年以色列和叙利亚在非军事区内持续的紧张局势，导致了 1967 年 6 月的战争，叙利亚支持下的巴勒斯坦民族解放运动武装袭击了以色列。非军事区是 1949 年被叙利亚军队控制的三小块区域，此前归巴勒斯坦管辖。根据停战协定，这些区域被划入非军事区，而不是纳入以色列。但以色列领导人将这些领土视为"未被承认"的一部分，不时会把装甲推土机开入这些地方，清理土地并宣称其为犹太农民征用地，此举引来了叙利亚军队的炮火及频繁的小规模武装冲突。

大马士革支持巴勒斯坦法塔赫，一方面是作为回应，另一方面是为了证明该政权的民族主义性质（当时该政权在国内遭到了强烈反对）。自1965 年以来，法塔赫向以色列发动了武装袭击，大多数都针对约旦控制下的约旦河西岸地区。这些袭击使约旦国王侯赛因敏感的政治地位变得更加复杂，同时他的军队也暴露在以色列的反击之下。从叙利亚政府的角度来看，约旦的尴尬处境是另一个优势，因为大马士革方面将约旦及他的哈希姆王国视为旧英国殖民统治的反动残余，而复兴党的"革命者"取代他们的时机已到。

作为公认的"阿拉伯领袖"，纳赛尔希望控制住巴勒斯坦问题，最大限度地使埃及在政治问题方面受益，并在最大程度上降低叙利亚与以色列发生新的战争的风险。纳赛尔解决这一困境的办法是，1964年，他在阿拉伯联盟主持下成立了巴勒斯坦解放组织（简称"巴解组织"）。该组织主要是作为一个政治工具，而纳赛尔对其夸夸其谈，大力支持该组织。叙利亚支持法塔赫游击队（在巴解组织框架外活动），此举有可能使叙利亚在更广泛的阿拉伯舆论竞争中抢占先机。

1966年11月，纳赛尔和新复兴党签署了联盟，这是令人吃惊的一大进步，因为自1961年叙利亚同阿拉伯联合共和国分裂以来，纳赛尔和复兴党一直处于相互敌对的状态。然而，双方都期待这场快速和解能带来好处。大马士革方面认为，此举将使埃及更接近叙利亚的首选战略，即升级与以色列的紧张局势，以支持这场促成阿拉伯统一的"人民战争"。纳赛尔则认为，他正在叙利亚的对外行动方面获得话语权，他将能够阻止叙利亚采取危及埃及利益的行为。

纳赛尔不愿直接对以色列采取军事行动的一个原因是，埃及军队中那些最好的部队离埃以边界和停战线很远。自1962年以来，埃及陷入了阿拉伯半岛上的也门战争的泥沼，埃及支持一个亲纳赛尔的共和党政权对抗保皇党人，而后者得到了约旦、沙特阿拉伯及以色列的支持。

然而，局势又有了新的变化。以色列认为叙利亚应该对巴勒斯坦给以色列带来的袭击负责。叙以紧张局势和冲突迅速升级。以色列领导人的言辞以及来自（纳赛尔的）苏联盟友的警告，使埃及总统确信以色列正准备给予叙利亚重大军事打击。纳赛尔决心要维护埃及在阿拉伯地区的领导地位（包括约旦在内的阿拉伯敌人嘲弄埃及只说不做，他对此十分不快），为此他封闭了通往以色列南部出海口的蒂朗海峡，这是一种战争行为，扭转了 1956 年苏伊士战争结束时所做的安排。他下令 1956 年以来驻扎在西奈半岛的联合国军队撤出该岛。战争的阴影笼罩着阿拉伯国家，约旦国王侯赛因感到有必要在 1967 年 5 月底与埃及和叙利亚共同签署反对以色列的联盟条约。

现在的主要问题是，这场危机是会通过外交手段得以缓和，还是会爆发成为一场战争？以色列从华盛顿的秘密渠道得到保证，如果以色列率先采取军事行动，它将不会遭受外交孤立，于是以色列空军和陆军于 1967 年 6 月 5 日向这三个阿拉伯国家发动了一场"先发制人"的战争。由于空军部队在第一波袭击中被摧毁，这三个阿拉伯国家在军事方面几乎无还手之力。埃及和约旦军队接连被击败，以色列军队在此之后登上了叙利亚戈兰高地。除了失去空中掩护外，叙利亚军队还因军官团的政治化和前几年的地方性清洗而举步维艰。大马士革电台错误地报道称，以色列在库奈特拉（Quneitra）地区行政中心倒台前占领了该地区，这使叙利亚前线部队陷入恐慌，他们担心自己被抛弃。1967 年 6 月 10 日停火协议生效时，以色列军队离大马士革仅有一步之遥。

在加沙地带、东耶路撒冷和约旦河西岸，以色列从 1948—1949 年的战争中接收了许多巴勒斯坦居民，包括原始居民和难民。占领埃及西奈半岛后，以色列得以控制蒂朗海峡的航道（埃及封锁蒂朗海峡是第三次中东战争的诱因）和苏伊士运河东岸。在著名的纳赛尔国有化政策出台 11 年之后，苏伊士运河又封闭了（直到 1974 年，在第四次中东战争爆发之后，该运河才重新开放）。以色列占领加沙地带、东耶路撒冷和约旦河西岸，意味着从前归巴勒斯坦管辖的所有土地都将再次由耶路撒冷管理。事实上，以色列成为原巴勒斯坦政权的唯一继承国。以色列占领叙利亚戈兰高地，保卫了这个犹太国家的东北侧翼，并在大马士革的攻击范围内部署了以色列军队。在戈兰高地，大多数叙利亚居民逃离家乡或被以色列驱逐，但仍有四个德鲁兹派村庄的居民留了下来，接受以色列的统治。

战争给新复兴党带来了沉重打击。国内的指责此起彼伏。战争的失败引发了一场对叙利亚未来政策的激烈内部辩论。以国防部部长哈菲兹·阿萨德为代表的军方和以地区指挥部秘书长萨拉赫·贾迪德为代表的复兴党领导层，在未来政策的制定方面出现了两极分化。这两人都是新复兴党的坚定支持者，并且反对元老级的旧复兴党领导人。两人都是在军队中掌权的阿拉维派教徒，尽管贾迪德在 1965 年从部队退休，但他仍然通过党组织来行使权力。

贾迪德和平民领导层主张实行激进的政策。他们认为，对战败的正确反应是进一步深化国内社会政策的民主性和革命性，并准备向以色列发动一场"人民战争"，来敲响"抵制阿拉伯"口号的丧钟。从今天的角度来看，这一切听起来都十分离奇，但 50 年前的世界和今天相去甚远。反对殖民主义和帝国主义的人民革命是阿尔及利亚、越南及其他一些地方斗争的主旨。某些激进分子和思想家深受南南合作等各种思潮的影响，他们认为，上述思想是时代的浪潮，是人民群众打败帝国主义敌人和殖民主义敌人的唯一可靠途径。

与此相反，阿萨德和他的支持者主张（在他们看来），采取实用主义和现实政治的策略会更胜一筹。一支头脑清醒的军队是不想卷入更大的灾难之中的。对以色列和"抵制阿拉伯"口号发动一场"人民战争"的想法是一种幻想，考虑到地区力量与国际力量的平衡，这种幻想若变成现实，只可能会导致更严重的灾难。相反，阿萨德主张壮大叙利亚的自身实力并增强其武装力量，主张通过协调国内部分行业的商业利益来弥合城乡发展的鸿沟，主张与其他阿拉伯国家（无论其意识形态色彩如何）和国际力量（超级大国）及国际机构（联合国）合作，从而消除 1967 年战败所带来的恶果。

阿拉伯国家为消除 1967 年战败的后果而采取的一系列行动，无论是在程序层面还是在哲学层面，都与鼓动发起"人民战争"来解放巴勒斯坦及镇压"抵制阿拉伯口号"的想法大相径庭。从 1968 年 10 月开始，阿萨德和贾迪德两人的关系日趋紧张，两人所持的观点也变得大相径庭。阿萨德迅速将武装部队撤离地区指挥部，并宣称"我不承认这个政治领导人"。1969 年 2 月，他在重要机关刊物上公开解除了他与贾迪德的盟友关系。贾迪德仍然控制着首都附近的党组织和一支强大的装甲旅，但大部分军队掌控在阿萨德手中。此外，阿萨德还开始悄悄地在城市的商人阶层积极培育支持者，尤其是在大马士革，这里的商人因复兴党的国有化政策而遭到冷落和遗弃。党和军队权力的分化造成了以下局面，即贾迪德及其盟友掌控了包括总统努尔丁·阿塔西在内的政府和复兴党的重要职位，但大多数军队都是由阿萨德控制的。

1969 年 2 月，忠于阿萨德的军队逮捕了拉塔基亚党支部的成员，阿萨德试图切断地区指挥部与其他省份地方党组织之间的联系。复兴党的辅助机构紧密团结在平民领导层的一边，导致下半年政治僵局的状况不断延长。贾迪德及复兴党领导层试图通过构建一支服从地区指挥部的巴勒斯坦民兵队伍来加强自身地位，但阿萨德的军队于 1970 年 8 月解散了民兵（当地称之为赛义卡）的所有分支（随后，在阿萨德巩固政权时，他将赛义卡作为叙利亚的巴勒斯坦政策工具而复活）。

1970 年 9 月，地区指挥部命令叙利亚军队中的巴勒斯坦正规军对约旦北部进行军事干预，当时巴勒斯坦游击队正在那里与约旦军队进行激战，这场冲突后来被称为"黑色九月"。然而，当以色列及美国发动的空袭造成威胁之时，阿萨德则立即下令叙利亚军队撤出该区域。他辩称，撤军是非常现实的抉择。阿萨德的对手指责他逃离战场，没能保卫巴勒斯坦事业（正如他的反对者们在私下所说的那样，阿萨德领导下的国防部在 1967 年曾放弃过库奈特拉战场）。

1970 年 11 月，政党与军队的较量达到了高潮。紧急全国代表大会（亲叙利亚复兴党）下令阿萨德停止擅自调动他自认为是拥护党组织的军官，并谴责阿萨德及其同伙藐视党的纪律，指控他鼓吹"失败主义的反动路线"。同时国会下令解除阿萨德及其盟友的职务，这直接导致阿萨德于 11 月 16 日发动政变。一个月后，阿萨德收编了大马士革附近一支强大的装甲旅，贾迪德和地区指挥部因而失去了高效可靠的军事盟友。贾迪德和阿塔西被捕，他们的追随者则遭到清洗。阿萨德及其盟友成了复兴党政策的制定者、人员去留的决定者。贾迪德于 1993 年在监狱中去世，而阿塔西在 1994 年出狱不久后去世。

阿萨德的统治延续了下来，如今他的儿子巴沙尔（Bashar）取代了他。他们将 1970 年 11 月 16 日的政变称为"纠正运动"（Corrective Movement），并声称这场政变恢复了正确的复兴党执政道路。政党与军队的分离状态终结。哈菲兹·阿萨德在 20 世纪末期一直高居叙利亚权力顶端，直至 2000 年去世。

困境中的文化生活

如上所述，叙利亚在 20 世纪五六十年代的政治生活充满了创伤与挫折——政变、国内政治暴力、被埃及吞并、战败、领土缺失接踵而至。出人意料的是，与此前相比，叙利亚的文化生活却更加繁荣。诚然，第二次世界大战后，阿拉伯世界的大众传媒和文化创作仍以埃及和黎巴嫩为中心（埃及的文化产业规模相当可观，在阿拉伯世界的大众传媒事业中居于领先地位；黎巴嫩首都贝鲁特则富有自由文化氛围及浓厚的知识氛围）。但是，源于叙利亚的新阿拉伯文学在 20 世纪五六十年代逐渐站稳了脚跟。

叙利亚的独立及其经历的动荡和变革引发了作家们的反思热潮，他们多对此感同身受。许多叙利亚作家在贝鲁特出版作品，因为贝鲁特离叙利亚很近，且这里的文学基础设施更为完善。

在这一时期，来自大马士革的诗人尼扎尔·卡巴尼（Nizar Qabbani，卒于 1998 年）与来自拉塔基亚省的诗人阿里·艾哈迈德·赛义德（Ali Ahmad Said，1930 年出生）开始崭露头角。卡巴尼早期的诗歌具有浪漫主义色彩，后来他被称为叙利亚的非官方"民族诗人"，而他广泛的读者群使之成为整个阿拉伯世界最受欢迎的诗人之一。按定义划分，浪漫主义诗歌大多涉及的是个人情感及人际关系等方面的话题。然而，自 1967 年 6 月叙利亚在第三次中东战争中战败，社会和政治问题就从未从卡巴尼的作品中消失。这次战败后，他在诗句中刻薄地批判了导致叙利亚和其他阿拉伯社会走向灾难和死胡同的战争。

阿多尼斯（Adonis）是阿拉伯现代主义运动的核心人物。他从小就具有政治献身精神，在 20 世纪 50 年代成为叙利亚社会民族主义党的拥护者。通过他的个人创作、编辑作品及与他人合作完成的创作，他展现出了重新思考阿拉伯诗歌与社会二者关系的决心。阿拉伯人迫切需要一场意识革命，而语言是意识的表达。尽管将文化变革同政治事件直接联系可能过于简单，但 1967 年的战败的确是一记沉重打击，大大增强了阿多尼斯（和许多其他的阿拉伯知识分子）的批判意识。他们主张，文化及社会变革已迫在眉睫。"阿多尼斯"这个笔名可追溯至古代近东复活神话中的塔穆兹（Tammuz），代表着对复兴的追求，融合并超越了过往和当下。阿多尼斯在他的作品中有意识地引用了古代神话和苏非派禁欲神秘主义，他的毕生之作都是在理解阿拉伯文学和文化现代主义的核心。

卡巴尼晚年在贝鲁特和伦敦生活，而阿多尼斯在 20 世纪 50 年代搬到贝鲁特生活，1975 年又搬至巴黎（此后便定居在巴黎）。叙利亚政府对这两位诗人并不友善，但他们在国际上的知名度使得政府不会公开压制他们。

20世纪五六十年代还诞生了一批著名的叙利亚籍小说家。在动荡时期，小说成为政治及社会评论的载体。汉纳·米纳（Hanna Mina，生于1924年）生于拉塔基亚，他从小在贫困的环境中长大，是流动佃农的儿子，靠在地主的土地上耕种来维持生计。他从20世纪40年代开始出版短篇小说，最著名的一篇小说《记忆碎片》（*Fragments of Memory*）英译本于1975年出版。这是一部自传体小说，描写了20世纪30年代一个农民家庭的艰辛生活，有这样真实经历的作家并不多。米纳在他漫长的职业生涯中一直居住在叙利亚。哈利姆·巴拉卡特（Halim Barakat，1936年出生）生于塔尔图斯的安萨里耶山脉，在贝鲁特长大。1969年，他最受欢迎的一部小说《尘埃落定》（*Days of Dust*）以阿拉伯语出版，几年后又发行了该书的英译本。文学评论家罗杰·艾伦（Roger Allen）称该书是"对1967年战败及其影响最大的批判作品之一……20世纪阿拉伯小说的里程碑式著作"。第三位著名的小说家科莱特·胡里（Colette Khoury，生于1931年）同样在20世纪五六十年代因出版作品而出名，她是叙利亚民族联盟政治家法里斯·胡里（Faris al-Khoury）的孙女。她发表的社会评论作品从女权主义者的角度探讨问题。她的第一部小说《与他在一起的日子》（*The Days with Him*，1961年出版）在当时引起了轰动，因为人们普遍认为该作品是以她和已婚诗人尼扎尔·卡巴尼的恋情为原型创作的，只不过加上了一些虚构情节。她大胆提倡女性的主体性，蔑视道貌岸然的道德说教，这是一种与以往不同的（在某些人看来，是一种令人震惊的）、离经叛道的做法。此后的几年时间里，胡里出版了大量书籍，书中传达了女性在父权文化及社会中的观点、思想和感情。

叙利亚戏剧在20世纪60年代走向成熟，主要代表人物是剧作家萨阿杜拉·瓦努斯（Saadallah Wannous，卒于1997年）。与小说家哈利姆·巴拉卡特一样，瓦努斯出生在塔尔图斯附近的安萨里耶山脉。与巴拉卡特不同的是，瓦努斯在巴黎接受戏剧训练后，大部分的职业生涯都在叙利亚度过。他的第一部重头戏是批判 1967 年战败后社会及政治状况的戏剧作品，名为《6 月 5 日的晚间娱乐》（*An Evening's Entertainment for the 5th of June*，6 月 5 日是 1967 年战争的开始日期）。此后，他在叙利亚度过了漫长的职业生涯。瓦努斯在公众的文化生活中扮演了重要角色，在哈菲兹·阿萨德统治的岁月里，他将戏剧作为批判工具保留了下来。

叙利亚的电影产业在该国独立后的 20 年内悄悄站稳了脚跟。叙利亚第一部有声电影于 1947 年问世，喜剧演员杜莱德·拉哈姆（Durayd Lahham）是 20 世纪 60 年代的明星，他的滑稽作品在当时十分受欢迎。1963 年，新复兴党政权成立了国家电影协会，6 年之后，该组织垄断了叙利亚的电影产业。私人影视创作公司退出市场。国家电影协会出品的纪录片率先扩大了其影响力，比如 1970 年奥马尔·阿米拉雷（Omar Amiralay，卒于 2011 年）导演的关于幼发拉底河塔卜卡大坝项目的纪录片，该作品赞颂了这一伟大的工程。阿米拉雷接着拍摄了更多的纪录片，与此同时他对叙利亚的现状越来越持批判态度。此后，纪录片进军电视市场，成为增强大众意识、促进社会变革和发展的新形式，这迎合了复兴党的意识形态观。国家电影协会于 20 世纪 70 年代出品了第一批影响深远的影片，这使叙利亚在阿拉伯世界及国际电影界赢得了受人尊敬的地位。

叙利亚的作家及文化工作者的作品在该国独立的前 20 多年间为建国后探索事业发展提供了新视角。一个国家是由一群抱持共同信念的人组成的，这些人生活在同一制度框架之下，形成了共有的历史感和使命感。独立后的叙利亚经历了多次动荡，其政治生活也极不稳定，它甚至在阿拉伯联合共和国的名义下隐匿了三年。然而在乱世之中，叙利亚的作家及文化工作者为该国奠定了民族文化表达的根基，至少通过散文、诗歌、广播和电视等媒介，读者和听众会将法属叙利亚托管地视为广袤的阿拉伯世界的领土，他们会谴责这种专断的领土划分行为。

即便如此，政治断层现象的出现及凸显、种族与社区间的紧张关系，都预示着叙利亚这个国家从整体上看，是十分脆弱的。紧张关系和断层现象体现在：叙利亚的大部分犹太人被逐出家园；受阿拉伯民族主义思潮的渲染，逊尼派被妖魔化；外部势力干预国家政治；叙利亚的政治体系仍靠原始的宗族纽带和信仰来维系。所有的上述现象都表明，叙利亚是一个脆弱的国度，它一直缺乏稳定性。1970 年，阿萨德发动的政变开启了新纪元，此后的叙利亚比以往任何时候都显得更加强大。然而，叙利亚人在身份认同和民族凝聚力方面的表现仍然不尽如人意，他们在弘扬民族文化、为民族文化发声等方面所做的努力仍与他国人民存在着显著的差距。

第七章　哈菲兹·阿萨德的三十年

阿萨德开始上台执政

从 1970 年到 2000 年去世，阿萨德建立了一个持久的强力政权。他将政权建立在他本人、家庭、阿拉维社区和更广泛范围的叙利亚社会的盟友基础之上。在这些年里，阿萨德的个人权威，以及他所建立的利益网络，保证了统治集团的凝聚力。与 20 世纪 50 年代和 60 年代不同，那时叙利亚还只是地区和国际政治权力斗争中政变频发的一枚棋子，而此后阿萨德统治下的叙利亚将力量投射到境外（尤其是黎巴嫩），并一度成为阿拉伯地区和阿以政治的关键角色。作为稳定统治和力量投射的一部分，阿萨德还巩固和扩展了叙利亚人在 1958—1961 年与埃及结盟期间的国家治理模式。

1970 年 11 月，阿萨德发动了不流血的政变，随后于 1971 年 3 月在全民公决后升任总统，迎来了最初的 5 年统治期，当时大多数叙利亚人都积极支持他。他与私营部门的联盟，特别是与大马士革（逊尼派）商人的联盟，标志着国有化和复兴党反对私有财产堡垒运动的时代已经结束。虽然对商人社区的支持直到很多年后才以正式的机构形式出现，但商人社区还是稳定了阿萨德在首都的总统地位。同样，阿萨德的政变让他接管了复兴党的机构，机构里残余的是贾迪德的效忠者，其中许多也是阿拉维派，被从军官团和党员名单中快速清除。

阿萨德结束了此前军官团中的政治派系斗争，这有助于 1973 年 10 月与以色列的战争产生新的军事专业水平对比。叙利亚和埃及军队突袭了以色列，并在战争初期占据了上风，不过在停火协议达成时，以色列已经掌握了军事上的主动，并占领了更多的领土。但 1973 年 10 月的战争被包装成一场政治胜利，为阿萨德在战时作为一个称职和负责任的领导人的声誉增添了不少光彩，这与 1967 年的经历形成了鲜明对比（1967 年，阿萨德作为国防部部长，对戈兰高地及其行政中心库奈特拉的损失负有主要责任）。1973 年战争后，在与美国斡旋的撤军谈判中，以色列撤离了库奈特拉，阿萨德亲自在那里升起了叙利亚国旗。在被占领的戈兰高地以色列山顶观察哨的阴影下，它飞越了一个被摧毁的非军事化的城镇。尽管如此，十月战争在当时已经取得足够的胜利了，政府充分利用这一成就，疯狂地命名各种建筑、机构和场所为"十月"。

借着 1973 年的战争，阿拉伯石油输出国积累了惊人的巨额财富。发展中国家的石油生产和输出国，无论是在中东的，还是在中东以外的，无论是阿拉伯国家还是非阿拉伯国家，都从西方石油公司手中接管并掌控了石油生产和输出。在此之前，国际工业一直由这些西方石油公司来把控。尽管叙利亚还不是一个重要的石油出口国，但得益于阿拉伯国家大幅增加的援助、投资以及叙利亚人（他们在石油丰富的阿拉伯国家工作）的汇款，叙利亚从石油生产国的暴利中获益。

叙利亚作为一个"前线国家"（1973 年反对以色列），在政治上要求阿拉伯国家的慷慨援助。阿萨德与其他阿拉伯国家关系的务实态度意味着，叙利亚现在与阿拉伯国家建立伙伴关系的基础是利益，而不是意识形态。旧复兴党（和纳赛尔派）的关于"进步的"与"反动的"阿拉伯国家的言论被搁置下来了。相反，阿萨德将叙利亚提升为"阿拉伯事业"的先锋，而叙利亚与其他阿拉伯国家的关系好坏也单由这一立场来评估。因此，20 世纪 70 年代上半叶，"社会主义者"和共和国的叙利亚与"保守派"和君主制的沙特阿拉伯发展出一种驾轻就熟的关系，这种关系的基础是阿拉伯团结的言辞中所包含的共同利益。由此产生的阿拉伯私人和国家资本流入叙利亚的现象，为公共部门经济的发展提供了更多的资源。1973 年战争的相对成功，加上亲戚汇款和新商机带来的收入增加，使阿萨德政权受益匪浅。

在政治舞台上，与之前相比，阿萨德统治的最初几年有一定程度的放松。因为阿萨德相对受欢迎，主要是他公开承认（并击败）的政治对手萨拉赫·贾迪德遭受了损失。有组织的反对派（主要是穆斯林兄弟会）力量薄弱且支离破碎，尚未被视为真正的威胁。事实上，政府有所保留的亲商立场削弱了一些传统的城市对穆斯林兄弟会的支持。这个组织分裂成三个派别。其中一个派别仍然忠于大马士革最低调的老一代领导人，他们赞成在不直接对抗政权的情况下努力实现社会伊斯兰化；另一个派别忠于阿勒颇的领导层，表现得比大马士革集团更自信和更愿意挑战政权；第三个派别主要以哈马为基地，由一个被称为"战斗先锋"的好战领导人带领。

一名阿拉维派的信徒登上了总统宝座，自然使传统的逊尼派感到不安，考虑到其中的象征意义，阿萨德需要在这件事上谨慎行事。因此，当宪法草案未能将伊斯兰教定为叙利亚的官方宗教时（与先前的宪法和宪章形成对比），主要城市中心（尤其是哈马）的抗议活动迫使阿萨德不得不做出妥协。1973 年宪法的最终版本规定，叙利亚总统必须永远是一名穆斯林。1972 年，阿萨德从一位著名的什叶派黎巴嫩宗教和政治人物那里得到一份声明，说阿拉维派实际上是什叶派，因此他们确实是穆斯林。此后，阿萨德谨慎地扮演伊斯兰国家元首的公共角色：他在重要的宴会日来到清真寺，并表示支持该国的宗教机构，该机构由一位叙利亚寂静主义者——库尔德人纳克什班迪苏非派的谢赫·艾哈迈德·库夫塔罗（Sheikh Ahmed Kuftaro）领导，他从 1964 年起任共和国的穆夫提直到 2004 年去世。阿萨德还与著名学者穆罕默德·赛义德·拉马丹·布提（Mohamed Said Ramadan al-Bouti）、大马士革大学伊斯兰教法学院院长、倭马亚清真寺传教士结成了一个持久的联盟（布提在 2013 年死于一次炸弹的袭击）。

穆斯林兄弟会的挑战（1976—1982）

"麻烦"始于 1976 年左右。当时的压力和各种事件交织在一起，人们普遍的幸福感和乐观情绪让阿萨德和他的复兴党享有着一定程度的民众认可，然而这种情绪戛然而止。伴随着物价上涨、阿拉伯国家投资的减少、政权核心人物的公然腐败和牟取暴利、在黎巴嫩不受欢迎的干预，以及用伊斯兰语言表达的暴力反政府叛乱，这些因素都导致了政治上的不稳定。

因为这个政权的稳定依赖于它的庇护网络，所以那些处于权力中心的人为了保持他们的忠诚而去寻找他们的委托方。尽管阿萨德或官方媒体会不时抨击这种非正式关系或腐败，但事实上，这些佣金、报酬和好处是维持这一体系运转的真正动力。这种状况尤其令那些普通的城市居民感到恼火，他们发现自己被有关系的人挡在有利可图的机会之外。在北部城市（霍姆斯、哈马和阿勒颇），对政权"不公正"和"腐败"的不满促进了穆斯林兄弟会好战派的发展，他们是"激进分子"，对老一辈的、以政治为导向的穆斯林兄弟会领导层无法忍受。逊尼派武装分子强调，该政权权力结构中的关键人物是阿拉维派，并声称该政权的逊尼派面孔（部长、议员）仅仅是装模作样，他们将阿萨德政府定性为不公正的和非伊斯兰的（指伊斯兰教代表正义的普遍信念）。因此，穆斯林兄弟会谴责阿萨德是腐败的宗派政权的宗派领袖，代表着一个非穆斯林的少数民族。在逊尼派武装分子看来，阿拉维派根本不是穆斯林，而是（按他们的暗语来说）"异教徒努萨里耶"（在现代背景下，正如我们所见，是阿拉维派的贬义词）。

穆斯林兄弟会表达了比对腐败更深的不满。北部城市的商人和地主在叙利亚的独立过程中和后殖民统治初期起到了关键作用，在 20 世纪 40 年代末和 20 世纪 50 年代末，阿勒颇人民党通常是民选议会中最大的集团，而他们的主要盟友霍姆斯贵族哈希姆·阿塔西曾在 1936 年至 1955 年间多次担任叙利亚总统。自几十年前奥斯曼帝国灭亡以来，民粹主义、社会保守的穆斯林运动一直是叙利亚老集镇的一大特色。这些运动逐渐形成了穆斯林兄弟会，伊斯兰主义者在20世纪70年代愈演愈烈的战斗力是20世纪60年代以来北方城市利益遭受边缘化的表现。

在独立的前15年里，阿勒颇及其腹地一直是国家最繁荣和最有利可图的地区之一。阿勒颇企业家投资扩大了贾齐拉地区的小麦和棉花种植，但在复兴党土地改革时期，这些成果遭到了破坏。阿勒颇也是轻工业的中心，尤其是纺织业，但20世纪60年代复兴社会党的国有化政策损害了北方商人和企业家的利益。这些变革的受益者是小城镇和宗教少数民族复兴社会党的人。这些暴发户和"新贵"取代了自奥斯曼帝国晚期以来一直是叙利亚政治领袖的逊尼派城市中的老牌人物。

阿萨德向叙利亚私营部门，特别是商人伸出的橄榄枝，主要集中在大马士革。在那里，叙利亚政权建立了最强大的商业政治联盟。从1976年开始，反对复兴党和阿萨德的势力不断增强，其大本营也往往在北方城市，而不是首都。

阿萨德在黎巴嫩的政策加剧了人们对这个政权的恐慌，并宣称它是"非伊斯兰的"（对于那些愿意接受这种说法的人来说）。1975年，在亚西尔·阿拉法特领导的巴勒斯坦解放组织的支持下，黎巴嫩爆发内战，国家解体。内战的双方主要是效忠基督教的民兵组织与穆斯林反对派民兵组织。在这场冲突中，复兴党的意识形态和叙利亚自称的"阿拉伯和巴勒斯坦事业的拥护者"的角色本应站在黎巴嫩"进步"和"阿拉伯民族主义"势力及其巴勒斯坦盟友一边。然而，阿萨德在1976年进行军事干预时，是为了阻止反对派民兵及其巴勒斯坦盟友在和基督教民兵的对战中取得军事胜利。倾向于从宗派的角度来看待政治的叙利亚人，认为阿萨德与黎巴嫩基督教效忠者的联盟进一步证明了其政权的非穆斯林性质，以及该政权对神圣的穆斯林和阿拉伯民族主义巴勒斯坦事业的"背叛"。穆斯林兄弟会在政治上对阿萨德干涉黎巴嫩的宗教解释大做文章。

不过，最有可能的是，阿萨德对黎巴嫩的干预旨在确保叙利亚而不是以色列将成为那些事件的仲裁者。因为在未来的 15 年中，叙利亚与以色列争夺地区影响力的斗争，特别是在黎巴嫩的争夺，形成了阿萨德在地区政策制定上的首要战略推动力。

20 世纪 70 年代末，穆斯林兄弟会的激进分子对他们所谓的"阿拉维政权"升级成了武装行动。他们暗杀了专业领域和公共生活中杰出的阿拉维派人士，试图突出少数群体成员享有的新地位和权力。使用暴力不仅是为了引起人们对他们政见的注意，也是为了激起一种效应，使社会进一步两极分化——政权的阿拉维派核心与更广泛的逊尼派人口之间的两极分化，特别是与城市人口之间的两极分化。可以预见的是，该政权的安全部门似乎在遵循一个套路，即"以暴制暴，以恐反恐"。特别是北方城市变成了虚拟战场，枪战、抗议罢工、建筑物拆除、重型检查站和军事突袭成为司空见惯的日常。

埃及总统安瓦尔·萨达特（Anwar Sadat，卒于 1981 年）赞同并支持叙利亚武装反对派的宗派主义、反阿拉维主义言论。叙利亚则强烈批评萨达特 1978 年与以色列谈判并于 1979 年签署"卖国"的单独和平条约行为，这激怒了萨达特。他公开驳斥叙利亚复兴党政权不过是为了维护阿拉维派的利益而已：

> 我准备（在与以色列的谈判中）代表（以色列占领的叙利亚的）戈兰高地发言。但是现在不这么做，让这些肮脏的阿拉维人自己去说吧。这些人都不配活在这个世上。真主啊，让他们面对叙利亚的人民，让他们去解决问题吧。我们倒要看看他们能干成

什么事。我本可以把戈兰高地带给他们的，但只要阿拉维人掌权一天，我都不会这样做……我们都知道叙利亚人民眼中的阿拉维人是什么样子。叙利亚人民知道该怎么对付他们。从此以后事情将发生本质的转变……费萨尔（沙特阿拉伯国王）告诉我，哈菲兹·阿萨德是阿拉维和复兴党，这两个身份一个比一个邪恶。

萨达特对阿拉维派的谴责让人想起了开罗在施舍克里时代的反德鲁兹言论，这表明埃及官方再次努力地煽风点火，煽动叙利亚教派的分裂。

在对这些言论和主张的反击中，阿萨德宣称自己是穆斯林，认为真正的伊斯兰教应尊重所有宗教，他行使权力不是因为他的教派背景，而是因为他是（世俗）复兴党的领袖。阿萨德及其支持者谴责反对者的宗派主义，并否认宗派因素在权力行使中起了作用。

1979年6月，穆斯林兄弟会的极端分子在阿勒颇的军营杀死了数十名手无寸铁的军校学员，政权与武装分子之间针锋相对的残暴行动升级。与穆斯林兄弟会结盟的上尉易卜拉欣·优素福（卒于1980年）召集学员们开会，然后命令特定学员离开房间。穿着偷来的军装的极端分子则向那些留下来的人开火，他们中的大多数人都是阿拉维派。激进的反对派把优素福上尉视为英雄。2011年后，叙利亚内战期间，叙利亚北部的伊斯兰武装分子还以他的名字命名了他们的一次反政府行动。

从政府、支持者以及不与穆斯林兄弟会结盟的不明人数的未表态者的角度来看，在阿勒颇屠杀学员并不是一种英雄行为。受害者是身穿叙利亚国家武装部队制服的手无寸铁的年轻军官学员。鉴于复兴党政权依靠农村和小城镇社区及知名人士的支持，而且这些人（包括其中许多逊尼派）占该国人口的大多数，武装分子的"伊斯兰斗争"在核心城市选区之外几乎没有得到任何的支持或同情。在主要城市中，他们在大马士革表现得最差，阿萨德在大马士革培养的逊尼派商人阶层（历史上虔诚保守）终于派上了用场。穆斯林兄弟会未能在首都建立一个重要的立足点，在那里，相比之下，他们不那么好战的前辈曾经拥有大量的支持者。

尽管如此，极端分子们相信他们需要唤醒沉睡的多数逊尼派，当逊尼派被唤醒时，一定会以自己独特的方式来看待这个世界。这些极端分子得益于伊拉克、约旦和沙特阿拉伯的鼓励和支持。由于 1979 年伊朗伊斯兰革命后阿萨德亲伊朗的地区政策，在 1980 年伊拉克和伊朗走向战争之际，叙利亚几乎与其他阿拉伯国家没有来往。

1980 年 6 月，穆斯林兄弟会的枪手试图暗杀阿萨德，但他们失败了。在那之后，加入穆斯林兄弟会就成了死罪，可处以死刑。作为对暗杀企图的报复，阿萨德的弟弟里法特（Rifaat）指挥部队屠杀了 550 名被关押在臭名昭著的塔德穆尔（Tadmur）沙漠巴尔米拉（Palmyra）监狱的穆斯林兄弟会政治犯。政府军的阿拉维士兵（即里法特的私人"禁卫军"）被告诫道：

> 穆斯林兄弟会杀害了军官，杀害了宗教长老，杀害了宗教导师，最后他们竟然企图杀害哈菲兹·阿萨德总统。因此，我们现在授权你们执行我们的第一战斗任务。

士兵们不必被告知受害的军官、宗教长老和宗教导师（就像阿萨德总统）是不是阿拉维派。塔德穆尔监狱的杀戮是为了报复穆斯林兄弟会对阿拉维派社区造成的伤害。

1980 年底，各种伊斯兰团体（即那些鼓吹某种或另一种"伊斯兰政府"）组成了以穆斯林兄弟会为主导的"伊斯兰救国阵线"，其既定目标是推翻该政权。在随后的几个月里，"战斗先锋"的武装分子开始为武装起义做准备，集中在他们力量最强大的北方城市。当局采取了"梳理"行动，挨家挨户地搜查城市社区，寻找激进分子和武器，随之而来的就是逮捕、酷刑和枪战。1982年2月，在哈马，安全部队发现了军火库，迫使当地武装分子的领导层立即在该市发动起义。他们占领了哈马的市中心，杀害了复兴党的行政人员和政府雇员，并呼吁该国其他地区的支持者效仿。但哈马仍然是与世隔绝的状态，这表明武装分子已经过度使用武力。主要是阿拉维派安全部队（再次由里法特·阿萨德的国防连带头）切断了哈马与外界的所有联系（在前互联网时代，这是可能做到的），并包围了哈马，然后展开围攻，用大炮和飞机重击了这座城市。一个街道挨着一个街道，一个房屋接着一个房屋，里法特的军队杀死了穆斯林兄弟会的战士、他们的支持者和其他任何不幸的人，这些人是下定决心、复仇心切的政府军。很多人住在人口稠密、建筑密集的老城区。政府对暴力事件从未有过正式的统计，死亡人数约1.5万-3万人。整个老城区被摧毁并夷为平地，令人不寒而栗的是，这一命运证明是一个先兆。30年后，当叙利亚陷入内战时，霍姆斯和阿勒颇的建成区也将遭遇同样的命运。

对许多人来说，不仅仅是穆斯林兄弟会的支持者或游击队员，哈马的死亡和毁灭也代表了"时代的悲剧"（穆斯林兄弟会对这些事件报道的标题）。阿萨德政权毫不留情，毫不犹豫，毫不迟疑。他们挥舞着铁拳，有效地摧毁了穆斯林兄弟会这一支在叙利亚境内数十年的政治军事力量。叙利亚人对这一转变感到非常震惊，但是并没有渠道去表达他们自己的看法。人们只能低声谈论哈马的命运。一个必然的教训是，在叙利亚从事政治事业是致命的。哈马的遗产使人们更加远离政治，他们畏缩或者冷漠，他们低着头，试图通过避开政治和顺从履行他们所要求的公共仪式，来确保他们的生活有一点安全感和可预测性。

虽然深深地感受到了哈马1982年的悲剧（而且，正如2011—2012年的事件所表明、所清楚记得的那样），但这并不一定转化为对穆斯林兄弟会的同情或支持。他们也没有表现得明智或优秀。穆斯林兄弟会分裂的教派说辞和行为使许多人相信，在他们所知道的困难现实（阿萨德政权）和预示大灾变的说辞及穆斯林兄弟会愿景之间存在冲突时，叙利亚人更愿意选择他们所熟知的阿萨德政权。

1982 年的事件最终证明，一个坚定的、好战的和武装的反对派不可能推翻这个政权。但另一种考验摆在面前，那就是 1983—1984 年因阿萨德心脏病发作后暂时丧失执政能力，引起了领导层内部的权力斗争。

阿萨德的病情与个人崇拜

起初，阿萨德的健康状况还不确定。紧接着，他的兄弟里法特·阿萨德全然不顾总统身边的军官的反对，执意公器私用，利用他对大马士革卫戍部队的指挥权来角逐权力。为了维护政权的权威，那些军官采取行动限制里法特的野心，这导致 1984 年 2 月在大马士革的街道上，安全部队敌对单位之间出现了紧张的武装对峙局面。这一僵局凸显出哈菲兹·阿萨德构建的体制的一个关键弱点：如果没有他将国家团结在一起，这个国家很可能会分崩离析。

当阿萨德总统的身体逐渐恢复，并表示将继续担任总统职务时，他决定亲自出面干预，以遏制他兄弟的野心。他开车到里法特的住处，在一同来访的母亲面前狠狠地训斥了里法特，并要求他服从。作为政府重组的一部分，里法特被任命为三位副总统之一，不过里法特的卫戍区司令一职被解除，他被剥夺了所有实质性的权力和影响力。后来，他被流放欧洲很多年。在 1983—1984 年的事件之后，里法特或多或少是叙利亚政坛被遗忘的人物，尽管直到 1998 年他都一直拥有有名无实的副总统头衔。

哈菲兹·阿萨德病愈后的再度掌权，再次证明了他是该政权的主要政治资产，甚至是唯一的政治资产。1984 年至 1985 年，政府和武装部队的所有主要官员都听命于他。阿萨德个人就已经代表了整个复兴党，随处可见对他忠心耿耿的拥护者。这是一种由野心家主导的庇护和控制工具，而不是（像以前那样）由激进的民族主义者和革命者组成的政党。公共机构和科研院所都掌握在复兴党的手中，不仅在管理层面如此，在工会领导人层面也是如此，他们代表的是政权，而不是工人。1980 年，传播独立解放思想的途径被摧毁，以此逼其归顺政府。在与穆斯林兄弟会的斗争中，呼吁尊重个人和法律自由的律师、工程师和医生协会被解散，他们的领导层被逮捕，取而代之的是复兴党任命的人。

在这种环境下，自 20 世纪 70 年代以来，阿萨德的个人崇拜达到了顶峰。复兴党宣布他是叙利亚"永远的领袖"。由国家和谄媚的私人捐赠者资助的纪念碑和雕像随处可见，成为叙利亚一道特殊的景观。公共建筑和纪念碑以他的名字命名，包括大马士革倭马亚王朝建筑群内的新国家图书馆大楼。斥巨资重建的大马士革城堡以及神圣庄严的倭马亚清真寺的围墙上都刻有他的名字。到叙利亚的游客甚至会看到欢迎他们来到"阿萨德的叙利亚"的标语。每 7 年，议会都会提名他并连任总统，而敦促叙利亚人投赞成票（在公开投票中）的公投活动，正是对阿萨德个人崇拜达到新高度的夸张肯定。说这些口号的大多数人不太可能真的相信它们，只要表现出真的相信就够了。公务员（在 20 世纪 80 年代和 90 年代，他们占叙利亚劳动力的很大比例）、士兵、学童和大学生几乎没有选择。这些肯定是体现归属感的仪式，这反映了哈菲兹·阿萨德作为"现代叙利亚的奠基人"的世袭与父权形象，就像 20 世纪早期奥斯曼帝国前将军穆斯塔法·凯末尔也同样被视为现代土耳其的奠基人一样。

在对阿萨德个人的崇拜中，服从的仪式感是深深根植于阿萨德个人崇拜中的一种顽疾，却被认为是一种建设国家的捷径。它要求叙利亚所有人公开表示对哈菲兹·阿萨德的忠诚，这也是其政权区分叙利亚和其邻国的一种方式。土耳其有阿塔图尔克崇拜；伊拉克萨达姆·侯赛因的形象起着和阿萨德崇拜类似的作用；约旦王朝的侯赛因国王形象主导着公众和政界。在缺乏民族认同感或争议不断的国家中，强行在人民意识中树立这种典型"父亲形象"的能力，是在对手面前展示其国内政治霸权、维护共同民族归属感的捷径，也可以说是宣示效忠的另一种形式。

在土耳其，阿塔图尔克崇拜最终是为军队利益服务的，尽管土耳其表面上是多党议会制政府，但至少在半个世纪以来，军队一直是该国主要的政治力量。伊拉克的萨达姆崇拜和叙利亚阿萨德崇拜有相似之处，这两人都建立了以其自身、亲戚、地区或部落盟友为政权核心的威权体制，并通过庇护、依赖的纽带和重要机构及政治人物联系在一起。这些正式机构是次要的政治力量，虽然具有服务行政和庇护的功能，但它没有任何自主机构的或政治的分量。（在叙利亚，阿萨德及其亲密盟友的）核心集团一旦被取代或出现脱节（就如 1983—1984 年发生的那样），这些机构的合法性将立即面对考验，其致命弱点也将暴露无遗。就算哈菲兹·阿萨德是"现代叙利亚的缔造者"，这种个人成就也不能保证他长期执政。尽管阿萨德持续宣传其政权的强大，但这主要是用来掩盖尚未解决的叙利亚建国问题和国家机构空洞化的手段。

政治停滞和经济自由化

在阿萨德统治的最后 15 年里，叙利亚的政治局势还算平稳。在地区外交上，阿萨德同样有充分的理由感到安全。他在争夺黎巴嫩的斗争中击败了以色列，拉拢了叙利亚的黎巴嫩盟友，确保叙利亚对黎巴嫩的大部分地区保持一定的支配权。在叙利亚最得力的黎巴嫩盟友中，什叶派政党和真主党的民兵组织占主导地位，后者与伊朗关系密切，且伊朗和叙利亚迅速发展成了一种联盟关系。1989 年，叙利亚与伊朗在沙特阿拉伯的塔伊夫（Taif）达成共识，为黎巴嫩做出了新的政治规划。同时，通过神秘而频繁地暗杀那些被认为不太听从叙利亚指示的公众人物，叙利亚完全掌控了黎巴嫩的政治机构，比如，新当选的黎巴嫩总统穆夫提（逊尼派）只当了一个月的总统。

1990 年和 1991 年，叙利亚与美国及盛产石油的海湾阿拉伯国家的紧张关系也得到了缓解。当叙利亚复兴党的对手伊拉克在 1990 年入侵并占领科威特时，阿萨德加入了大多数阿拉伯国家和美国的阵营，并一同支持将伊拉克驱逐出科威特的军事行动。后来，叙利亚参加了 1991 年由乔治·布什（George H. W. Bush）政府组织的马德里和平会议。同年，随着苏联的解体，阿萨德意识到，他不能再指望靠叙利亚与莫斯科的结盟来制衡华盛顿了，因此叙利亚需要在美国政治霸权和军事主导的时代为自己找到一席之地。所以，叙利亚为美国在科威特对伊拉克的军事行动中，提供了阿拉伯国家政治舆论上的支持。作为回报，乔治·布什政府允许叙利亚在所有黎巴嫩地区维护它的影响力，除了仍被以色列占领的南部边境地带以外。当时，阿萨德解除了对叙利亚犹太移民的限制。除了少数留下来的犹太人外，所有的叙利亚犹太人都离开了大马士革，大多去了美国和以色列。

海湾阿拉伯国家曾经因阿萨德在 1980 年至 1988 年的两伊战争期间支持伊朗而感到愤怒，但当阿萨德站在他们这边，和科威特反对伊拉克时，他们又重启了对叙利亚的资金供应。与此同时，由于伊拉克入侵科威特，叙利亚也与埃及和解了。现在无论是叙利亚在黎巴嫩的影响力，还是 20 世纪 90 年代与以色列的谈判，阿萨德都可以依靠埃及的政治支持。阿萨德没有放弃叙利亚与伊朗的联系，并与叙利亚日渐衰弱的俄罗斯合作伙伴维持着关系。此时，他努力确保华盛顿与叙利亚合作的意愿。在短暂的 1991 年马德里和平会议后的几年里，叙利亚和以色列进行了认真谈判，当然大部分谈判都是秘密进行的，并且几乎达成了和平条约。阿萨德在日内瓦会晤了老布什总统（1990 年）和克林顿总统（1994 年和 2000 年），这两次会晤都与达成和平条约这一目的有关。

阿萨德经受住了 20 世纪 80 年代的挑战，确保了叙利亚在黎巴嫩的霸权，塑造了叙利亚在该地区政治事务中的关键角色。作为一个熟练的政治操盘手，他也赢得了国际上的赞誉。20 年前，叙利亚曾是区域和国际阴谋打击的目标，现在叙利亚却可以把力量投射到其边界以外，迫使那些想要塑造区域政治的人考虑重视它。

随着阿萨德在地区和国际上的地位得到巩固，在他掌权的最后 15 年里，叙利亚国内政治发生了结构性转变。复兴党在 1985 年召开了一次罕见的地区代表大会，并批准了阿萨德之前提出的政治决定，其中包括任命 3 名副总统，并以此扩大阿萨德的权力，强调他人对他的依赖。除了他人微言轻的弟弟里法特，另外两位副总统都是逊尼派盟友和政府工作人员。前外交部部长阿卜杜勒·哈利姆·卡达姆（Abdul Halim Khaddam）是塔尔图斯省（Tartus）地中海港口城市巴尼亚斯（Banias）的一名复兴党的老党员，他长期为阿萨德政府在黎巴嫩刺探情报。当卡达姆升任副总统不再负责这一工作时，黎巴嫩的叙利亚情报局长则日复一日地监督该国事务。第三位副总统是党务工作人员祖海尔·穆沙拉卡，一名来自阿勒颇的律师，负责监督复兴党及其官僚机构。

国内政治的结构性变化，再加上 1991 年叙利亚与海湾阿拉伯国家的和解，这些让阿萨德得以解决迫在眉睫的经济危机。在 20 世纪 80 年代，叙利亚遭遇了一场严重的外汇短缺问题。阿萨德组织了一次代价高昂的军事集结（据说是为了实现与以色列的"战略平等"），但 1986 年初国际石油价格大幅下跌，导致海外工作的叙利亚人的汇款减少。多年前，由于叙利亚在 20 世纪 80 年代的两伊战争中与伊朗结盟，来自石油资源丰富的阿拉伯国家的援助和资助就已经萎缩（不过，伊朗向叙利亚输送的石油还算补贴了一部分损失）。20世纪80年代，叙利亚人均收入下降，农业生产停滞不前，不得不进口粮食。经济危机导致城市电力、新鲜食品和基本消费品长期短缺。国有工厂的生产能力低下，尤其是那些必须进口生产资料的国有工厂。私营商人很难通过国有商业银行合法获得外汇，这驱使他们转向了黑市。中饱私囊的当局对猖獗的走私活动视而不见，甚至他们自己也在幕后资助走私网络。

正规的就业和商品分配体系正在崩溃，阿萨德及其盟友指望通过调动私人资本资源来弥补国有经济的短缺和低效。早期的进口替代工业化政策陷入危机，无法提供就业机会。此外，由于它们是受保护的行业，在区域市场上不具有竞争力，且维持费用高昂，改变航向是不可避免的。

为此，有着"例行公事风格"的全国议会通过了新的法律，鼓励私人投资商业、农业（1989年）和工业（1991年）。这些变化旨在吸引移居国外的叙利亚人，这样他们就会把部分资金带回自己的祖国，尤其是海湾国家的阿拉伯世界的个人和机构投资者。合法汇率被调整为更接近实际的"黑市"汇率，即现在被认可的"邻国"汇率。（换句话说，按"邻国"汇率，叙利亚币在约旦和黎巴嫩又能兑换多少钱呢？）

《投资法》的出台，标志着复兴党正式放弃了先前对国家主导经济发展的关注。这样的想法曾经在令人兴奋的后殖民独立时期出现过，当时新的社会势力在殖民时期（就叙利亚而言，这股新势力是指同军方结盟的小城镇和乡村名人）从城市商人和主导当地政策但当时缺席的地主手中夺走了权力。这些早期的私人利益集团曾由民族联盟、后来的民族主义政党人民党以及哈立德·阿兹姆等著名独立人士为代表。

1985年后的这次对私人资本的开放政策在叙利亚历史上并非是新生事物，但它的确标志着一次正式的意识形态的转变。现在，政府部门被认定为必须受到保护或管理的事物（这是为了人民的生存和政权的稳定），但经济增长的希望却寄托在私营部门上。国家的重要性及政府部门对社会和政权稳定的重要性体现在这样一种价值判断上，即 20 世纪 90 年代初期三分之一的工作人口是受国家雇佣的，其中包含军人和安保人员。随着外汇管制的放开，为新私营工业、服务公司以及农业企业开"绿灯"，叙利亚的国内生产总值（GDP）确实有所增长，这得益于叙利亚在 20 世纪 80 年代末开始生产少量的石油用于出口（这些油田位于叙利亚东北部的贾齐拉地区，这一相对偏远的地区在叙利亚的国际收支结构中占据了前所未有的重要地位）。

开放私人资本给能够利用这些变化的人带来了直接的好处。消费品及食物的质量和数量得以提高和增加，新的投资使得大马士革和阿勒颇这两所重要城市的风貌焕然一新，移居国外的叙利亚人对在祖国投资、消费感到更加放松。成功人士们不再像以前那样遮遮掩掩地去炫耀他们的成功，灯光昏暗的主干道变成了熙熙攘攘的商业中心。对于参观叙利亚城市的常客来说，短短几年里就发生这些变化是非常惊人的。国内的动乱几乎被压制或边缘化，伴随着 20 世纪 80 年代的贫困所带来的沉重的恐惧感也在一定程度上消失了，因为人们已经适应并懂得了什么是被允许的，什么是被禁止的。

可怕的经济环境推动着政府不得不走向经济自由化，但这些政策并没有真的强加于叙利亚。叙利亚没有欠西方银行机构的巨额外债，因为它的主要债务方是苏联及后来的俄罗斯。这些债务能通过政治加以管理，换句话说就是减少债务或以实物而非现金的方式进行偿还。叙利亚与国际（西方）金融机构的来往有限，所以当后者向该国施加国际货币基金组织（IMF）式的"重组"时，并没有直接影响力。叙利亚对新自由主义政策的零敲碎打是对不断变化的国际区域形势的局部反应。与埃及的经历相比，两者有着微妙但显著的差别。在国际货币基金组织的压力下，20 世纪 90 年代的穆巴拉克政府开始将公共资产出售给私人投资者，使大部分无利可图和亏损的资产转移到了私人手中。

经济自由化在一定程度上取得了成功，给叙利业人树立了更多去消费、投资、汇回资金的信心。20 世纪 90 年代（由石油收入推动）的 GDP 虽然增长不多但稳定，这包括经过一段时间滞后的阿勒颇周边轻工业的增长，其产品（尤其是纺织品）出口到阿拉伯地区的市场。

叙利亚的政治机构现在也向私营部门的代表开放。该政权声称，这一开放是多元主义的延伸扩展，且多元主义一直是该国政治体系的一部分。官方对多元主义的理解狭隘，并不等同于大多数民众对民主化的理解。据官方推断，自 1972 年以来，复兴党领导的全国进步阵线（Progressive National Front）代表着政治多元化，叙利亚的公私混合经济也是多元主义的另一个范例。阿萨德本人曾用这一概念来解释，1989 年后，为什么叙利亚没有被多种变革打倒，而欧洲与叙利亚结盟的一些政权却倒下了，其中也包括罗马尼亚的尼古拉·齐奥塞斯库（Nicolas Ceausescu）家族领导的政权。

私营部门的业务对经济越来越重要，作为拉拢私营部门的一种方式，议会中的一些席位分配给了无党派人士。这些席位的选举竞争可能会十分激烈。在 20 世纪 90 年代，有三分之一的民选议员是无党派人士，其中包括商人、部落领袖和城市职业人士。商人们的代表被给予厚望，希望他们在有关经济政策和起草法律的审议中充当私营部门的倡导者。但国会作为一个政治机构，其成员构成和发挥的效力都还比较薄弱。主要关注的话题仍是公众讨论的禁区——其中包括外交政策、高层腐败、总统及其亲密同伴的特权、宗派主义问题，以及自 1963 年起实施的紧急状态法授予安全部门的特别权力。在 1995 年，一位匿名的"大马士革名人"曾告诉一位外国研究员，党和政府就像卡修姆山（Qasiun，一座俯瞰大马士革的山峰），不论你喜不喜欢，它就在那里。尽管如此，和 20 世纪 80 年代初非常糟糕的低谷相比，这已经是叙利亚政坛的一股清流了。

而在此之前，叙利亚那刻板寒酸的"社会主义"面孔掩盖了表象下的社会不平等，或者至少阻止了那些拥有财富的人过分炫耀，不过这些限制在 20 世纪 90 年代被解除了。叙利亚主要城市中心在地理上越来越明显地区分着富人区和穷人区，富人过着奢华的生活，他们没有为此感到羞耻或不自在。在国有化时期，公共部门曾是政权的堡垒，但如今它越来越破败，已经沦为和国民经济一样的可怜。

曾在政府部门和官僚机构工作的人们认为，自己工作过的地方，曾是国家经济工作布局的中心机构，或许这种回忆能让他们得到些许安慰，然而他们现在越来越被遗忘、被轻视，收入日渐微薄，他们没有足够的人脉帮助他们在日益私有化的市场经济中获得成功。国有工厂的工人、农业合作社的工人和公职人员以前通常都享受福利补贴——消费品、公共支持的医疗保健和娱乐活动。然而现在，不仅他们的工资没有跟上通货膨胀的速度，而且公共就业所带来的福利也随着政府对承诺福利的拖欠而恶化。

乡下的农民普遍受益于复兴党对农村条件的改善（这和 20 世纪 60 年代开始掌权的、拥有农村和小城镇背景的复兴党高层所制定的政策有关）。但是，早期复兴党计划中更为平等的方面却以照顾经济效率的名义被抛弃。农村贫富分化加速了农村人口向城市的迁移。即使政府名义上没有"削减"对公共服务的支持，不过即便维持与先前预算相同的工资或同等支持，实际上也被认为是削减预算，因为他们忽略了物价普遍上涨的因素。这意味着除了那些在管理岗位上能借职位之便通过交易获利的人之外，大多数公职人员都难以维持生计。为了养活自己和家人，他们通常不得不偷偷兼职或依赖小额贿赂维持日常的开销。赞助也融入了这个系统。如果人们需要获取服务、找工作，或是得到资源，他们需要一个赞助人或中介来提供这些。这一局势加强了人与人之间的联系，包括基于地区或教派的"原始"联系，并可能会导致使叙利亚现代国家的形成建立在更健全、更规范的基础上的体系持续混乱。腐败意味着用金钱或好处来换取政府官员的帮助，是建于人们对抽象意义上的"国家"的尊重，但又进一步削弱了这种尊重。

在阿萨德执政的最后 10 年里，公共机构开始衰败，而这些公共机构原本是稳定政权的堡垒，至少在获得公众默许的能力方面是如此。1996 年，叙利亚剧作家萨阿杜拉·瓦努斯在联合国教科文组织的演讲中反映了私有化和放弃平等主义目标带来的社会分裂效应。当时瓦努斯被认为是叙利亚最重要的艺术家之一，他哀叹道："不幸的是，在本世纪末正在发生的全球化，看起来正在扩大贫富之间的差距，无情地摧毁着社会中一切形式的凝聚力，并将它们打碎成一个个孤独又沮丧的灵魂。"作为一个走在 20 世纪 60 年代革命前列的人，一个书写社会承诺和批判文学的人，瓦努斯旨在为进步变革的集体项目做出贡献，他敏锐地意识到这些情绪在 20 世纪 90 年代中期是如何消散的。

哈菲兹·阿萨德晚年时期的宗教信仰与文化

随着公开讨论叙利亚问题的机会被剥夺，人们转而在这一时期寻求各种方式、运动或论坛来表达个人意见和想法。其中，无为主义者表达虔敬的方式为此提供了一种选择。在穆斯林兄弟会发起挑战期间，阿萨德政权的应对策略之一是阿萨德与逊尼派、社会保守派商人、大马士革的商人达成广泛共识，而且他们代表着大马士革商会。在 1991 年确认阿萨德第四个 7 年任期的全民公投中，阿萨德在商会会长巴德尔·丁·沙拉赫（Badr al-Din Shallah，卒于 1996 年）的陪同下强调了投票的重要性，这一象征性姿态突出显示了他们之间的紧密联系。政府想尽办法得到伊斯兰教（无为主义者和虔敬主义者）的支持，以此来巩固他们之间的关系，并将人们对宗教的忠诚引到不会对政治产生威胁的道路上来。

20 世纪 80 年代末和 90 年代，叙利亚城市的现代伊斯兰教协会数量稳步增多。这些协会的拥护者包括富有的、受过良好教育的男性和女性，他们通常受过专业的训练并有着专业的知识背景。最为重要的是，他们身上没有穆斯林兄弟会活跃分子身上那种好战情绪，而且他们努力推进宗教教育，提高人们的知识水平，并在他们的个人和团体生活中开辟出一个独特的伊斯兰空间。无为主义者的虔诚，标志着人们从强制公开展示对阿萨德的狂热崇拜中解脱出来了。

然而，"解脱"并不是"反对"，阿萨德政权已经做好了"活下去"和"让别人活下去"的准备，政治上显然是让人松了一口气，因为一个看上去非常虔诚的逊尼派城市观的发展并不需要用政治形式来反对国家。无为主义者的虔诚代表了一种（尽可能多地）退出或摆脱复兴党意识形态基础的倾向。

在宣扬无为主义者的虔诚的过程中，该政权有一个亲密盟友——谢赫·艾哈迈德·库夫塔罗，他属于纳克什班迪苏非派教团，并从 1964 年以来一直担任叙利亚大穆夫提。库夫塔罗和宗教机构从不越界，所以在 20 世纪 80 年代和 90 年代，他们甚至获得了在国家媒体播放宗教节目的权限，在此之前，说得更直接些吧，即在复兴党世俗主义时期，这件事情（播放宗教节目）简直想都不敢想。空洞的官方语言、对叙利亚各种不同政治思想的压制以及纳赛尔主义者的合作（其官方组织在 20 世纪 90 年代是无足轻重的，仅仅是其 20 世纪 60 年代的一个翻版），意味着当一个新的公共政治话语出现在 21 世纪的头十年时，与早期（20 世纪 50 年代）的政治开放和言论自由相比，它折射出的伊斯兰图像和符号更为浓重了。

在阿萨德执政的最后 10 年里，另一个时代标志是有关旧大马士革、其遗产以及拥有权归谁的持续争论。在殖民时期和独立初期，叙利亚许多公共话语都以未来为导向。叙利亚和阿拉伯民族主义者认为是法国阻止了现代叙利亚国家的诞生。后来，1948—1949 年叙利亚和阿拉伯国家在巴勒斯坦的战败，需要一系列新生现代化力量去对抗并替代从奥斯曼帝国和殖民时代遗留下来的陈旧"腐败"精英。在阿拉伯民族主义的旗帜下（不论是复兴党还是纳赛尔派），阿拉伯叙利亚人民将构建一个英雄式的未来，并在现代世界中扮演应有的正面角色。在埃及，阿斯旺大坝象征着乐观、技术专家型、英雄式的未来愿景；而在叙利亚，与之对应的则是1968年开始修建，1973年开放的幼发拉底河上的塔卜卡大坝。

到20世纪90年代，拥有光明未来的现代国家的想法已不再鼓舞人心。可以肯定的是，阿萨德后期将大坝作为"现代叙利亚"的象征，并声称对其拥有主权。但在20世纪80年代中期，充满活力的现代阿拉伯复兴口号也不再具有同等的威望。1967年，以色列对阿拉伯军队的毁灭性打击给这一特殊梦想以致命一击。阿拉伯人靠1973年战争取得的相对胜利和20世纪70年代初的石油繁荣而得以暂息，紧接着就爆发了黎巴嫩内战。这是一场阿拉伯国家的内战，在这场战争中，包括叙利亚在内的不同阿拉伯国家分别支持不同的政党。1979年，埃及与以色列签署了单独的和平协议，打破了公认的反对以色列的阿拉伯"阵线"。同年，伊朗革命者推翻了伊朗国王与美国结盟的政府，取而代之的是一个由神职人员领导的公开的伊斯兰政府。这一成就提升了伊斯兰运动的声望，随之的代价是牺牲过去以未来为导向的阿拉伯民族主义意识形态。叙利亚支持伊朗对抗伊拉克再次证明（如果需要更多支持的话），"阿拉伯人团结一致"这一口号没有多大意义，它不是实现任何面向未来的政治宏图的基础。叙利亚政权对哈马的破坏，以及围绕哈菲兹·阿萨德的夸张的个人崇拜给20世纪50年代和60年代以未来为导向的旧意识形态，钉上了棺材封盖的最后一颗钉子。

政治上如此，文化上亦是如此：威权主义影响着叙利亚的公共生活，阿萨德政府试图利用知识分子和艺术家为其政权塑造正面形象。虽然阿萨德政府不能扼杀意志坚定的艺术家们的创造力，但它能限制公众接触到这些批判性的艺术。一些叙利亚作家大多在国外工作，比如诗人阿多尼斯。

20 世纪 90 年代，之前在叙利亚服过刑的囚犯们开始创作植根于其服刑经历的文学作品。叙利亚文化部出版了这样一本著作——加桑·贾巴伊（Ghassan al-Jaba'i，生于 1956 年）的作品《香蕉手指》（1994 年出版），尽管它并没有大量发行。出狱后，贾巴伊在大马士革向大众教授戏剧。他的故事以及其他批判艺术家的故事阐明了某学者称作"犹抱琵琶半遮面的批评"这种矛盾用法。国家授权出版或允许发表批判性作品，但随后又确保这些作品很少被人读过或看到。

叙利亚电影行业也存在着类似的情况。叙利亚国家电影协会垄断了故事片的制作，每年只制作一两部电影。这些都是严肃的"导演"电影，由受过苏联训练的导演进行执导，他们将个人愿景和批判情感带到了自己的作品中。他们的故事以宏大的国家历史事件背景下的个人生活为主，讲述方式却与英雄式国家叙事相抵触，他们讲述的是不满、幻灭和破灭的梦想。

在 20 世纪 80 年代和 90 年代享有盛誉的两位导演是穆罕默德·马拉斯（Mohammad Malas，生于 1945 年）和奥萨马·穆罕默德（Ossama Mohammed，生于 1954 年）。马拉斯的作品《晚》（1989 年出版）以他的家乡戈兰高地的库奈特拉为背景，主人公是来自哈马省的库奈特拉居民，故事发生的时间设置在库奈特拉接近以色列前线时。当故事发展到 1967 年，库奈特拉被以色列占领并摧毁的时候，主人公想起了他的家乡哈马。这个角色唤醒了他在哈马生活的点滴，并与库奈特拉的毁灭场景相提并论。这种对比是对哈马命运的大胆提醒，是一个在哈菲兹·阿萨德领导下的叙利亚不能公开宣扬或讨论的话题。1988 年，奥萨马·穆罕默德拍摄了《光天化日之下的星星》，该片讲述了一位来自沿海地区某村庄的独裁族长滥用权力给家人带来悲伤的故事。扮演族长的演员长相酷似阿萨德。叙利亚国家电影组织资助了这两部电影，但这两部电影都没有在叙利亚上映。

那么"犹抱琵琶半遮面的批评"的逻辑是什么呢？由于发行限制，批评性书籍和电影对叙利亚公众产生的影响很小。然而，这些作品可以用于国际文化活动中（书展和电影节），它们在那里展示出一种看似开放的文化生活形象。那些希望在叙利亚工作的艺术家们别无选择，只能在限定的范围内进行创作并互相鼓励，一起去培养本土的批判意识。否则，要么保持沉默，要么流亡海外。20世纪90年代中期，电影制作人穆罕默德·马拉斯曾对一位美国研究员说："监狱故事是我们日常生活的写照。"

剧院是传播批判主义的最佳场所。或许这是因为，与书籍电影不同，现场戏剧表演无法在广大观众中传播，但会影响到相对较少的前来观看表演的观众（在20世纪90年代的叙利亚，便携式摄像机在普通家庭中并不普及）。在这十年中最杰出的剧作家是经验丰富的萨阿杜拉·瓦努斯和他同时代的马姆杜·阿德万（Mamdouh Adwan，卒于2004年）。阿德万出生在哈马西部一个叫马西亚夫的山城（以中世纪堡垒而闻名）。这两位剧作家都用几乎不加掩饰的历史寓言来探讨暴政的主题。

在1993年出版的《历史性饰物》中，瓦努斯重新想象了15世纪嗜血残忍的征服者帖木儿在逼近大马士革时与著名的中世纪阿拉伯知识分子伊本·赫勒敦相遇的场面。伊本·赫勒敦被派往大马士革与帖木儿谈判，瓦努斯利用这一相遇，展开了一场有关征服者及知识分子的辩论，探索暴政的本质以及知识分子在暴政面前的角色或责任。伊本·赫勒敦顺应了帖木儿，这给瓦努斯的作品增添了一层悲剧色彩。1995年，剧作家马姆杜·阿德万将《食尸鬼》（The Ghoul）搬上了舞台，主角是第一次世界大战期间叙利亚残暴的奥斯曼总督杰马尔·帕夏。该剧虚构了一场对杰马尔的审判，审判他对民众施加的暴行和苦难：征兵、饥荒和大规模死亡。其中，历史人物也出现在该剧中，比如记者兼知识分子穆罕默德·库尔德·阿里（Muhammad Kurd Ali），以及阿克里的穆夫提，正是他们将宗教的合法性扩展到了耶马尔·帕夏身上。剧本对暴政及其始作俑者的关注调查和深刻剖析，以借古讽今的手法令人过目不忘。

这些对历史和记忆、遗产和文化的挪用，以及个人主义、自我表达和监狱、暴政之间的对抗，是叙利亚艺术家、活动人士和文化制作人对他们所面临困境的回应。叙利亚不再是一个麻烦缠身的国家，这个国家毫不含糊地确立了自己的地区地位。但是，一旦这位铁腕人物消失，它将会变成什么样的国家和民族呢？阿萨德政权的宣传，强调了象征阿萨德以及阿拉伯和叙利亚身份的忠诚和团结，但这无助于解决或直面此后叙利亚社会的紧张局势、差异和分歧。哈菲兹·阿萨德于 2000 年 6 月去世，他的儿子巴沙尔·阿萨德（Bashar al-Assad）接管了政权。当时，没有人确切知道这种高层变动会带来什么，但是他们很快就会找到答案。

致　谢

　　这样叙事恢宏、所述甚广的历史著作不可能只出自一位作者的智慧，我必须向几十位作者致以最诚挚的谢意。因为我深度阅读并挖掘了他们的著作，通过提炼整合，最终建立自己的论点和结论。因本书面对的读者群是普罗大众，而不是学术圈的特定学者或者专家，所以我有意尽量避免注释和参考文献的使用。只有在文中引用了某人的话语时（通常都是历史人物），才会出现文献的出处。在不少未标出处的段落里，读者可以发现叙利亚学者的原始观点。在文后的文献出处列表里，读者们也可以看到所有本书主要引用的作者名字和他们的文章标题。我希望读者们能被本书吸引并对个别话题产生兴趣，从而可以在文后的书单里找到你们继续探索这一问题的读物，开始新的阅读旅程。

　　在我的事业发展过程中，我需要感谢很多人，区区方寸空间难以罗列出所有我需要感谢的师友的名字。在写作这本书的过程中，以下朋友贡献良多，并给予了很多很好的建议，他们是约书亚·兰迪斯（Joshua Landis）、珍妮·米勒（Jennie Miller）、达娜·萨迪（Dana Sajdi）、史蒂夫·塔马里（Steve Tamari）和妮娜·尤汉娜（Nina Youkhanna）。其中，卡勒米·奥特拉基（Callmille Otrakji）为我们提供了一张他们家族珍藏的珍贵历史照片。我在多伦多大学的学生一直耐心地给我做参谋，他们提出的问题和给予的评论无疑加深了我思考的深度。

出版社的汤姆·斯托托（Tom Stottor）更是我的伯乐。正是因为他的不懈努力，使这本书更加富有悲天悯人的情怀，主题也更加突出。更为感激的是他还推进了该书的出版进程。本书的艺术设计师大卫·考克斯（David Cox）制作了精美的图片。阿鲁布·艾哈迈德（Arub Ahmed）更是用严谨犀利的专业眼光校对了初稿，对本书的顺利出版功不可没。

出版社聘请的三位评审专家为本书做了很大的改进，并指出了一些错误，我对他们的工作深表感激。其中一位是我的同行、历史学家迈克尔·普罗旺斯（Michael Provence）教授。

上述提到的和感谢的各位均不应对本书存有的错误、疏漏，或者我个人的判断和结论负责。

最后，我要感谢我的妻子沙巴哈（Sabah），她在我写作此书的过程中，一直是我坚定的支持者，尽管这一过程耗费时间和精力长达几个月。从她童年来到叙利亚开始，她一直陪伴我几十年之久，一起亲历并深度了解这个国家。同时，也要感谢我的儿子卡马尔（Kamal）。在 20 世纪 90 年代，他在大马士革度过了大学二年级整整一年的幸福时光，并带着对叙利亚的美好回忆回到美国。我由衷地希望有一天，他能带着他的儿子故地重游，当然是在和平、安全，一切恢复正常的前提下。

附录一：大事年表

1516年，达比克战役；奥斯曼人从马穆鲁克手中夺回叙利亚

1520年，扬巴迪·加扎利在大马士革发动起义

1605年，詹布拉德·阿里·帕夏在阿勒颇地区引发叛乱

1695年，引入终身税收农场政策（对名流阶层有利）

1699年，《卡尔洛维茨和约》的颁布标志着奥斯曼帝国扩张的终结

1725年，伊斯梅尔·帕夏成为大马士革第一位阿兹姆总督

1768—1774年，奥斯曼 - 俄罗斯战争

1774—1804年，确立艾哈迈德·帕夏·贾扎尔在阿克里的统治地位

1799年，拿破仑·波拿巴围攻阿克里未果

1805年，穆罕默德·阿里·帕夏成为埃及总督

1821年，希腊起义动摇了奥斯曼帝国的根基

1822年，阿勒颇大地震

1826年，苏丹马哈茂德二世镇压了近卫军起义，并解散近卫军

1831—1840年，叙利亚被埃及统治

1839年，第一个《坦志麦特》法令出世，标志着奥斯曼帝国改革时代的开始

1848年，奥斯曼政府正式承认希腊天主教社区

1850 年，阿勒颇反基督教暴力事件

1853—1856 年，克里米亚战争，奥斯曼、法国和英国联手对抗俄国

1856 年，第二个《坦志麦特》改革法令

1860 年，大马士革反基督教暴力

1863 年，电报线贯通大马士革与伊斯坦布尔

1865 年，大马士革省被改组为叙利亚省

1870 年，阿拉维酋长被奥斯曼中央政府军击败

1876—1878 年，第一个奥斯曼宪法时代到来

1876—1909 年，苏丹阿卜杜勒·哈米德二世掌权，提拔了众多叙利亚名人

1878 年，奥斯曼 – 俄罗斯战争，奥方战败引发叙利亚的担忧

1877—1879 年，大马士革和阿勒颇出现了第一家私营报纸

1889—1890 年，农民起义发生后，奥斯曼将势力扩展到贾巴尔·德鲁兹地区

1908—1914 年，土耳其青年反叛组织开创了第二个奥斯曼宪政时代

1914—1918 年，第一次世界大战摧毁叙利亚

1918—1920 年，谢里夫·侯赛因的儿子费萨尔从大马士革手中夺回对叙利亚的控制

1920 年，法国在麦塞隆战胜阿拉伯军队

1920—1943 年，法国统治叙利亚

1925—1927 年，叙利亚大起义，挑战法国统治

1928 年，成立民族联盟

1930 年，殖民地宪法生效

1936 年，法国 – 叙利亚条约（未获批准）承诺结束法国的统治

1939 年，土耳其吞并伊斯肯德伦（哈泰）

1939—1945 年，第二次世界大战爆发

1939 年，法国中止叙利亚宪法，执行军事条约

1941 年，英国支持的自由法国在叙利亚取代了维希法国

1943 年，叙利亚宣布独立，获得英国支持但违背了自由法国的初衷

1945 年，法国军队最后一次轰炸大马士革

1945 年，叙利亚加入阿拉伯联盟和联合国，成为宪章成员国

1946 年，法国最终从叙利亚撤军

1947 年，联合国大会投票决定分割巴勒斯坦

1948—1949 年，叙利亚军队在第一次阿以战争中占领了巴勒斯坦北部的零散地区

1949 年，连续三次军事政变使叙利亚军队进入政坛

1949—1954 年，阿迪卜·施舍克里上校主导着叙利亚的政治生活

1952 年，阿克拉姆·胡拉尼领导的阿拉伯社会党与复兴党合并

1954—1958 年，政党议会生活发生新变化，军团出现政治化派系

1958—1961 年，叙利亚与埃及联合成立阿拉伯联合共和国

1959 年，埃及的叙利亚复兴党军官组成秘密军事委员会

1961—1963 年，大马士革的分离主义政权标志着政治保守派的最后喘息

1963 年，军事政变使复兴党掌权

1964 年，哈马反对复兴社会党国有化的暴力抗议

1966 年，内部政党政变巩固了"新复兴党"的角色，该党主要是阿拉维派军事集团

1967 年，以色列击败叙利亚，占领戈兰高地

1970 年，国防部部长哈菲兹·阿萨德在 11 月掌权

1973 年，十月战争使叙利亚和埃及与以色列对立

1976 年，叙利亚军队干涉黎巴嫩，并持续了 29 年

1982 年，哈马穆斯林兄弟会起义

1982 年，以色列入侵黎巴嫩

1983—1984 年，阿萨德总统生病期间，大马士革出现了紧张的僵局

1989 年，《塔伊夫协议》结束了黎巴嫩内战，让叙利亚在该国占据主导地位

1990—1991 年，叙利亚加入了美国领导的反对伊拉克入侵科威特的联盟

1991 年，叙利亚 – 以色列谈判开始，并断断续续持续到 2000 年，没有达成任何决议

1991 年，新法律鼓励私人投资工业企业

2000 年，哈菲兹·阿萨德去世，他的儿子巴沙尔继任总统

2000—2001 年，"大马士革之春"，一个短暂的自由化时期

2001 年，纽约和华盛顿的"基地"组织袭击导致美国政府发起全球反恐战争

2003 年，美国入侵并占领伊拉克，将美军部署在叙利亚边境

2004 年，卡米什利发生库尔德人权利冲突和抗议

2005 年，黎巴嫩前总理拉菲克·哈里里遇刺；叙利亚军队从黎巴嫩撤军

2005 年，复兴党代表大会批准经济自由化："社会市场经济"

2005 年，总计 100 万伊拉克难民在叙利亚避难

2006 年，叙利亚支持的黎巴嫩真主党顶住了以色列的持续进攻

2006—2010 年，毁灭性的干旱和农作物歉收迫使成千上万的农村人口涌向城市

2011 年，叙利亚反政府起义开始，最终导致 50 万人死亡，一半人口

流离失所

2013 年，美国表示不会用自己的武装力量干预叙利亚冲突

2015 年，俄罗斯干涉叙利亚以支持阿萨德政府军

2017 年，随着分裂的反对派团体动摇，阿萨德政府夺回阿勒颇

2017 年，美国支持的库尔德人和阿萨德政府将伊斯兰国缩小到一小部分

2018 年，土耳其和美国支持的叙利亚库尔德人在叙利亚爆发冲突

2018 年，阿萨德政府夺回 2011 年反政府军的发源地德拉镇

附录二： 词语解释

城市贵族（A'yan）：在 18 世纪成为重要人物的省级名人和权力掮客

阿伽（Agha）：军衔，常与当地守军联系在一起

阿迈勒（Amal）："希望"之意；黎巴嫩什叶派政党和民兵组织，成立于 20 世纪 70 年代

阿纳扎（Anaza）：贝都因部落，在 18 世纪取代了古老的牧民社区人

亚述人（Assyrians）：叙利亚式的基督徒，隶属于东方教会及其分支，以前称为"聂斯脱利派"

复兴党（Baath）："复活"之意；阿拉伯民族主义党，成立于 1947 年，自 1963 年起统治叙利亚

巴什巴祖克（Bashibazouks）：奥斯曼准军事组织，在 19 世纪时是正规军的补充，其人员粗暴，纪律涣散

贝（Bey）：高级军衔或头衔，低于帕夏的级别

比拉德·沙姆（Bilad al-Sham）："大马士革的土地"，阿拉伯语，在地理上相当于叙利亚

投降协议（Capitulation Agreements）：规定外国人在奥斯曼帝国土地上的特权的条约

达布卡（Dabka）：叙利亚民间舞蹈的一种流行风格

阿尔道拉（al-Dawla）："国家"，也指奥斯曼苏丹国

顺民（Dhimmi）：对基督徒或犹太人提供保护，以换取他们对穆斯林统治的承认

德鲁兹［Druze（s）］：叙利亚一神教信仰团体，与伊斯兰教有着深远的渊源

埃芬迪（Effendi）：表示"城市绅士"的头衔，有学问、有文化、非军事人员

埃米尔（Emir）：王子或指挥官

大维齐尔（Grand Vizier）：奥斯曼帝国中最高级别的政治－军事行政长官

圣训（Hadith）：对先知穆罕默德的生活和话语的经典描述

哈乃斐学派（Hanafi）：是逊尼派伊斯兰教中四个法律（或"仪式"）流派之一，受到奥斯曼人的青睐。

哈希姆王朝（Hashemites）：由麦加大谢里夫·侯赛因建立的王朝

真主党（Hezbollah）："上帝的党"之意；黎巴嫩什叶派政党和游击运动组织，成立于20世纪80年代

伊哈尔（Irhal）："滚开"的不礼貌说法，是示威游行运动中针对巴沙尔·阿萨德的口号

伊斯玛仪（Ismailis）：以阿加汗为首的什叶派伊斯兰教的一个分支的信徒

近卫军（Janissary/-ies）：奥斯曼帝国步兵

吉兹亚（Jizya）：由穆斯林统治者统治的非穆斯林臣民（契约民）缴纳的人头税

卡迪（Kadi）：司法官员，奥斯曼伊斯兰法院的法官

汗（Khan）：商队或商人集市

哈纳卡（Khanqah）：苏非派聚会的地方（"小屋"）

赫迪夫（Khedive，等同于欧洲的总督）：穆罕默德·阿里·帕夏建立奥斯曼世袭统治后的埃及统治者

马德拉沙（Madrasa）："学校"；在奥斯曼时代指的是传授伊斯兰教知识的学校

麦加拉法典（Majalla）：改革时期，基于伊斯兰教法的奥斯曼民法典

圣人（Majdhub）：一个活着的圣人，他的异常行为表明他她被神"控制"

马约斯（Majous）："神秘波斯人"；逊尼派武装分子对什叶派的贬义词，被讽刺为反阿拉伯的"波斯人"

马利坎（Malikane）：终身税收农场，于 1695 年推出

马穆鲁克（Mamluk）："奴隶士兵"；马穆鲁克人组成的强大军事随从

马龙派（Maronites）：阿拉伯－叙利亚式的基督教与罗马教的融合，集中在黎巴嫩

毛拉维（Mawlawis）：可追溯到中世纪神秘主义者贾拉勒－丁－鲁米的苏非教团，又称"旋转苦行僧"

麦勒卡（Melkites）：也叫希腊天主教徒，与罗马教融合的东正教的基督徒

米利特（Millet）：奥斯曼认可的宗教团体

米斯拉（Mizrahis）：有阿拉伯血统的奥斯曼和中东犹太人

穆夫提（Mufti）：穆斯林法律顾问；叙利亚最高级别的穆斯林神职人员

穆塔萨里菲亚（Mutasarrifiyya）：黎巴嫩山的自治区，创建于 1861 年

穆塔维拉（Mutawila）：黎巴嫩地区什叶派的旧名字，现今被认为是贬义词

复兴党（Nahda）：也即"文艺复兴"，19 世纪和 20 世纪初阿拉伯文学运动的名称

阿拉伯难民潮（Nakba）："灾难"；在 1948—1949 年战争期间，以色列剥夺了 70 万巴勒斯坦阿拉伯人的土地，这场战争伴随着以色列的建立

纳吉布·阿什拉夫（Naqib al-Ashraf）：某一特定城市阿什拉夫的（先知的后代）首领

纳克什班迪（Naqshbandi）：17 世纪以来，叙利亚一个重要的苏非教派

纳赛尔主义者（Nasserist）：支持埃及总统纳赛尔领导的阿拉伯民族主义者

诺鲁孜节（Nawruz）：库尔德人和波斯人的新年，与春分相对应

努萨里耶（Nusaryis）：阿拉维派的一个古老名字，现今被认为是贬义词

努斯拉（Nusra）：叙利亚"基地"组织，2012 年后更名为叙利亚征服阵线

帕夏（Pasha）：包括省长在内的高级官员的军衔或头衔

法纳尔人（Phanariots）：伊斯坦布尔的希腊贵族家庭，他们在奥斯曼帝国的行政管理中发挥了重要作用（如行政人员、外交官、税农）

卡迪里耶亚（Qadiriyya）：起源于中世纪伊拉克的苏非教派，与卡伊拉尼家族的领导有关

"基地"组织（Al Qaeda）："基地"；国际穆斯林激进组织，1988 年在阿富汗与苏联的战争中成立

拉菲迪人，拉菲达（Rafidis, Rafida）："拒绝者"；逊尼派对什叶派的贬义词

鲁贾瓦（Rojava）："西部库尔德斯坦"；库尔德民族主义者对叙利亚

北部的称呼

鲁米（Rumi）：来自安纳托利亚的土耳其人

萨法巴里克（Safarbarlik）：第一次世界大战期间，叙利亚人的征兵、逃亡和饥荒经历

赛莱菲耶（Salafiyya）：始于 19 世纪末的伊斯兰思想复兴和改革运动，倡导者称为赛莱菲耶

塞普哈德斯（Sephardis）：有西班牙（安达卢西亚）血统的奥斯曼和中东犹太人

沙比哈（Shabiha）：准军事执法者，来自犯罪团伙，为巴沙尔·阿萨德政府工作

伊斯兰教法（Sharia）：伊斯兰法律

谢里夫（阿什拉夫）［Sharif（pl. Ashraf）］：公认的先知穆罕默德后裔

伊斯兰教教主（Sheikh al-Islam）：奥斯曼帝国最高级别的宗教法律权威

西帕希（Sipahi）：为奥斯曼帝国苏丹提供军事服务而获得土地收入作为回报的军人管理者

苏非主义（Sufi/-ism）：伊斯兰神秘主义

苏里亚尼（Suryani）：指的是叙利亚式的叙利亚东正教（以前称为"雅各布教派"）

塔奇克（Tahqiq）：对早期作家及其论文的研究（"验证"）

塔肯亚（Takiyya）：苏非派聚会场所（"小屋"）

坦志麦特（Tanzimat）："革新"；始于 1839 年的奥斯曼帝国改革计划

塔里卡（Tariqa）：苏非教派

阿尔 – 塔里克 – 苏丹尼（al-Tariq al-Sultani）：从叙利亚北向南延伸的奥斯曼皇家公路

乌理玛（Ulama）：穆斯林学者和宗教人士，与神职人员相当

倭马亚王朝（Umayyads）：位于大马士革的阿拉伯哈里发的第一个王朝（661—750 年）

维拉耶特（Vilayet）：奥斯曼帝国的一个省

瓦哈比派（Wahhabis）：阿拉伯半岛挑战奥斯曼帝国合法性的伊斯兰复兴主义者

瓦克夫（Waqf）：一种专门用于慈善目的或保持家庭财产完整的捐赠基金

瓦坦（Watan）："祖国"；在现代，等同于法语的阿拉伯语的国家

雅兹迪人（Yazidis）：植根于美索不达米亚宗教传统的独特宗教团体，主要是库尔德人和伊拉克人

扎维亚（Zawiya）：苏非集会场所（"小屋"）；也是叙利亚中北部一个崎岖地区的名字

扎米特（Ziamet）：一块由扎伊姆人控制和管理的能产生收入的土地，作为向奥斯曼苏丹提供军事服务的回报

犹太复国主义（Zionism）：犹太民族运动，目的是在巴勒斯坦建立一个犹太人的家园

附录三：参考资料和书目

Websites

'Assad must go, Obama says', *Washington Post* 18 August 2011, https://www.washingtonpost.com/politics/assad-must-go-obama-says/2011/08/18/gIQAelheOJ_story.html? utm_term=.8e9dc4f122c0.

Haddad, Bassam, 'The Syrian regime's business backbone', *Middle East Report* 262, http://www.merip.org/mer/mer262/syrian-regimes-business-backbone.

Landis, Joshua, 'Zahran Alloush: His Ideology and Beliefs', *Syria Comment* 15 December 2013, http://www.joshualandis.com/blog/zahran-alloush/.

Marx, Karl, *The Eighteenth Brumaire of Louis Napoleon,* quoted in Wikipedia,

'The Eighteenth Brumaire of Louis Napoleon', https://en.wikipedia.org/wiki/The_Eighteenth_Brumaire_of_Louis_Napoleon.

'Omar Abu Risha – Go Back! Arabic poetry translated', https://www.youtube.com/watch?v=_M0r_wH9Lgc.

Provence, Michael, 'French Mandate counterinsurgency and the repression of the Great Syrian Revolt', *The Routledge Handbook of the History of the Middle East Mandates,* https://www.routledgehandbooks.com/doi/10.4324/9781315713120.ch8.

Sands, Phil, 'Syrian actor champions slum dwellers' plight', 12 November 2009, https://www.thenational.ae/world/mena/syrian-actor-champions-slum-dwellers-plight-1.538318.

'Syria's Assad admits army struggling for manpower', *al-Jazeera* 26 July 2015, http://www.aljazeera.com/news/2015/07/syria-assad-speech-150726091936884.html.

ARTICLES AND CHAPTERS

Bandak, Andreas, 'Performing the nation: Syrian Christians on the national stage', in Christa Salamandra and Leif Stenberg (eds), *Syria from Reform to Revolt,* vol. 2, *Culture, Society and Religion* (Syracuse, NY: Syracuse University Press, 2015), 110–29.

Bou Ali, Nadia, 'Butrus al-Bustani and the shipwreck of a nation', *Middle Eastern Literatures* 16, 3 (2013), 266–81.

Chagas, Gisele Fonseca, 'Muslim women and the work of da'wa: the female branch of the tariqa Naqshbandiyya-Kuftariyya in Damascus, Syria', *Middle East Critique* 20, no. 2 (Summer 2011), 207–18.

de Elvira, Laura Ruiz, 'Christian charities and the Ba'thist regime in Bashar al-Asad's Syria', in Christa Salamandra and Leif Stenberg (eds), Syria from Reform to Revolt, vol. 2, Culture, Society and Religion (Syracuse, NY: Syracuse University Press, 2015), 92–109.

Della Ratta, Donatella, 'The "whisper strategy": how Syrian drama makers shape television fiction in the context of authoritarianism and commodification', in Christa Salamandra and Leif Stenberg (eds), *Syria from Reform to Revolt,* vol. 2, *Culture, Society and Religion* (Syracuse, NY: Syracuse University Press, 2015), 53–76.

El-Rouayheb, Khaled, 'Opening the gate of verification: the forgotten Arab–Islamic florescence of the 17th century', *International Journal of Middle East Studies* 38 (2006), 263–81.

Haddad, Bassam, 'Syria's state bourgeoisie: an organic backbone for the regime', *Middle East Critique* 21, no. 3 (Fall 2012), 231–57.

Hinnebusch, Raymond, 'Modern Syrian politics', *History Compass* 6/1 (2008), 263–85.

Hourani, Albert, 'Ottoman reform and the politics of notables', in William R.

Polk and Richard L. Chambers (eds), *Beginnings of Modernization in the Middle East: The Nineteenth Century* (Chicago: University of Chicago Press, 1968), 41–68.

Kafescioğlu, Çiğdem, '"In the image of Rum": Ottoman architectural patronage in sixteenth-century Aleppo and Damascus', *Muqarnas* 16 (1999), 70–96.

Khoury, Philip S., 'Continuity and change in Syrian political life: the nineteenth and twentieth centuries', *American Historical Review* 96, no. 5 (1991), 1374–95.

Landis, Joshua, 'Shishakli and the Druzes: integration and intransigence', in Thomas Philipp and Birgit Schaebler (eds), *The Syrian Land: Processes of Integration and Fragmentation: Bilad al-Sham from the 18th to the 20th Century* (Stuttgart: Franz Steiner Verlag, 1998), 369–96.

Lesch, David W., 'Anatomy of an uprising: Bashar al-Assad's fateful choices that launched a civil war', in Mark L. Haas and David W. Lesch (eds.), *The Arab Spring: The Hope and Reality of the Uprisings* (Boulder, CO: Westview, 2017), 91–112.

Masters, Bruce, 'The political economy of Aleppo in an age of Ottoman reform', *Journal of the Economic and Social History of the Orient* 53 (2010): 290–316.

Meier, Astrid, 'Perceptions of a new era? Historical writing in early Ottoman Damascus', *Arabica* 51, no. 4 (2004), 419–34.

Pfeifer, Helen, 'Encounter after the conquest: scholarly gatherings in 16th-century Ottoman Damascus', *International Journal of Middle East Studies* 47 (2105), 219–39.

Pierret, Thomas, 'Merchant background, bourgeois ethics: the Syrian ulama and economic liberalization', in Christa Salamandra and Leif Stenberg (eds), *Syria from Reform to Revolt,* vol. 2, *Culture, Society and Religion* (Syracuse, NY: Syracuse University Press, 2015), 130–46.

Al-Qattan, Najwa, 'Fragments of wartime memories from Syria and Lebanon', in M. Talha Çiçek (ed.), *Syria in World War I: Politics, Economy and Society* (London: Routledge, 2016), 130–49.

Rafeq, Abdul-Karim, 'Craft organization, work ethics, and the strains of change in Ottoman Syria', *Journal of the American Oriental Society* 111, no. 3 (1991), 495–511.

————, 'Relations between the Syrian ulama and the Ottoman state in the eighteenth century', *Oriento Moderno* 18, no. 1 (1999), 67–95.

Reilly, James A., 'The universal and the particular: a view from Ottoman Homs ca. 1700', *The Journal of Ottoman Studies* 44 (2014), 341–56.

Rogan, Eugene L., 'Sectarianism and social conflict in Damascus: the 1860 events reconsidered', *Arabica* 51 (2004), 493–511.

Sajdi, Dana, 'In other worlds? Mapping out the spatial imaginaries of 18th-century chroniclers from the Ottoman Levant (Bilad al-Sham)', *The Journal of Ottoman Studies* 44 (2014), 357–92.

Salamandra, Christa, 'Syria's drama outpouring: between complicity and critique', in Christa Salamandra and Leif Stenberg (eds), *Syria from Reform to Revolt,* vol. 2, *Culture, Society and Religion* (Syracuse, NY: Syracuse University Press, 2015), 36–52.

Salibi, Kamal S., 'The 1860 upheaval in Damascus as seen by al-Sayyid Muhammad Abu'l-Su'ud al-Hasibi, notable and later naqib *al-ashraf* in the city', in William R. Polk and Richard L. Chambers (eds), *Beginnings of Modernization in the Middle East: The Nineteenth Century* (Chicago: University of Chicago Press, 1968), 185–202.

Salti, Rasha, 'Critical nationals: the paradoxes of Syrian cinema', in Rasha Salti (ed.), *Insights into Syrian Cinema: Essays and Conversations with Contemporary Filmmakers* (New York: Rattapallax Press, 2006), 21–44.

Schilcher, Linda Schatkowski, 'The Hauran conflicts of the 1860s: a chapter in the rural history of modern Syria', *International Journal of Middle East Studies* 13 (1981), 159–79.

Stenberg, Leif, 'Muslim organizations in Bashar's Syria: The transformation of the Shaykh Ahmad Kuftaro Foundation', in Christa Salamandra and Leif Stenberg (eds), *Syria from Reform to Revolt,* vol. 2, *Culture, Society and Religion* (Syracuse, NY: Syracuse University Press, 2015), 147–68.

Tamari, Salim, 'Muhammad Kurd Ali and the Syrian–Palestinian intelligentsia in the Ottoman campaign against Arab separatism', in M. Talha Çiçek (ed.), *Syria in World War I: Politics, Economy and Society* (London: Routledge, 2016), 37–60.

Tamari, Steve, 'Between the "golden age" and the Renaissance: Islamic higher education in eighteenth-century Damascus', in Osama Abi-Mershed (ed.), *Trajectories of Education in the Arab World: Legacies and Challenges* (New York: Routledge, 2010), 36–58.

———, 'Biography, autobiography, and identity in early modern Damascus', in Mary Ann Fay (ed.), *Auto/Biography and the Construction of Identity and Community in the Middle East* (New York: Palgrave, 2001), 37–49.

———, 'The 'alim as public intellectual: 'Abd al-Ghani al-Nabulusi (d. 1731 ce) as a scholar-activist', in Mohammed A. Bamyeh (ed.), *Intellectuals and Civil Society in the Middle East: Liberalism, Modernity and Political Discourse* (London: I.B.Tauris, 2012), 93–109.

Totah, Faedah M., 'The memory keeper: gender nation, and remembering in Syria', *Journal of Middle East Women's Studies* 9, 1 (Winter 2013), 1–29.

Wedeen, Lisa, 'Acting "as if ": symbolic politics and social control in Syria', *Comparative Studies in Society and History* 40 (1998), 503–23.

BOOKS

Abu-Husayn, Abdul-Rahim, *Provincial Leaderships in Syria 1575–1650* (Beirut: American University of Beirut Press, 1985).

Allsopp, Harriet, *The Kurds of Syria: Political Parties and Identity in the Middle East* (London: I.B.Tauris, 2014).

Batatu, Hanna, *Syria's Peasantry, the Descendants of its Lesser Rural Notables, and their Politics* (Princeton: Princeton University Press, 1999).

Blackburn, Richard, *Journey to the Sublime Porte: The Arabic Memoir of a Sharifian Agent's Diplomatic Mission to the Ottoman Imperial Court in the Era of Suleyman the Magnificent* (Beirut: Orient-Institut and Würzburg: Ergon Verlag, 2005).

Brewer, David, *The Flame of Freedom: The Greek War of Independence*

1821–1833 (London: John Murray, 2001).

Commins, David, *Islamic Reform: Politics and Social Change in Late Ottoman Syria* (New York: Oxford University Press, 1990).

cooke, miriam, *Dancing in Damascus: Creativity, Resilience, and the Syrian Revolution* (New York: Routledge, 2017).

———, *Dissident Syria: Making Oppositional Arts Official* (Durham, NC: Duke University Press, 2007).

Fahmy, Khaled, *All the Pasha's Men: Mehmed Ali, His Army and the Making of Modern Egypt* (Cairo: American University in Cairo Press, 2002).

Fawaz, Leila Tarazi, *A Land of Aching Hearts: The Middle East in the Great War* (Cambridge, MA: Harvard University Press, 2014).

———, *An Occasion for War: Civil Conflict in Lebanon and Damascus in 1860* (Berkeley: University of California Press, 1994).

Gelvin, James L., *Divided Loyalties: Nationalism and Mass Politics in Syria at the Close of Empire* (Berkeley: University of California Press, 1998).

Grehan, James, *Everyday Life and Consumer Culture in 18th-Century Damascus* (Seattle, WA: University of Washington Press, 2007).

Harris, William, *Lebanon: A History, 600–2011* (New York: Oxford University Press, 2012).

Heydemann, Steven, *Authoritarianism in Syria: Institutions and Social Conflict, 1946–1970* (Ithaca, NY: Cornell University Press, 1999).

Holt, P. M. *Egypt and the Fertile Crescent 1516–1922: A Political History* (Ithaca, NY: Cornell University Press, 1966).

Khatib, Line, *Islamic Revivalism in Syria: The rise and Fall of Ba'thist Secularism* (New York: Routledge, 2011).

Khoury, Philip S., *Syria and the French Mandate: The Politics of Syrian Nationalism* (Princeton: Princeton University Press, 1987).

———, *Urban Notables and Arab Nationalism: The Politics of Damascus, 1860–1920* (New York: Cambridge University Press, 1983).

Lesch, David W., *Syria: The Fall of the House of Assad* (New Haven, CT:

Yale University Press, 2012).

Lewis, Norman N. *Nomads and Settlers in Syria and Jordan, 1800–1980* (Cambridge: Cambridge University Press, 1987).

Malek, Alia, *The Home that Was Our Country: A Memoir of Syria* (New York: Nation Books, 2017).

Marcus, Abraham, *The Middle East on the Eve of Modernity: Aleppo in the Eighteenth Century* (New York: Columbia University Press, 1989).

Masters, Bruce, *Christians and Jews in the Ottoman Arab World: The Roots of Sectarianism* (Cambridge: Cambridge University Press, 2004).

———, *The Arabs of the Ottoman Empire, 1516–1918* (Cambridge: Cambridge University Press, 2013).

———, *The Origins of Western Economic Dominance in the Middle East: Mercantilism and the Islamic Economy in Aleppo, 1600–1750* (New York: New York University Press, 1988).

Meriwether, Margaret L., *The Kin Who Count: Family and Society in Ottoman Aleppo, 1770–1840* (Austin, TX: University of Texas Press, 1999).

Mishaqa, Mikhayil, *Murder, Mayhem, Pillage, and Plunder: The History of the Lebanon in the 18th and 19th Centuries,* trans. Wheeler M. Thackston, Jr (Albany, NY: State University of New York Press, 1988).

Miura, Toru, *Dynamism in the Urban Society of Damascus: The Salihiyya Quarter from the Twelfth to the Twentieth Centuries* (Leiden: Brill, 2016).

Parsons, Laila, *The Commander: Fawzi al-Qawuqji and the Fight for Arab Independence 1914–1948* (New York: Hill and Wang, 2016).

Pearlman, Wendy, *We Crossed a Bridge and it Trembled: Voices from Syria* (New York: HarperCollins, 2017).

Perthes, Volker, *Syria under Bashar al-Asad: Modernisation and the Limits of Change* (New York: Oxford University Press, 2004).

———, *The Political Economy of Syria under Asad* (London: I.B.Tauris, 1995).

Petran, Tabitha, *Syria* (London: Ernest Benn, 1972).

Philipp, Thomas, Acre: *The Rise and Fall of a Palestinian City, 1730–1831* (New York: Columbia University Press, 2002).

Provence, Michael, *The Great Syrian Revolt and the Rise of Arab Nationalism* (Austin, TX: University of Texas Press, 2005).

Rabo, Annika, *A Shop of One's Own: Independence and Reputation among Traders in Aleppo* (London: I.B.Tauris, 2005).

Raymond, André, *The Great Arab Cities in the 16th–18th Centuries: An Introduction* (New York: New York University Press, 1984).

Reilly, James A., *A Small Town in Syria: Ottoman Hama in the Eighteenth and Nineteenth Centuries* (Oxford: Peter Lang, 2002).

Rogan, Eugene, *Frontiers of the State in the Late Ottoman Empire* (Cambridge: Cambridge University Press, 1999).

Sajdi, Dana, *The Barber of Damascus: Nouveau Literacy in the Eighteenth-Century Ottoman Levant* (Stanford, CA: Stanford University Press, 2013).

Salamandra, Christa, *A New Old Damascus: Authenticity and Distinction in Urban Syria* (Bloomington, IN: Indiana University Press, 2004).

Schilcher, Linda Schatkowski, *Families in Politics: Damascene Factions and Estates of the 18th and 19th Centuries* (Wiesbaden: F. Steiner, 1985).

Seale, Patrick, Asad: *The Struggle for the Middle East* (Berkeley: University of California Press, 1988).

———. *The Struggle for Syria: A Study of Post-War Arab Politics, 1945–1958* (London: I.B.Tauris, 1965, 1986).

Semerdjian, Elyse, *'Off the Straight Path': Illicit Sex, Law, and Community in Ottoman Aleppo* (Syracuse, NY: Syracuse University Press, 2008).

Shannon, Jonathan Holt, *Among the Jasmine Trees: Music and Modernity in Contemporary Syria* (Middletown, CT: Wesleyan University Press, 2006).

Sorensen, David S., *Syria in Ruins: The Dynamics of the Syrian Civil War* (Santa Barbara, CA: Praeger, 2016).

Starkey, Paul, *Modern Arabic Literature* (Edinburgh: Edinburgh University Press, 2006).

Tejel, Jordi, *Syria's Kurds: History, Politics and Society* (London: Routledge, 2009).

Thompson, Elizabeth, *Colonial Citizens: Republican Rights, Paternal Privilege, and Gender in French Syria and Lebanon* (New York: Columbia University Press, 2000).

Totah, Faedah M., *Preserving the Old City of Damascus* (Syracuse, NY: Syracuse University Press, 2014).

Van Dam, Nikolaos, *The Struggle for Power in Syria: Politics and Society under Asad and the Ba'th Party,* 4th edn (London: I.B.Tauris, 2011).

Watenaugh, Heghnar Zeitlian, *The Image of an Ottoman City: Imperial Architecture and Urban Experience in Aleppo in the 16th and 17th Centuries* (Leiden: Brill, 2004).

Watenpaugh, Keith David, *Being Modern in the Middle East: Revolution, Nationalism, Colonialism, and the Arab Middle Class* (Princeton: Princeton University Press, 2012).

White, Benjamin Thomas, *The Emergence of Minorities in the Middle East: The Politics of Community in French Mandate Syria* (Edinburgh: Edinburgh University Press, 2011).

Wilkins, Charles L. *Forging Urban Solidarities: Ottoman Aleppo 1640–1700* (Leiden: Brill, 2010).

Winter, Stefan, *A History of the 'Alawis from Medieval Aleppo to the Turkish Republic* (Princeton: Princeton University Press, 2016).

Zachs, Fruma and Sharon Halevy, *Gendering Culture in Greater Syria: Intellectuals and Ideology in the Late Ottoman Period* (London: I.B.Tauris, 2015).

Zisser, Eyal, *Asad's Legacy: Syria in Transition* (London: Hurst & Co., 2001).

———, *Commanding Syria: Bashar al-Asad and the First Years in Power* (London: I.B.Tauris, 2007).